本书编写人员

韩　俊	吴宏耀	丁丽丽	王　伟	王　宾
王旭东	王茂林	王晓安	王爱民	王爱国
王鹤云	车士义	方　华	方亚飞	田大忠
朱　泽	伍建光	刘　拓	刘　洋	刘　涛
刘利群	孙家宝	运启超	苏金鑫	李　林
李　蕾	李二超	李文明	李东锋	李加才
杨尚勤	杨国峰	杨建平	杨凌志	吴　晓
吴太平	吴奇修	何予平	张　征	张　强
张天佐	张顺喜	张敦强	陈　峰	陈和东
陈春良	罗　丹	罗时文	金三林	赵　阳
祝卫东	聂新鹏	晁桂明	倪志浩	徐　畅
高　杨	曹利群	蒋丹平	蒋红林	蒋洪福
程庆新	曾以禹	谢子平	鞠宇平	

★ 中宣部2018年主题出版重点出版物 ★

实施乡村振兴战略五十题

韩 俊 主编

人民出版社

目　录

总　论　篇

专　题　篇

中共中央国务院
关于实施乡村振兴战略的意见

（2018 年 1 月 2 日）

实施乡村振兴战略，是党的十九大作出的重大决策部署，是决胜全面建成小康社会、全面建设社会主义现代化国家的重大历史任务，是新时代"三农"工作的总抓手。现就实施乡村振兴战略提出如下意见。

一、新时代实施乡村振兴战略的重大意义

党的十八大以来，在以习近平同志为核心的党中央坚强领导下，我们坚持把解决好"三农"问题作为全党工作重中之重，持续加大强农惠农富农政策力度，扎实推进农业现代化和新农村建设，全面深化农村改革，农业农村发展取得了历史性成就，为党和国家事业全面开创新局面提供了重要支撑。5 年来，粮食生产能力跨上新台阶，农业供给侧结构性改革迈出新步伐，农民收入持续增长，农村民生全面改善，脱贫攻坚战取得决定性进展，农村生态文明建设显著加强，农民获得感显著提升，农村社会稳定和谐。农业农村发展取得的重大成就和"三农"工作积累的丰富经验，为实施乡村振兴战略奠定了良好基础。

农业农村农民问题是关系国计民生的根本性问题。没有农业农村的现代化，就没有国家的现代化。当前，我国发展不平衡不充分问题在乡村最为突出，主要表现在：农产品阶段性供过于求和供给不足并存，农业供

给质量亟待提高;农民适应生产力发展和市场竞争的能力不足,新型职业农民队伍建设亟需加强;农村基础设施和民生领域欠账较多,农村环境和生态问题比较突出,乡村发展整体水平亟待提升;国家支农体系相对薄弱,农村金融改革任务繁重,城乡之间要素合理流动机制亟待健全;农村基层党建存在薄弱环节,乡村治理体系和治理能力亟待强化。实施乡村振兴战略,是解决人民日益增长的美好生活需要和不平衡不充分的发展之间矛盾的必然要求,是实现"两个一百年"奋斗目标的必然要求,是实现全体人民共同富裕的必然要求。

在中国特色社会主义新时代,乡村是一个可以大有作为的广阔天地,迎来了难得的发展机遇。我们有党的领导的政治优势,有社会主义的制度优势,有亿万农民的创造精神,有强大的经济实力支撑,有历史悠久的农耕文明,有旺盛的市场需求,完全有条件有能力实施乡村振兴战略。必须立足国情农情,顺势而为,切实增强责任感使命感紧迫感,举全党全国全社会之力,以更大的决心、更明确的目标、更有力的举措,推动农业全面升级、农村全面进步、农民全面发展,谱写新时代乡村全面振兴新篇章。

二、实施乡村振兴战略的总体要求

(一)**指导思想**。全面贯彻党的十九大精神,以习近平新时代中国特色社会主义思想为指导,加强党对"三农"工作的领导,坚持稳中求进工作总基调,牢固树立新发展理念,落实高质量发展的要求,紧紧围绕统筹推进"五位一体"总体布局和协调推进"四个全面"战略布局,坚持把解决好"三农"问题作为全党工作重中之重,坚持农业农村优先发展,按照产业兴旺、生态宜居、乡风文明、治理有效、生活富裕的总要求,建立健全城乡融合发展体制机制和政策体系,统筹推进农村经济建设、政治建设、文化建设、社会建设、生态文明建设和党的建设,加快推进乡村治理体系和治理能力现代化,加快推进农业农村现代化,走中国特色社会主义乡村振兴道路,让农业成为有奔头的产业,让农民成为有吸引力的职业,让农村成为安居乐业的美丽家园。

（二）**目标任务**。按照党的十九大提出的决胜全面建成小康社会、分两个阶段实现第二个百年奋斗目标的战略安排,实施乡村振兴战略的目标任务是:

到 2020 年,乡村振兴取得重要进展,制度框架和政策体系基本形成。农业综合生产能力稳步提升,农业供给体系质量明显提高,农村一二三产业融合发展水平进一步提升;农民增收渠道进一步拓宽,城乡居民生活水平差距持续缩小;现行标准下农村贫困人口实现脱贫,贫困县全部摘帽,解决区域性整体贫困;农村基础设施建设深入推进,农村人居环境明显改善,美丽宜居乡村建设扎实推进;城乡基本公共服务均等化水平进一步提高,城乡融合发展体制机制初步建立;农村对人才吸引力逐步增强;农村生态环境明显好转,农业生态服务能力进一步提高;以党组织为核心的农村基层组织建设进一步加强,乡村治理体系进一步完善;党的农村工作领导体制机制进一步健全;各地区各部门推进乡村振兴的思路举措得以确立。

到 2035 年,乡村振兴取得决定性进展,农业农村现代化基本实现。农业结构得到根本性改善,农民就业质量显著提高,相对贫困进一步缓解,共同富裕迈出坚实步伐;城乡基本公共服务均等化基本实现,城乡融合发展体制机制更加完善;乡风文明达到新高度,乡村治理体系更加完善;农村生态环境根本好转,美丽宜居乡村基本实现。

到 2050 年,乡村全面振兴,农业强、农村美、农民富全面实现。

（三）**基本原则**

——坚持党管农村工作。毫不动摇地坚持和加强党对农村工作的领导,健全党管农村工作领导体制机制和党内法规,确保党在农村工作中始终总揽全局、协调各方,为乡村振兴提供坚强有力的政治保障。

——坚持农业农村优先发展。把实现乡村振兴作为全党的共同意志、共同行动,做到认识统一、步调一致,在干部配备上优先考虑,在要素配置上优先满足,在资金投入上优先保障,在公共服务上优先安排,加快补齐农业农村短板。

——坚持农民主体地位。充分尊重农民意愿,切实发挥农民在乡村振兴中的主体作用,调动亿万农民的积极性、主动性、创造性,把维护农民群众根本利益、促进农民共同富裕作为出发点和落脚点,促进农民持续增收,不断提升农民的获得感、幸福感、安全感。

——坚持乡村全面振兴。准确把握乡村振兴的科学内涵,挖掘乡村多种功能和价值,统筹谋划农村经济建设、政治建设、文化建设、社会建设、生态文明建设和党的建设,注重协同性、关联性,整体部署,协调推进。

——坚持城乡融合发展。坚决破除体制机制弊端,使市场在资源配置中起决定性作用,更好发挥政府作用,推动城乡要素自由流动、平等交换,推动新型工业化、信息化、城镇化、农业现代化同步发展,加快形成工农互促、城乡互补、全面融合、共同繁荣的新型工农城乡关系。

——坚持人与自然和谐共生。牢固树立和践行绿水青山就是金山银山的理念,落实节约优先、保护优先、自然恢复为主的方针,统筹山水林田湖草系统治理,严守生态保护红线,以绿色发展引领乡村振兴。

——坚持因地制宜、循序渐进。科学把握乡村的差异性和发展走势分化特征,做好顶层设计,注重规划先行、突出重点、分类施策、典型引路。既尽力而为,又量力而行,不搞层层加码,不搞"一刀切",不搞形式主义,久久为功,扎实推进。

三、提升农业发展质量,培育乡村发展新动能

乡村振兴,产业兴旺是重点。必须坚持质量兴农、绿色兴农,以农业供给侧结构性改革为主线,加快构建现代农业产业体系、生产体系、经营体系,提高农业创新力、竞争力和全要素生产率,加快实现由农业大国向农业强国转变。

(一)夯实农业生产能力基础。深入实施藏粮于地、藏粮于技战略,严守耕地红线,确保国家粮食安全,把中国人的饭碗牢牢端在自己手中。

全面落实永久基本农田特殊保护制度,加快划定和建设粮食生产功能区、重要农产品生产保护区,完善支持政策。大规模推进农村土地整治和高标准农田建设,稳步提升耕地质量,强化监督考核和地方政府责任。加强农田水利建设,提高抗旱防洪除涝能力。实施国家农业节水行动,加快灌区续建配套与现代化改造,推进小型农田水利设施达标提质,建设一批重大高效节水灌溉工程。加快建设国家农业科技创新体系,加强面向全行业的科技创新基地建设。深化农业科技成果转化和推广应用改革。加快发展现代农作物、畜禽、水产、林木种业,提升自主创新能力。高标准建设国家南繁育种基地。推进我国农机装备产业转型升级,加强科研机构、设备制造企业联合攻关,进一步提高大宗农作物机械国产化水平,加快研发经济作物、养殖业、丘陵山区农林机械,发展高端农机装备制造。优化农业从业者结构,加快建设知识型、技能型、创新型农业经营者队伍。大力发展数字农业,实施智慧农业林业水利工程,推进物联网试验示范和遥感技术应用。

(二)**实施质量兴农战略**。制定和实施国家质量兴农战略规划,建立健全质量兴农评价体系、政策体系、工作体系和考核体系。深入推进农业绿色化、优质化、特色化、品牌化,调整优化农业生产力布局,推动农业由增产导向转向提质导向。推进特色农产品优势区创建,建设现代农业产业园、农业科技园。实施产业兴村强县行动,推行标准化生产,培育农产品品牌,保护地理标志农产品,打造一村一品、一县一业发展新格局。加快发展现代高效林业,实施兴林富民行动,推进森林生态标志产品建设工程。加强植物病虫害、动物疫病防控体系建设。优化养殖业空间布局,大力发展绿色生态健康养殖,做大做强民族奶业。统筹海洋渔业资源开发,科学布局近远海养殖和远洋渔业,建设现代化海洋牧场。建立产学研融合的农业科技创新联盟,加强农业绿色生态、提质增效技术研发应用。切实发挥农垦在质量兴农中的带动引领作用。实施食品安全战略,完善农产品质量和食品安全标准体系,加强农业投入品和农产品质量安全追溯体系建设,健全农产品质量和食品安全监管体制,重点提高基层监管能力。

（三）**构建农村一二三产业融合发展体系**。大力开发农业多种功能，延长产业链、提升价值链、完善利益链，通过保底分红、股份合作、利润返还等多种形式，让农民合理分享全产业链增值收益。实施农产品加工业提升行动，鼓励企业兼并重组，淘汰落后产能，支持主产区农产品就地加工转化增值。重点解决农产品销售中的突出问题，加强农产品产后分级、包装、营销，建设现代化农产品冷链仓储物流体系，打造农产品销售公共服务平台，支持供销、邮政及各类企业把服务网点延伸到乡村，健全农产品产销稳定衔接机制，大力建设具有广泛性的促进农村电子商务发展的基础设施，鼓励支持各类市场主体创新发展基于互联网的新型农业产业模式，深入实施电子商务进农村综合示范，加快推进农村流通现代化。实施休闲农业和乡村旅游精品工程，建设一批设施完备、功能多样的休闲观光园区、森林人家、康养基地、乡村民宿、特色小镇。对利用闲置农房发展民宿、养老等项目，研究出台消防、特种行业经营等领域便利市场准入、加强事中事后监管的管理办法。发展乡村共享经济、创意农业、特色文化产业。

（四）**构建农业对外开放新格局**。优化资源配置，着力节本增效，提高我国农产品国际竞争力。实施特色优势农产品出口提升行动，扩大高附加值农产品出口。建立健全我国农业贸易政策体系。深化与"一带一路"沿线国家和地区农产品贸易关系。积极支持农业走出去，培育具有国际竞争力的大粮商和农业企业集团。积极参与全球粮食安全治理和农业贸易规则制定，促进形成更加公平合理的农业国际贸易秩序。进一步加大农产品反走私综合治理力度。

（五）**促进小农户和现代农业发展有机衔接**。统筹兼顾培育新型农业经营主体和扶持小农户，采取有针对性的措施，把小农生产引入现代农业发展轨道。培育各类专业化市场化服务组织，推进农业生产全程社会化服务，帮助小农户节本增效。发展多样化的联合与合作，提升小农户组织化程度。注重发挥新型农业经营主体带动作用，打造区域公用品牌，开展农超对接、农社对接,帮助小农户对接市场。扶持小农户发展生态农业、设施农业、体验农业、定制农业,提高产品档次和附加值,拓展增收空间。改善小农户生产设施条件,提升小农户抗风险能力。研究制定扶持小农生产的政策意见。

四、推进乡村绿色发展,打造人与自然和谐共生发展新格局

乡村振兴,生态宜居是关键。良好生态环境是农村最大优势和宝贵财富。必须尊重自然、顺应自然、保护自然,推动乡村自然资本加快增值,实现百姓富、生态美的统一。

(一)**统筹山水林田湖草系统治理**。把山水林田湖草作为一个生命共同体,进行统一保护、统一修复。实施重要生态系统保护和修复工程。健全耕地草原森林河流湖泊休养生息制度,分类有序退出超载的边际产能。扩大耕地轮作休耕制度试点。科学划定江河湖海限捕、禁捕区域,健全水生生态保护修复制度。实行水资源消耗总量和强度双控行动。开展河湖水系连通和农村河塘清淤整治,全面推行河长制、湖长制。加大农业水价综合改革工作力度。开展国土绿化行动,推进荒漠化、石漠化、水土流失综合治理。强化湿地保护和恢复,继续开展退耕还湿。完善天然林保护制度,把所有天然林都纳入保护范围。扩大退耕还林还草、退牧还草,建立成果巩固长效机制。继续实施三北防护林体系建设等林业重点工程,实施森林质量精准提升工程。继续实施草原生态保护补助奖励政策。实施生物多样性保护重大工程,有效防范外来生物入侵。

(二)**加强农村突出环境问题综合治理**。加强农业面源污染防治,开展农业绿色发展行动,实现投入品减量化、生产清洁化、废弃物资源化、产业模式生态化。推进有机肥替代化肥、畜禽粪污处理、农作物秸秆综合利用、废弃农膜回收、病虫害绿色防控。加强农村水环境治理和农村饮用水水源保护,实施农村生态清洁小流域建设。扩大华北地下水超采区综合

治理范围。推进重金属污染耕地防控和修复,开展土壤污染治理与修复技术应用试点,加大东北黑土地保护力度。实施流域环境和近岸海域综合治理。严禁工业和城镇污染向农业农村转移。加强农村环境监管能力建设,落实县乡两级农村环境保护主体责任。

(三)**建立市场化多元化生态补偿机制**。落实农业功能区制度,加大重点生态功能区转移支付力度,完善生态保护成效与资金分配挂钩的激励约束机制。鼓励地方在重点生态区位推行商品林赎买制度。健全地区间、流域上下游之间横向生态保护补偿机制,探索建立生态产品购买、森林碳汇等市场化补偿制度。建立长江流域重点水域禁捕补偿制度。推行生态建设和保护以工代赈做法,提供更多生态公益岗位。

(四)**增加农业生态产品和服务供给**。正确处理开发与保护的关系,运用现代科技和管理手段,将乡村生态优势转化为发展生态经济的优势,提供更多更好的绿色生态产品和服务,促进生态和经济良性循环。加快发展森林草原旅游、河湖湿地观光、冰雪海上运动、野生动物驯养观赏等产业,积极开发观光农业、游憩休闲、健康养生、生态教育等服务。创建一批特色生态旅游示范村镇和精品线路,打造绿色生态环保的乡村生态旅游产业链。

五、繁荣兴盛农村文化,焕发乡风文明新气象

乡村振兴,乡风文明是保障。必须坚持物质文明和精神文明一起抓,提升农民精神风貌,培育文明乡风、良好家风、淳朴民风,不断提高乡村社会文明程度。

(一)**加强农村思想道德建设**。以社会主义核心价值观为引领,坚持教育引导、实践养成、制度保障三管齐下,采取符合农村特点的有效方式,深化中国特色社会主义和中国梦宣传教育,大力弘扬民族精神和时代精神。加强爱国主义、集体主义、社会主义教育,深化民族团结进步教育,加强农村思想文化阵地建设。深入实施公民道德建设工程,挖掘农村传统道德教育资源,推进社会公德、职业道德、家庭美德、个人品德建设。推进

诚信建设,强化农民的社会责任意识、规则意识、集体意识、主人翁意识。

(二)传承发展提升农村优秀传统文化。立足乡村文明,吸取城市文明及外来文化优秀成果,在保护传承的基础上,创造性转化、创新性发展,不断赋予时代内涵、丰富表现形式。切实保护好优秀农耕文化遗产,推动优秀农耕文化遗产合理适度利用。深入挖掘农耕文化蕴含的优秀思想观念、人文精神、道德规范,充分发挥其在凝聚人心、教化群众、淳化民风中的重要作用。划定乡村建设的历史文化保护线,保护好文物古迹、传统村落、民族村寨、传统建筑、农业遗迹、灌溉工程遗产。支持农村地区优秀戏曲曲艺、少数民族文化、民间文化等传承发展。

(三)加强农村公共文化建设。按照有标准、有网络、有内容、有人才的要求,健全乡村公共文化服务体系。发挥县级公共文化机构辐射作用,推进基层综合性文化服务中心建设,实现乡村两级公共文化服务全覆盖,提升服务效能。深入推进文化惠民,公共文化资源要重点向乡村倾斜,提供更多更好的农村公共文化产品和服务。支持"三农"题材文艺创作生产,鼓励文艺工作者不断推出反映农民生产生活尤其是乡村振兴实践的优秀文艺作品,充分展示新时代农村农民的精神面貌。培育挖掘乡土文化本土人才,开展文化结对帮扶,引导社会各界人士投身乡村文化建设。活跃繁荣农村文化市场,丰富农村文化业态,加强农村文化市场监管。

(四)开展移风易俗行动。广泛开展文明村镇、星级文明户、文明家庭等群众性精神文明创建活动。遏制大操大办、厚葬薄养、人情攀比等陈规陋习。加强无神论宣传教育,丰富农民群众精神文化生活,抵制封建迷信活动。深化农村殡葬改革。加强农村科普工作,提高农民科学文化素养。

六、加强农村基层基础工作,
构建乡村治理新体系

乡村振兴,治理有效是基础。必须把夯实基层基础作为固本之策,建立健全党委领导、政府负责、社会协同、公众参与、法治保障的现代乡村社

会治理体制,坚持自治、法治、德治相结合,确保乡村社会充满活力、和谐有序。

（一）**加强农村基层党组织建设**。扎实推进抓党建促乡村振兴,突出政治功能,提升组织力,抓乡促村,把农村基层党组织建成坚强战斗堡垒。强化农村基层党组织领导核心地位,创新组织设置和活动方式,持续整顿软弱涣散村党组织,稳妥有序开展不合格党员处置工作,着力引导农村党员发挥先锋模范作用。建立选派第一书记工作长效机制,全面向贫困村、软弱涣散村和集体经济薄弱村党组织派出第一书记。实施农村带头人队伍整体优化提升行动,注重吸引高校毕业生、农民工、机关企事业单位优秀党员干部到村任职,选优配强村党组织书记。健全从优秀村党组织书记中选拔乡镇领导干部、考录乡镇机关公务员、招聘乡镇事业编制人员制度。加大在优秀青年农民中发展党员力度。建立农村党员定期培训制度。全面落实村级组织运转经费保障政策。推行村级小微权力清单制度,加大基层小微权力腐败惩处力度。严厉整治惠农补贴、集体资产管理、土地征收等领域侵害农民利益的不正之风和腐败问题。

（二）**深化村民自治实践**。坚持自治为基,加强农村群众性自治组织建设,健全和创新村党组织领导的充满活力的村民自治机制。推动村党组织书记通过选举担任村委会主任。发挥自治章程、村规民约的积极作用。全面建立健全村务监督委员会,推行村级事务阳光工程。依托村民会议、村民代表会议、村民议事会、村民理事会、村民监事会等,形成民事民议、民事民办、民事民管的多层次基层协商格局。积极发挥新乡贤作用。推动乡村治理重心下移,尽可能把资源、服务、管理下放到基层。继续开展以村民小组或自然村为基本单元的村民自治试点工作。加强农村社区治理创新。创新基层管理体制机制,整合优化公共服务和行政审批职责,打造"一门式办理""一站式服务"的综合服务平台。在村庄普遍建立网上服务站点,逐步形成完善的乡村便民服务体系。大力培育服务性、公益性、互助性农村社会组织,积极发展农村社会工作和志愿服务。集中清理上级对村级组织考核评比多、创建达标多、检查督查多等突出问题。

维护村民委员会、农村集体经济组织、农村合作经济组织的特别法人地位和权利。

（三）**建设法治乡村**。坚持法治为本，树立依法治理理念，强化法律在维护农民权益、规范市场运行、农业支持保护、生态环境治理、化解农村社会矛盾等方面的权威地位。增强基层干部法治观念、法治为民意识，将政府涉农各项工作纳入法治化轨道。深入推进综合行政执法改革向基层延伸，创新监管方式，推动执法队伍整合、执法力量下沉，提高执法能力和水平。建立健全乡村调解、县市仲裁、司法保障的农村土地承包经营纠纷调处机制。加大农村普法力度，提高农民法治素养，引导广大农民增强尊法学法守法用法意识。健全农村公共法律服务体系，加强对农民的法律援助和司法救助。

（四）**提升乡村德治水平**。深入挖掘乡村熟人社会蕴含的道德规范，结合时代要求进行创新，强化道德教化作用，引导农民向上向善、孝老爱亲、重义守信、勤俭持家。建立道德激励约束机制，引导农民自我管理、自我教育、自我服务、自我提高，实现家庭和睦、邻里和谐、干群融洽。广泛开展好媳妇、好儿女、好公婆等评选表彰活动，开展寻找最美乡村教师、医生、村官、家庭等活动。深入宣传道德模范、身边好人的典型事迹，弘扬真善美，传播正能量。

（五）**建设平安乡村**。健全落实社会治安综合治理领导责任制，大力推进农村社会治安防控体系建设，推动社会治安防控力量下沉。深入开展扫黑除恶专项斗争，严厉打击农村黑恶势力、宗族恶势力，严厉打击黄赌毒盗拐骗等违法犯罪。依法加大对农村非法宗教活动和境外渗透活动打击力度，依法制止利用宗教干预农村公共事务，继续整治农村乱建庙宇、滥塑宗教造像。完善县乡村三级综治中心功能和运行机制。健全农村公共安全体系，持续开展农村安全隐患治理。加强农村警务、消防、安全生产工作，坚决遏制重特大安全事故。探索以网格化管理为抓手、以现代信息技术为支撑，实现基层服务和管理精细化精准化。推进农村"雪亮工程"建设。

七、提高农村民生保障水平，
塑造美丽乡村新风貌

乡村振兴,生活富裕是根本。要坚持人人尽责、人人享有,按照抓重点、补短板、强弱项的要求,围绕农民群众最关心最直接最现实的利益问题,一件事情接着一件事情办,一年接着一年干,把乡村建设成为幸福美丽新家园。

(一)**优先发展农村教育事业**。高度重视发展农村义务教育,推动建立以城带乡、整体推进、城乡一体、均衡发展的义务教育发展机制。全面改善薄弱学校基本办学条件,加强寄宿制学校建设。实施农村义务教育学生营养改善计划。发展农村学前教育。推进农村普及高中阶段教育,支持教育基础薄弱县普通高中建设,加强职业教育,逐步分类推进中等职业教育免除学杂费。健全学生资助制度,使绝大多数农村新增劳动力接受高中阶段教育、更多接受高等教育。把农村需要的人群纳入特殊教育体系。以市县为单位,推动优质学校辐射农村薄弱学校常态化。统筹配置城乡师资,并向乡村倾斜,建好建强乡村教师队伍。

(二)**促进农村劳动力转移就业和农民增收**。健全覆盖城乡的公共就业服务体系,大规模开展职业技能培训,促进农民工多渠道转移就业,提高就业质量。深化户籍制度改革,促进有条件、有意愿、在城镇有稳定就业和住所的农业转移人口在城镇有序落户,依法平等享受城镇公共服务。加强扶持引导服务,实施乡村就业创业促进行动,大力发展文化、科技、旅游、生态等乡村特色产业,振兴传统工艺。培育一批家庭工场、手工作坊、乡村车间,鼓励在乡村地区兴办环境友好型企业,实现乡村经济多元化,提供更多就业岗位。拓宽农民增收渠道,鼓励农民勤劳守法致富,增加农村低收入者收入,扩大农村中等收入群体,保持农村居民收入增速快于城镇居民。

(三)**推动农村基础设施提挡升级**。继续把基础设施建设重点放在农村,加快农村公路、供水、供气、环保、电网、物流、信息、广播电视等基础设施建设,推动城乡基础设施互联互通。以示范县为载体全面推进"四好农村路"建设,加快实施通村组硬化路建设。加大成品油消费税转移支付资金用于农村公路养护力度。推进节水供水重大水利工程,实施农村饮水安全巩固提升工程。加快新一轮农村电网改造升级,制定农村通动力电规划,推进农村可再生能源开发利用。实施数字乡村战略,做好整体规划设计,加快农村地区宽带网络和第四代移动通信网络覆盖步伐,开发适应"三农"特点的信息技术、产品、应用和服务,推动远程医疗、远程教育等应用普及,弥合城乡数字鸿沟。提升气象为农服务能力。加强农村防灾减灾救灾能力建设。抓紧研究提出深化农村公共基础设施管护体制改革指导意见。

(四)加强农村社会保障体系建设。完善统一的城乡居民基本医疗保险制度和大病保险制度,做好农民重特大疾病救助工作。巩固城乡居民医保全国异地就医联网直接结算。完善城乡居民基本养老保险制度,建立城乡居民基本养老保险待遇确定和基础养老金标准正常调整机制。统筹城乡社会救助体系,完善最低生活保障制度,做好农村社会救助兜底工作。将进城落户农业转移人口全部纳入城镇住房保障体系。构建多层次农村养老保障体系,创新多元化照料服务模式。健全农村留守儿童和妇女、老年人以及困境儿童关爱服务体系。加强和改善农村残疾人服务。

(五)推进健康乡村建设。强化农村公共卫生服务,加强慢性病综合防控,大力推进农村地区精神卫生、职业病和重大传染病防治。完善基本公共卫生服务项目补助政策,加强基层医疗卫生服务体系建设,支持乡镇卫生院和村卫生室改善条件。加强乡村中医药服务。开展和规范家庭医生签约服务,加强妇幼、老人、残疾人等重点人群健康服务。倡导优生优育。深入开展乡村爱国卫生运动。

(六)持续改善农村人居环境。实施农村人居环境整治三年行动计划,以农村垃圾、污水治理和村容村貌提升为主攻方向,整合各种资源,强化各种举措,稳步有序推进农村人居环境突出问题治理。坚持不懈推进农村"厕所革命",大力开展农村户用卫生厕所建设和改造,同步实施粪污治理,加快实现农村无害化卫生厕所全覆盖,努力补齐影响农民群众生活品质的短板。总结推广适用不同地区的农村污水治理模式,加强技术支撑和指导。深入推进农村环境综合整治。推进北方地区农村散煤替代,有条件的地方有序推进煤改气、煤改电和新能源利用。逐步建立农村低收入群体安全住房保障机制。强化新建农房规划管控,加强"空心村"服务管理和改造。保护保留乡村风貌,开展田园建筑示范,培养乡村传统建筑名匠。实施乡村绿化行动,全面保护古树名木。持续推进宜居宜业的美丽乡村建设。

八、打好精准脱贫攻坚战,增强贫困群众获得感

乡村振兴,摆脱贫困是前提。必须坚持精准扶贫、精准脱贫,把提高脱贫质量放在首位,既不降低扶贫标准,也不吊高胃口,采取更加有力的举措、更加集中的支持、更加精细的工作,坚决打好精准脱贫这场对全面建成小康社会具有决定性意义的攻坚战。

(一)**瞄准贫困人口精准帮扶**。对有劳动能力的贫困人口,强化产业和就业扶持,着力做好产销衔接、劳务对接,实现稳定脱贫。有序推进易地扶贫搬迁,让搬迁群众搬得出、稳得住、能致富。对完全或部分丧失劳动能力的特殊贫困人口,综合实施保障性扶贫政策,确保病有所医、残有所助、生活有兜底。做好农村最低生活保障工作的动态化精细化管理,把符合条件的贫困人口全部纳入保障范围。

(二)**聚焦深度贫困地区集中发力**。全面改善贫困地区生产生活条件,确保实现贫困地区基本公共服务主要指标接近全国平均水平。以解决突出制约问题为重点,以重大扶贫工程和到村到户帮扶为抓手,加大政策倾斜和扶贫资金整合力度,着力改善深度贫困地区发展条件,增强贫困农户发展能力,重点攻克深度贫困地区脱贫任务。新增脱贫攻坚资金项

目主要投向深度贫困地区,增加金融投入对深度贫困地区的支持,新增建设用地指标优先保障深度贫困地区发展用地需要。

（三）**激发贫困人口内生动力**。把扶贫同扶志、扶智结合起来,把救急纾困和内生脱贫结合起来,提升贫困群众发展生产和务工经商的基本技能,实现可持续稳固脱贫。引导贫困群众克服等靠要思想,逐步消除精神贫困。要打破贫困均衡,促进形成自强自立、争先脱贫的精神风貌。改进帮扶方式方法,更多采用生产奖补、劳务补助、以工代赈等机制,推动贫困群众通过自己的辛勤劳动脱贫致富。

（四）**强化脱贫攻坚责任和监督**。坚持中央统筹省负总责市县抓落实的工作机制,强化党政一把手负总责的责任制。强化县级党委作为全县脱贫攻坚总指挥部的关键作用,脱贫攻坚期内贫困县县级党政正职要保持稳定。开展扶贫领域腐败和作风问题专项治理,切实加强扶贫资金管理,对挪用和贪污扶贫款项的行为严惩不贷。将 2018 年作为脱贫攻坚作风建设年,集中力量解决突出作风问题。科学确定脱贫摘帽时间,对弄虚作假、搞数字脱贫的严肃查处。完善扶贫督查巡查、考核评估办法,除党中央、国务院统一部署外,各部门一律不准再组织其他检查考评。严格控制各地开展增加一线扶贫干部负担的各类检查考评,切实给基层减轻工作负担。关心爱护战斗在扶贫第一线的基层干部,制定激励政策,为他们工作生活排忧解难,保护和调动他们的工作积极性。做好实施乡村振兴战略与打好精准脱贫攻坚战的有机衔接。制定坚决打好精准脱贫攻坚战三年行动指导意见。研究提出持续减贫的意见。

九、推进体制机制创新,强化乡村振兴制度性供给

实施乡村振兴战略,必须把制度建设贯穿其中。要以完善产权制度和要素市场化配置为重点,激活主体、激活要素、激活市场,着力增强改革的系统性、整体性、协同性。

（一）**巩固和完善农村基本经营制度**。落实农村土地承包关系稳定并长久不变政策，衔接落实好第二轮土地承包到期后再延长 30 年的政策，让农民吃上长效"定心丸"。全面完成土地承包经营权确权登记颁证工作，实现承包土地信息联通共享。完善农村承包地"三权分置"制度，在依法保护集体土地所有权和农户承包权前提下，平等保护土地经营权。农村承包土地经营权可以依法向金融机构融资担保、入股从事农业产业化经营。实施新型农业经营主体培育工程，培育发展家庭农场、合作社、龙头企业、社会化服务组织和农业产业化联合体，发展多种形式适度规模经营。

（二）**深化农村土地制度改革**。系统总结农村土地征收、集体经营性建设用地入市、宅基地制度改革试点经验，逐步扩大试点，加快土地管理法修改，完善农村土地利用管理政策体系。扎实推进房地一体的农村集体建设用地和宅基地使用权确权登记颁证。完善农民闲置宅基地和闲置农房政策，探索宅基地所有权、资格权、使用权"三权分置"，落实宅基地集体所有权，保障宅基地农户资格权和农民房屋财产权，适度放活宅基地和农民房屋使用权，不得违规违法买卖宅基地，严格实行土地用途管制，严格禁止下乡利用农村宅基地建设别墅大院和私人会馆。在符合土地利用总体规划前提下，允许县级政府通过村土地利用规划，调整优化村庄用地布局，有效利用农村零星分散的存量建设用地；预留部分规划建设用地指标用于单独选址的农业设施和休闲旅游设施等建设。对利用收储农村闲置建设用地发展农村新产业新业态的，给予新增建设用地指标奖励。进一步完善设施农用地政策。

（三）**深入推进农村集体产权制度改革**。全面开展农村集体资产清产核资、集体成员身份确认，加快推进集体经营性资产股份合作制改革。推动资源变资产、资金变股金、农民变股东，探索农村集体经济新的实现形式和运行机制。坚持农村集体产权制度改革正确方向，发挥村党组织对集体经济组织的领导核心作用，防止内部少数人控制和外部资本侵占集体资产。维护进城落户农民土地承包权、宅基地使用权、集体收益分配权,引导进城落户农民依法自愿有偿转让上述权益。研究制定农村集体经济组织法,充实农村集体产权权能。全面深化供销合作社综合改革,深入推进集体林权、水利设施产权等领域改革,做好农村综合改革、农村改革试验区等工作。

(四)**完善农业支持保护制度**。以提升农业质量效益和竞争力为目标,强化绿色生态导向,创新完善政策工具和手段,扩大"绿箱"政策的实施范围和规模,加快建立新型农业支持保护政策体系。深化农产品收储制度和价格形成机制改革,加快培育多元市场购销主体,改革完善中央储备粮管理体制。通过完善拍卖机制、定向销售、包干销售等,加快消化政策性粮食库存。落实和完善对农民直接补贴制度,提高补贴效能。健全粮食主产区利益补偿机制。探索开展稻谷、小麦、玉米三大粮食作物完全成本保险和收入保险试点,加快建立多层次农业保险体系。

十、汇聚全社会力量,强化乡村振兴人才支撑

实施乡村振兴战略,必须破解人才瓶颈制约。要把人力资本开发放在首要位置,畅通智力、技术、管理下乡通道,造就更多乡土人才,聚天下人才而用之。

(一)**大力培育新型职业农民**。全面建立职业农民制度,完善配套政策体系。实施新型职业农民培育工程。支持新型职业农民通过弹性学制参加中高等农业职业教育。创新培训机制,支持农民专业合作社、专业技术协会、龙头企业等主体承担培训。引导符合条件的新型职业农民参加城镇职工养老、医疗等社会保障制度。鼓励各地开展职业农民职称评定试点。

(二)**加强农村专业人才队伍建设**。建立县域专业人才统筹使用制度,提高农村专业人才服务保障能力。推动人才管理职能部门简政放权,保障和落实基层用人主体自主权。推行乡村教师"县管校聘"。实施好边远贫困地区、边疆民族地区和革命老区人才支持计划,继续实施"三支

一扶"、特岗教师计划等,组织实施高校毕业生基层成长计划。支持地方高等学校、职业院校综合利用教育培训资源,灵活设置专业(方向),创新人才培养模式,为乡村振兴培养专业化人才。扶持培养一批农业职业经理人、经纪人、乡村工匠、文化能人、非遗传承人等。

(三)**发挥科技人才支撑作用**。全面建立高等院校、科研院所等事业单位专业技术人员到乡村和企业挂职、兼职和离岗创新创业制度,保障其在职称评定、工资福利、社会保障等方面的权益。深入实施农业科研杰出人才计划和杰出青年农业科学家项目。健全种业等领域科研人员以知识产权明晰为基础、以知识价值为导向的分配政策。探索公益性和经营性农技推广融合发展机制,允许农技人员通过提供增值服务合理取酬。全面实施农技推广服务特聘计划。

(四)**鼓励社会各界投身乡村建设**。建立有效激励机制,以乡情乡愁为纽带,吸引支持企业家、党政干部、专家学者、医生教师、规划师、建筑师、律师、技能人才等,通过下乡担任志愿者、投资兴业、包村包项目、行医办学、捐资捐物、法律服务等方式服务乡村振兴事业。研究制定管理办法,允许符合要求的公职人员回乡任职。吸引更多人才投身现代农业,培养造就新农民。加快制定鼓励引导工商资本参与乡村振兴的指导意见,落实和完善融资贷款、配套设施建设补助、税费减免、用地等扶持政策,明确政策边界,保护好农民利益。发挥工会、共青团、妇联、科协、残联等群团组织的优势和力量,发挥各民主党派、工商联、无党派人士等积极作用,支持农村产业发展、生态环境保护、乡风文明建设、农村弱势群体关爱等。实施乡村振兴"巾帼行动"。加强对下乡组织和人员的管理服务,使之成为乡村振兴的建设性力量。

(五)**创新乡村人才培育引进使用机制**。建立自主培养与人才引进相结合,学历教育、技能培训、实践锻炼等多种方式并举的人力资源开发机制。建立城乡、区域、校地之间人才培养合作与交流机制。全面建立城市医生教师、科技文化人员等定期服务乡村机制。研究制定鼓励城市专业人才参与乡村振兴的政策。

十一、开拓投融资渠道，强化乡村振兴投入保障

实施乡村振兴战略，必须解决钱从哪里来的问题。要健全投入保障制度，创新投融资机制，加快形成财政优先保障、金融重点倾斜、社会积极参与的多元投入格局，确保投入力度不断增强、总量持续增加。

（一）确保财政投入持续增长。 建立健全实施乡村振兴战略财政投入保障制度，公共财政更大力度向"三农"倾斜，确保财政投入与乡村振兴目标任务相适应。优化财政供给结构，推进行业内资金整合与行业间资金统筹相互衔接配合，增加地方自主统筹空间，加快建立涉农资金统筹整合长效机制。充分发挥财政资金的引导作用，撬动金融和社会资本更多投向乡村振兴。切实发挥全国农业信贷担保体系作用，通过财政担保费率补助和以奖代补等，加大对新型农业经营主体支持力度。加快设立国家融资担保基金，强化担保融资增信功能，引导更多金融资源支持乡村振兴。支持地方政府发行一般债券用于支持乡村振兴、脱贫攻坚领域的公益性项目。稳步推进地方政府专项债券管理改革，鼓励地方政府试点发行项目融资和收益自平衡的专项债券，支持符合条件、有一定收益的乡村公益性项目建设。规范地方政府举债融资行为，不得借乡村振兴之名违法违规变相举债。

（二）拓宽资金筹集渠道。 调整完善土地出让收入使用范围，进一步提高农业农村投入比例。严格控制未利用地开垦，集中力量推进高标准农田建设。改进耕地占补平衡管理办法，建立高标准农田建设等新增耕地指标和城乡建设用地增减挂钩节余指标跨省域调剂机制，将所得收益通过支出预算全部用于巩固脱贫攻坚成果和支持实施乡村振兴战略。推广一事一议、以奖代补等方式，鼓励农民对直接受益的乡村基础设施建设投工投劳，让农民更多参与建设管护。

（三）提高金融服务水平。 坚持农村金融改革发展的正确方向，健全适合农业农村特点的农村金融体系，推动农村金融机构回归本源，把更多

金融资源配置到农村经济社会发展的重点领域和薄弱环节,更好满足乡村振兴多样化金融需求。要强化金融服务方式创新,防止脱实向虚倾向,严格管控风险,提高金融服务乡村振兴能力和水平。抓紧出台金融服务乡村振兴的指导意见。加大中国农业银行、中国邮政储蓄银行"三农"金融事业部对乡村振兴支持力度。明确国家开发银行、中国农业发展银行在乡村振兴中的职责定位,强化金融服务方式创新,加大对乡村振兴中长期信贷支持。推动农村信用社省联社改革,保持农村信用社县域法人地位和数量总体稳定,完善村镇银行准入条件,地方法人金融机构要服务好乡村振兴。普惠金融重点要放在乡村。推动出台非存款类放贷组织条例。制定金融机构服务乡村振兴考核评估办法。支持符合条件的涉农企业发行上市、新三板挂牌和融资、并购重组,深入推进农产品期货期权市场建设,稳步扩大"保险+期货"试点,探索"订单农业+保险+期货(权)"试点。改进农村金融差异化监管体系,强化地方政府金融风险防范处置责任。

十二、坚持和完善党对"三农"工作的领导

实施乡村振兴战略是党和国家的重大决策部署,各级党委和政府要提高对实施乡村振兴战略重大意义的认识,真正把实施乡村振兴战略摆在优先位置,把党管农村工作的要求落到实处。

(一)完善党的农村工作领导体制机制。各级党委和政府要坚持工业农业一起抓、城市农村一起抓,把农业农村优先发展原则体现到各个方面。健全党委统一领导、政府负责、党委农村工作部门统筹协调的农村工作领导体制。建立实施乡村振兴战略领导责任制,实行中央统筹省负总责市县抓落实的工作机制。党政一把手是第一责任人,五级书记抓乡村振兴。县委书记要下大气力抓好"三农"工作,当好乡村振兴"一线总指挥"。各部门要按照职责,加强工作指导,强化资源要素支持和制度供给,做好协同配合,形成乡村振兴工作合力。切实加强各级党委农村工作

部门建设,按照《中国共产党工作机关条例(试行)》有关规定,做好党的农村工作机构设置和人员配置工作,充分发挥决策参谋、统筹协调、政策指导、推动落实、督导检查等职能。各省(自治区、直辖市)党委和政府每年要向党中央、国务院报告推进实施乡村振兴战略进展情况。建立市县党政领导班子和领导干部推进乡村振兴战略的实绩考核制度,将考核结果作为选拔任用领导干部的重要依据。

(二)**研究制定中国共产党农村工作条例**。根据坚持党对一切工作的领导的要求和新时代"三农"工作新形势新任务新要求,研究制定中国共产党农村工作条例,把党领导农村工作的传统、要求、政策等以党内法规形式确定下来,明确加强对农村工作领导的指导思想、原则要求、工作范围和对象、主要任务、机构职责、队伍建设等,完善领导体制和工作机制,确保乡村振兴战略有效实施。

(三)**加强"三农"工作队伍建设**。把懂农业、爱农村、爱农民作为基本要求,加强"三农"工作干部队伍培养、配备、管理、使用。各级党委和政府主要领导干部要懂"三农"工作、会抓"三农"工作,分管领导要真正成为"三农"工作行家里手。制定并实施培训计划,全面提升"三农"干部队伍能力和水平。拓宽县级"三农"工作部门和乡镇干部来源渠道。把到农村一线工作锻炼作为培养干部的重要途径,注重提拔使用实绩优秀的干部,形成人才向农村基层一线流动的用人导向。

(四)**强化乡村振兴规划引领**。制定《乡村振兴战略规划(2018—2022年)》,分别明确至2020年全面建成小康社会和2022年召开党的二十大时的目标任务,细化实化工作重点和政策措施,部署若干重大工程、重大计划、重大行动。各地区各部门要编制乡村振兴地方规划和专项规划或方案。加强各类规划的统筹管理和系统衔接,形成城乡融合、区域一体、多规合一的规划体系。根据发展现状和需要分类有序推进乡村振兴,对具备条件的村庄,要加快推进城镇基础设施和公共服务向农村延伸;对自然历史文化资源丰富的村庄,要统筹兼顾保护与发展;对生存条件恶劣、生态环境脆弱的村庄,要加大力度实施生态移民搬迁。

（五）**强化乡村振兴法治保障**。抓紧研究制定乡村振兴法的有关工作，把行之有效的乡村振兴政策法定化，充分发挥立法在乡村振兴中的保障和推动作用。及时修改和废止不适应的法律法规。推进粮食安全保障立法。各地可以从本地乡村发展实际需要出发，制定促进乡村振兴的地方性法规、地方政府规章。加强乡村统计工作和数据开发应用。

（六）**营造乡村振兴良好氛围**。凝聚全党全国全社会振兴乡村强大合力，宣传党的乡村振兴方针政策和各地丰富实践，振奋基层干部群众精神。建立乡村振兴专家决策咨询制度，组织智库加强理论研究。促进乡村振兴国际交流合作，讲好乡村振兴中国故事，为世界贡献中国智慧和中国方案。

让我们更加紧密地团结在以习近平同志为核心的党中央周围，高举中国特色社会主义伟大旗帜，以习近平新时代中国特色社会主义思想为指导，迎难而上、埋头苦干、开拓进取，为决胜全面建成小康社会、夺取新时代中国特色社会主义伟大胜利作出新的贡献！

总 论 篇

走中国特色社会主义乡村振兴道路
谱写新时代乡村全面振兴新篇章

党的十九大提出实施乡村振兴战略,并作为七大战略之一写入党章,这是以习近平同志为核心的党中央作出的重大战略决策,在我国农业农村发展史上具有划时代的里程碑意义。2018 年中央"一号文件"深入贯彻落实习近平新时代中国特色社会主义思想和党的十九大精神,聚焦实施乡村振兴战略,对做好新时代"三农"工作,走中国特色社会主义乡村振兴道路,谱写乡村全面振兴新篇章作出了系统部署。

一、实施乡村振兴战略,要以习近平总书记
关于"三农"工作的重要论述为指导

党的十八大以来,在以习近平同志为核心的党中央坚强领导下,我们坚持把解决好"三农"问题作为全党工作重中之重,持续加大强农惠农富农政策力度,扎实推进农业现代化和新农村建设,全面深化农村改革,农业农村发展取得了历史性成就,发生了历史性变革,出现了很多标志性变化。

一是农业供给侧结构性改革取得新成效。农业综合生产能力跨上新台阶,靠天吃饭的状况得到明显改观,实现了由以人畜耕作为主向以机械化耕作为主转变;粮食产量连续 5 年稳定在 12000 亿斤以上,国家粮食安

全和重要农产品供给得到有效保障。新型农业经营主体发展壮大,农村新产业新业态蓬勃发展,农业现代化稳步推进。二是深化农村改革取得新突破。中央制定了《深化农村改革综合性实施方案》,出台了二十多项重要涉农改革方案,农村制度建设的"四梁八柱"基本确立。农村承包地"三权分置"、农村土地确权登记颁证、农村集体产权制度改革、农村土地制度改革"三项试点"、农村"两权"抵押贷款试点、粮食等重要农产品价格形成机制和收储制度改革、农业补贴制度改革、户籍制度改革等取得重大突破,改革红利不断释放。三是脱贫攻坚开创新局面。精准扶贫精准脱贫方略落地生效,6853 万贫困人口稳定脱贫,贫困发生率由 2012 年的 10.2% 下降到 2017 年的 3.1%,脱贫攻坚战取得决定性进展。四是农民生活水平有了新提高。农民收入增速连年快于城镇居民,城乡居民相对收入差距由 2012 年的 2.88∶1 缩小到 2017 年的 2.71∶1。农村基础设施建设深入推进,水、电、路、气、房和信息化建设全面提速,农村人居环境整治全面展开。农村教育、文化、医疗卫生等社会事业全面发展,新型农村合作医疗、大病救助和农村低保制度不断完善。五是城乡发展一体化迈开新步伐。8000 多万农业转移人口成为城镇居民,城镇基本公共服务常住人口全覆盖持续推进。城乡基本医疗和养老制度开始并轨。六是农村社会焕发出稳定祥和的新气象。农村基层党建和乡村治理不断加强,农村党群干群关系进一步融洽,农民获得感和幸福感进一步增强,党在农村的执政基础进一步夯实。

过去这 5 年,农业农村发展之所以取得这样的历史性成就,关键在于有习近平总书记这个核心领航把舵,在于不断加强和改善了党对"三农"工作的领导。长期以来,特别是党的十八大以来,习近平总书记就做好"三农"工作作出了一系列重要论述,提出了一系列新理念新思想新战略,内涵丰富、科学系统,成为习近平新时代中国特色社会主义思想的重要组成部分。实施乡村振兴战略,必须深入学习、深刻领会,切实把习近平总书记关于做好"三农"工作的重要论述作为新时代"三农"工作的根本遵循和行动指南。

一是坚持加强和改善党对农村工作的领导,为"三农"发展提供坚强政治保障。习近平总书记多次强调,党管农村工作是我们的传统。这个传统不能丢。在2017年年底召开的中央农村工作会议上,习近平总书记再次强调,办好农村的事情,实现乡村振兴,关键在党。必须切实提高党把方向、谋大局、定政策、促改革的能力和定力,确保党始终总揽全局、协调各方,提高新时代党领导农村工作的能力和水平。实施乡村振兴战略,迫切需要造就一支懂农业、爱农村、爱农民的农村工作队伍。习近平总书记的重要论断,深刻阐述了党的领导在农业农村工作中的重要地位,也对加强和改善党对乡村振兴的领导提出了明确要求。

二是坚持重中之重战略地位,切实把农业农村优先发展落到实处。习近平总书记多次强调,中国要强,农业必须强;中国要美,农村必须美;中国要富,农民必须富。习近平总书记在党的十九大报告中指出,农业农村农民问题是关系国计民生的根本性问题,必须始终把解决好"三农"问题作为全党工作重中之重,坚持农业农村优先发展。在2017年年底召开的中央农村工作会议上,习近平总书记再次强调,农业强不强、农村美不美、农民富不富,决定着农民的获得感和幸福感,决定着我国全面小康社会的成色和社会主义现代化的质量。要把农业农村优先发展作为现代化建设的一项重大原则。习近平总书记的重要论断,科学回答了在中国特色社会主义新时代,如何看"三农"、谋"三农"、兴"三农"的重大认识问题,把解决好"三农"问题的重要性提升到了历史新高度。

三是坚持把推进农业供给侧结构性改革作为主线,加快提高农业供给质量。针对农业农村发展的新情况新变化新特征,习近平总书记作出科学判断:我国农业农村发展已进入新的历史阶段,农业的主要矛盾由总量不足转变为结构性矛盾,矛盾的主要方面在供给侧。在2017年年底召开的中央农村工作会议上,习近平总书记强调,要坚持以农业供给侧结构性改革为主线,坚持质量兴农、绿色兴农,加快推进农业由增产导向转向提质导向,不断提高我国农业综合效益和竞争力,实现由农业大国向农业强国的转变。习近平总书记的重要论断,为实施乡村振兴战略、加快推进农业农村现代化指明了方向。

四是坚持立足国内保障自给的方针,牢牢把握国家粮食安全主动权。我国是人口众多的大国,解决好吃饭问题始终是治国理政的头等大事。习近平总书记多次强调,中国人的饭碗任何时候都要牢牢端在自己手上,我们的饭碗应该主要装中国粮。在2017年年底召开的中央农村工作会议上,习近平总书记再次强调,对粮食问题,要善于透过现象看本质。在我们这样一个十三亿多人口的大国,粮食多了是问题,少了也是问题,但这是两种不同性质的问题。多了是库存压力,是财政压力;少了是社会压力,是整个大局的压力。保障粮食安全,关键是要保粮食生产能力,确保需要的时候能产得出、供得上。真正把"藏粮于地、藏粮于技"战略落到实处。习近平总书记的重要论断,不仅强调了解决吃饭问题的极端重要性、指明了保障国家粮食安全的方向,也确立了战略重点、实现路径,是保障国家粮食安全的根本遵循。

五是坚持不断深化农村改革,激发农村发展新活力。解决农业农村发展面临的各种矛盾和问题,根本要靠深化改革。习近平总书记指出,要坚持不懈推进农村改革和制度创新,充分发挥亿万农民的主体作用和首创精神,不断解放和发展农村社会生产力,激发农村发展活力。在2017年年底召开的中央农村工作会议上,习近平总书记强调,要解放思想,逢山开路、遇河架桥,破除体制机制弊端,突破利益固化藩篱,让农村资源要素活化起来,让广大农民积极性创造性迸发出来,让全社会支农助农兴农力量汇聚起来。农村改革不管怎么改,不能把农村土地集体所有制改垮了,不能把耕地改少了,不能把粮食生产能力改弱了,不能把农民利益损害了。习近平总书记的重要论断,深刻阐明了新时期深化农村改革的出发点和落脚点,为改革指明了方向、明确了底线。

六是坚持绿色生态导向,推动农业农村可持续发展。习近平总书记在浙江工作时,就作出了"绿水青山就是金山银山"的重要论断。习近平总书记强调,良好生态环境就是农村最大优势和宝贵财富。农业发展不仅要杜绝生态环境欠新账,而且要逐步还旧账。在2017年年底召开的中央农村工作会议上,习近平总书记指出,以绿色发展引领乡村振兴是一场深刻革命。实施乡村振兴战略,一个重要任务就是推行绿色发展方式和生活方式,让生态美起来、环境靓起来,再现山清水秀、天蓝地绿、村美人和的美丽画卷。习近平总书记的重要论断,阐明了发展经济和保护生态环境的内在统一性,为协调推进农村经济建设和生态文明建设提供了根本指南。

七是坚持遵循乡村发展规律,扎实推进美丽宜居乡村建设。习近平总书记多次指出,新农村建设一定要走符合农村实际的路子,遵循乡村自身发展规律,充分体现农村特点,注意乡土味道,保留乡村风貌,留得住青山绿水,记得住乡愁。总书记强调,关键是要做到规划先行,哪些村保留、哪些村整治、哪些村缩减、哪些村做大,都要经过科学论证,不要头脑发热,不顾农民意愿,强行撤并村庄,赶农民上楼。在 2017 年年底召开的中央农村工作会议上,习近平总书记强调,要注重地域特色,尊重文化差异,以多样化为美,把挖掘原生态村居风貌和引入现代元素结合起来。要因地制宜搞好农村人居环境综合整治,给农民一个干净整洁的生活环境。习近平总书记的重要论断,深刻揭示了乡村发展的规律性要求,为搞好新时代农村建设和乡村振兴提供了基本指引。

八是坚持保障和改善民生,让广大农民有更多的获得感。习近平总书记指出,检验农村工作实效的一个重要尺度,就是看农民的钱袋子鼓起来没有。全面建成小康社会,一个不能少;共同富裕路上,一个不能掉队。习近平总书记强调,要把那些农民最关心最直接最现实的利益问题,一件一件找出来、解决好,让农民的获得感、幸福感、安全感更加充实、更有保障、更可持续。习近平总书记的重要论断,体现了以人民为中心的发展思想,饱含着对广大人民群众的深情厚爱,科学回答了农村发展为了谁、发展依靠谁、发展成果由谁享有的根本问题,在抓"三农"工作、推进乡村振兴中,必须一以贯之加以坚持。

习近平总书记亲自出席 2017 年中央农村工作会议并作重要讲话,深刻阐述了实施乡村振兴战略的重大问题,对走中国特色社会主义乡村振兴道路作出了全面部署,对加强和改善党对"三农"工作的领导提出了明确要求,向全党全国发出了实施乡村振兴战略的总动员令。习近平总书记指出,走中国特色社会主义乡村振兴道路,必须重塑城乡关系,走城乡融合发展之路;必须巩固和完善农村基本经营制度,走共同富裕之路;必须深化农业供给侧结构性改革,走质量兴农之路;必须坚持人与自然和谐共生,走乡村绿色发展之路;必须传承发展提升农耕文明,走乡村文化兴盛之路;必须创新乡村治理体系,走乡村善治之路;必须打好精准脱贫攻坚战,走中国特色减贫之路。我们要以习近平总书记关于做好"三农"工作的重要论述为指导,切实增强责任感、使命感、紧迫感,坚决把乡村振兴战略实施好。

二、实施乡村振兴战略,是新时代做好"三农"工作的新旗帜和总抓手

农业农村农民问题是关系国计民生的根本性问题。没有农业农村的现代化,就没有国家的现代化。党的十九大报告指出,我国社会主要矛盾已经转化为人民日益增长的美好生活需要和不平衡不充分的发展之间的矛盾。当前,农业还是"四化"同步的短腿,农村还是全面建成小康社会的短板。我国经济社会发展不平衡不充分,最集中、最突出的体现就是农业农村农民发展的不平衡不充分。实施乡村振兴战略,是解决人民日益增长的美好生活需要和不平衡不充分的发展之间矛盾的必然要求,是实现"两个一百年"奋斗目标的必然要求,是实现全体人民共同富裕的必然要求。

党的十九大提出实施乡村振兴战略,这是党中央从党和国家事业全局出发、着眼于实现"两个一百年"奋斗目标、顺应亿万农民对美好生活的向往作出的重大战略决策,这是决胜全面建成小康社会、全面建设社会主义现代化国家的重大历史任务,是新时代做好"三农"工作的新旗帜和总抓手。

在中国特色社会主义新时代,乡村是一片可以大有作为的广阔天地,迎来了难得的发展机遇,我们完全有能力实施乡村振兴战略。一方面,党的十八大以来,农业农村发展取得的历史性成就、发生的历史性变革,为实施乡村振兴战略奠定了良好基础;另一方面,我们有党的领导的政治优势,社会主义的制度优势,亿万农民的创造精神,强大的经济实力支撑,历史悠久的农耕文化以及旺盛的市场需求,为实施乡村振兴战略夯实了现实基础。

实施乡村振兴战略,要全面贯彻党的十九大精神,以习近平新时代中国特色社会主义思想为指导,加强党对"三农"工作的领导,坚持稳中求进工作总基调,牢固树立新发展理念,落实高质量发展的要求,统筹推进"五位一体"总体布局和协调推进"四个全面"战略布局,坚持把解决好"三农"问题作为全党工作重中之重,坚持农业农村优先发展,按照"产业兴旺、生态宜居、乡风文明、治理有效、生活富裕"的总要求,建立健全城乡融合发展体制机制和政策体系,统筹推进农村经济建设、政治建设、文化建设、社会建设、生态文明建设和党的建设,加快推进乡村治理体系和治理能力现代化,加快推进农业农村现代化,走中国特色社会主义乡村振兴道路,让农业成为有奔头的产业,让农民成为有吸引力的职业,让农村成为安居乐业的美丽家园。

按照党的十九大提出的决胜全面建成小康社会、分两个阶段实现第二个百年奋斗目标的战略安排,2018年中央"一号文件"明确实施乡村振兴战略的目标任务是:到2020年,乡村振兴取得重要进展,制度框架和政策体系基本形成;到2035年,乡村振兴取得决定性进展,农业农村现代化基本实现;到2050年,乡村全面振兴,农业强、农村美、农民富全面实现。

为了确保党和国家作出的重大战略部署落实到位,2018年中央"一号文件"明确了实施乡村振兴战略必须坚持的七条重要原则:一是要坚持党管农村工作,确保党在农村工作中始终总揽全局、协调各方,为乡村振兴提供坚强有力的政治保障。二是要坚持农业农村优先发展,在干部配备上优先考虑,在要素配置上优先满足,在资金投入上优先保障,在公共服务上优先安排。三是坚持农民主体地位,把维护农民群众根本利益、促进农民共同富裕作为出发点和落脚点。四是坚持乡村全面振兴,统筹谋划农村经济建设、政治建设、文化建设、社会建设、生态文明建设和党的建设,注重协同性、关联性,整体部署,协调推进。五是坚持城乡融合发展,加快形成工农互促、城乡互补、全面融合、共同繁荣的新型工农城乡关系。六是坚持人与自然和谐共生,以绿色发展引领乡村振兴。七是坚持因地制宜、循序渐进。

新世纪以来,党中央、国务院已经连续出台了 15 个关于农业农村工作的中央"一号文件",基本形成了成熟稳定的"三农"政策体系,彰显了"三农"问题在中国现代化进程当中"重中之重"的地位,彰显了党中央解决"三农"问题的坚强决心。2018 年中央"一号文件"明确了实施乡村振兴战略的指导思想、目标任务、基本原则和重要举措,搭建起了实施乡村振兴战略的"四梁八柱"。2018 年中央"一号文件"具有承前启后的里程碑意义,既体现了改革开放以来"三农"政策的继承和总结,更是开创新时代"三农"工作新局面的纲领性文件。2018 年中央"一号文件"有两个基本特点:一是管全面。以往的中央"一号文件"讲农业问题、讲农村经济发展讲得比较多,2018 年的中央"一号文件"对乡村振兴作出了全面部署,不仅涉及农村经济建设,也涉及农村政治、文化、社会、生态文明建设。二是管长远。文件按照"远粗近细"的原则,分三个阶段对实施乡村振兴战略进行部署,勾勒出乡村振兴的美好愿景。

三、实施乡村振兴战略,要推进乡村全面振兴

新时代的乡村振兴,要坚持把农村经济建设、政治建设、文化建设、社会建设、生态文明建设和党的建设,作为一个有机整体,统筹谋划、协调推进,促进乡村产业振兴、人才振兴、文化振兴、生态振兴和组织振兴,推动乡村振兴健康有序进行。

（一）以产业兴旺为重点，提升农业发展质量，培育乡村发展新动能

农业兴、百业旺，乡村才会有活力。乡村振兴离不开产业的支撑、经济的繁荣，必须加快构建现代农业产业体系、生产体系、经营体系，提高农业创新力、竞争力和全要素生产率，坚持质量兴农、绿色兴农，实施质量兴农战略，推动农业由增产导向转向提质导向，加快实现由农业大国向农业强国转变。一是确保国家粮食安全，实施"藏粮于地、藏粮于技"战略，在高标准农田建设、农业机械化、农业科技创新、智慧农业等方面迈出新步伐。二是开发农业多种功能，挖掘乡村多种价值，推进农村一二三产业融合发展。三是统筹兼顾培育新型农业经营主体和扶持小农户，强化服务和利益联结，把小农生产引入现代农业发展轨道。四是实施特色优势农产品出口提升行动，深化与"一带一路"沿线国家和地区农产品贸易关系，积极支持农业走出去，构建农业对外开放新格局。

（二）以生态宜居为关键，推进乡村绿色发展，打造人与自然和谐共生发展新格局

长期以来，农业边际产能过度开发，农业农村领域生态环境欠账问题比较突出。还有很多地方生态资源丰厚，但"养在深闺人未识"，空守着绿水青山这个"金饭碗"受穷。保护生态环境就是保护生产力，改善生态环境就是发展生产力。必须牢固树立"绿水青山就是金山银山"的发展理念，尊重自然、顺应自然、保护自然，把该减的减下来、该退的退出来、该治理的治理到位。一是要加大农业生态系统保护力度，统筹山水林田湖草系统治理，实施重要生态系统保护和修复工程，健全耕地草原森林河流湖泊休养生息制度，分类有序退出超载的边际产能。二是要开展农业绿色发展行动，实现投入品减量化、生产清洁化、废弃物资源化、产业模式生态化，加快形成种养结合、生态循环、环境优美的田园生态系统。三是要建立市场化多元化生态补偿机制，让保护生态环境不吃亏、得到实实在在的利益。四是要大力发展生态产业、绿色产业、循环经济和生态旅游，提供更多更好的绿色生态产品和服务，让更多老百姓吃上生态饭，走出一条发展"美丽经济"的新路子。

（三）以乡风文明为保障，繁荣兴盛农村文化，焕发乡风文明新气象

乡村振兴，既要富口袋，也要富脑袋，必须坚持物质文明和精神文明一起抓。提升农民精神风貌，不断提高乡村社会文明程度。一是要深入实施公民道德建设工程，深化群众性精神文明创建活动，引导广大农民自觉践行社会主义核心价值观，树立良好道德风尚，建设幸福家庭、友爱乡村、和谐社会。要推进诚信建设，让诚实守信者得到激励，让有违道德者得到戒束。二是要深入挖掘、继承、创新优秀传统乡土文化，把保护传承和开发利用有机结合起来，让优秀农耕文明在新时代展现其魅力和风采，让乡村焕发文明新气象。三是要完善农村公共文化服务体系，保障农民群众基本文化权益，提供更多更好的农村公共文化产品和服务。四是要加强农村移风易俗工作，旗帜鲜明地引导群众抵制封建迷信、摒弃陈规陋习，形成文明健康的生活方式，培育文明乡风、良好家风、淳朴民风，不断提高乡村社会文明程度。

（四）以治理有效为基础，加强农村基层基础工作，构建乡村治理新体系

当前，乡村社会空心化、家庭空巢化、人际关系商品化等问题日益凸显，农村内部大小各类矛盾突出，农村基层社会矛盾处于易发多发期。必须把夯实基层基础作为固本之策，抓住农村基层组织建设这个"牛鼻子"，着力解决乡村社会"散"的问题，建立健全党委领导、政府负责、社会协同、公众参与、法治保障的现代乡村社会治理体制。要注重现代治理方式与传统治理资源相结合，健全自治、法治、德治相结合的乡村治理体系。在依法治理的基础上，重视综合治理、系统治理、源头治理，法、德、礼并用，以法治定纷止争、以德治春风化雨、以自治消化矛盾，以党的领导统揽全局。一是要加强农村基层党组织建设。把农村基层党组织建成坚强战斗堡垒，强化农村基层党组织领导核心地位。二是要深化村民自治实践。要推动乡村治理重心下移，创新基层管理体制机制，整合、优化县乡公共服务和行政审批职责,打造"一门式办理""一站式服务"的综合便民服务平台。三是要建设法治乡村。强化法律在维护农民权益、规范市场运行、农业支持保护、生态环境治理、化解农村社会矛盾等方面的权威地位。四是要提升乡村德治水平。深入挖掘乡村熟人社会蕴含的道德规范,强化道德教化作用,建立道德激励约束机制。五是要建设平安乡村。深入开展扫黑除恶专项斗争,严厉打击农村黑恶势力、宗族恶势力,严厉打击黄赌毒盗拐骗等违法犯罪,持续开展农村安全隐患治理,建设平安乡村,确保乡村社会充满活力、和谐有序。

(五)以生活富裕为根本,提高农村民生保障水平,塑造美丽乡村新风貌

让亿万农民生活得更美好,是实施乡村振兴战略的出发点和落脚点。要围绕农民群众最关心最直接最现实的利益问题,一件事情接着一件事情办,一年接着一年干,把乡村建设成为幸福美丽新家园。一是要优先发展农村教育事业,推进健康乡村建设,提高农村民生保障水平,在农村幼有所育、学有所教、住有所居、病有所医、老有所养、弱有所扶等方面持续取得新进展。二是要健全覆盖城乡的公共就业服务体系,拓宽农民增收渠道,促进农村劳动力转移就业和农民增收,保持农村居民收入增速快于城镇居民。三是要推动社会保障制度城乡统筹并轨,织密兜牢困难群众基本生活的社会安全网。四是要适应农民生活改善和产业发展新要求,推动农村基础设施建设提挡升级,完善管护运行机制,推动城乡基础设施互联互通。五是要以农村垃圾、污水治理和村容村貌提升为主攻方向,稳步有序推进农村人居环境突出问题治理,坚持不懈推进农村"厕所革命",给农民一个干净整洁的生活环境。

乡村振兴,摆脱贫困是前提。要做好乡村振兴与脱贫攻坚的政策衔接、机制整合和工作统筹。要把提高脱贫质量放在首位,尽锐出战、精准施策,注重扶贫同扶志、扶智相结合,瞄准贫困人口精准帮扶,聚焦深度贫困地区集中发力,激发贫困人口内生动力,强化脱贫攻坚责任和监督,开展扶贫领域腐败和作风问题专项治理,坚决打好精准脱贫攻坚战。

四、实施乡村振兴战略，要构建
城乡融合发展体制机制

乡村振兴必须完善体制机制，抓住"人、地、钱"关键环节，打破乡村要素单向流入城市的格局，激活资源要素，引导更多的资金、管理、人才等城市要素向乡村流动。

（一）强化人才支撑

实施乡村振兴战略，要防止乡村人口持续过度流失，处理好走出去、留下来和引回来的关系，让农村的产业、环境留住人，让农村的机会吸引人。一是大力培育新型职业农民。全面建立职业农民制度，实施新型职业农民培育工程。二是加强农村专业人才队伍建设。特别是要扶持培养一批农业职业经理人、经纪人、乡村工匠、文化能人和非遗传承人等。三是发挥科技人才支撑作用。探索新机制，全面建立高等院校、科研院所等事业单位专业技术人员到乡村和企业挂职、兼职和离岗创新创业制度，发挥好各类农业科技人员的作用。四是鼓励社会各界投身乡村建设。建立有效激励机制，吸引支持企业家、党政干部、专家学者、技能人才等通过下乡担任志愿者、投资兴业、包村包项目、捐资捐物等方式，参与到乡村振兴的伟大事业中来。要研究制定管理办法，允许符合要求的公职人员回乡任职。鼓励引导工商资本参与乡村振兴。五是创新乡村人才培育引进使用机制，包括多方式并举的人力资源开发机制，城乡、区域、校地之间人才培养合作与交流机制，城市医生教师、科技文化人员定期服务乡村机制。同时，要积极引导发挥新乡贤在乡村振兴，特别是在乡村治理中的积极作用。

（二）强化制度性供给

实施乡村振兴战略，必须把制度建设贯穿其中。要以完善产权制度和要素市场化配置为重点，激活主体、激活要素、激活市场，着力增强改革的系统性、整体性、协同性。

一是巩固和完善农村基本经营制度。全面完成农村土地承包经营权的确权登记颁证工作,衔接落实好第二轮土地承包到期后再延长三十年的政策,真正给农民吃上长效"定心丸"。完善农村承包地"三权分置"制度。农村承包土地经营权可以依法向金融机构融资担保、入股从事农业产业化经营。

二是深化农村土地制度改革。系统总结土地征收、集体经营性建设用地入市和宅基地制度改革试点经验,加快修改完善有关法律。随着城市化的快速推进,农村出现大量农房、宅基地常年闲置。大量的农房和宅基地闲置,任其破败是一个很大的浪费,利用起来就是一笔很大的财富。要完善农民闲置宅基地和闲置农房政策,探索宅基地所有权、资格权、使用权"三权分置",即落实宅基地集体所有权,保障宅基地农户资格权和农民房屋财产权,适度放活宅基地和农民房屋使用权。要鼓励在实践中探索盘活利用闲置宅基地和农房增加农民财产性收入的办法,加快形成可推广可复制的经验。不得违规违法买卖宅基地,严格实行土地的用途管制,严格禁止下乡利用农村宅基地建设别墅大院和私人会馆。

三是深入推进农村集体产权制度改革。要坚持农村集体产权制度改革正确方向,发挥村党组织对集体经济组织的领导核心作用,防止内部少数人控制和外部资本侵占集体资产。维护进城落户农民土地承包权、宅基地使用权、集体收益分配权,引导进城落户农民依法自愿有偿转让上述权益。

四是完善农业支持保护制度。加快建立新型农业支持保护政策体系,扩大"绿箱"政策的实施范围和规模,深化粮食收储制度改革,落实和完善对农民直接补贴制度,健全粮食主产区利益补偿机制,探索粮食作物完全成本保险和收入保险试点。

(三)强化投入保障

兵马未动,粮草先行。乡村振兴必须有真金白银的硬投入,要加快形成财政优先保障、金融重点倾斜、社会积极参与的多元投入格局,确保投入力度不断增强,总量不断增加。

一是公共财政更大力度向"三农"倾斜。建立健全财政投入保障制度,确保财政投入与乡村振兴目标任务相适应。要加快建立涉农资金整合的长效机制,发挥财政资金"四两拨千斤"作用,通过财政资金撬动更多金融资金和社会资金投向乡村振兴。同时,要规范地方政府举债融资行为,不得借乡村振兴之名违规违法变相举债。

二是农村金融要回归本源。要坚持农村金融改革的正确方向,健全符合农业农村特点的农村金融服务体系,农村金融机构要为乡村振兴提供多元化、多样化的金融服务,要把金融资源配置到农村经济社会发展的关键领域和薄弱环节,把金融服务乡村振兴落到实处。

三是拓宽资金筹集渠道。长期以来,土地出让收益,可以说是"取之于乡,用之于城",直接用在农村建设的比重是比较低的。要创新政策机制,把土地增值收益更多用于支持脱贫攻坚和乡村振兴。2018 年中央"一号文件"提出,调整完善土地出让收入使用范围,进一步提高农业农村投入比例。这是重塑城乡关系、拓宽资金筹集渠道的重大举措。严格控制未利用地开垦,集中力量推动高标准农田建设,建立高标准农田建设等新增耕地指标和城乡建设用地增减挂钩节余指标跨省域调剂机制,将所得收益全部用于支持脱贫攻坚和乡村振兴,是拓宽资金筹集渠道的另一重大举措。这项政策可以起到"一石多鸟"的作用。一方面,通过高标准农田建设补充的耕地,数量看得见、质量有保障,真正可以做到"占优补优"。新增耕地指标可以跨省交易,金融机构也愿意提供资金支持,可以加快高标准农田建设步伐。另一方面,可以缓解耕地占补平衡压力,有利于生态保护。同时,新增城乡建设用地增减挂钩节余指标跨省调剂,可以形成一个更合理的价格,将为打好精准脱贫攻坚战提供有力的资金支持。

五、实施乡村振兴战略,要坚持和完善党对"三农"工作的领导

实施乡村振兴战略是一项长期历史任务,各级党委和政府要坚持工业农业一起抓、城市农村一起抓,把农业农村优先发展的原则体现到各个

方面。乡村振兴工作千头万绪、任务艰巨,涉及众多部门,既需要分兵把口,更需要统筹协调,形成整体合力。只有加强党委统一领导、党委农村工作综合部门统筹协调,才能更好地发挥我们的政治优势和制度优势。2018 年中央"一号文件"明确要求各级党委和政府真正把实施乡村振兴战略摆在优先位置,把党管农村工作的要求落到实处。

面对新时代实施乡村振兴战略的任务要求,当前党领导"三农"工作的体制机制、干部队伍还不能很好地适应。在一些地方,对党管农村工作重要性的认识淡漠了,党管农村工作的原则放松了、力度削弱了。干部队伍中,愿意做农村工作、会做农村工作的少了,不少干部对农业农村情况不够了解。必须进一步加强和改善党对"三农"工作领导,为实施乡村振兴战略提供政治保障。

第一,要健全党委统一领导、政府负责、党委农村工作部门统筹协调的农村工作领导体制。2018 年中央"一号文件"明确提出,建立实施乡村振兴战略领导责任制,党政"一把手"是第一责任人,五级书记抓乡村振兴,实行中央统筹、省负总责、市县抓落实的工作机制。各省(自治区、直辖市)党委和政府每年要向中央报告推进实施乡村振兴战略的进展情况。建立市县党政领导班子和领导干部推进乡村振兴战略的实绩考核制度,将考核结果作为选拔任用领导干部的重要依据。县级党委、政府是乡村振兴战略的具体组织实施者,县委书记必须把"三农"工作紧紧抓在手上,当好乡村振兴的"一线总指挥"。

第二,明确各级党委农村工作部门职责。党委农村工作部门是实施乡村振兴战略的"参谋部",必须切实加强各级党委农村工作部门建设,做好机构设置和人员配置工作,充分发挥决策参谋、统筹协调、政策指导、推动落实、督导检查等职能。各部门要按照部门职责,加强工作指导,强化资源要素支持和制度供给,做好协同配合,形成乡村振兴工作合力。

第三,要加强"三农"工作队伍建设。大政方针确定以后,干部是决定性因素。对加强"三农"工作队伍建设,2018 年中央"一号文件"有两个方面的要求:一是把"懂农业、爱农村、爱农民"作为"三农"工作队伍建设的基本要求。懂农业,就是要善于学习农业经济和技术,学习新知识新本领,勤于到田间地头与实践接触,不断提高引领市场和依法行政的能力。爱农村、爱农民,就是要带着对农民群众的深厚感情,善于倾听了解农民群众的诉求和期盼,从实际出发,尊重农民的首创精神,尊重农村发展规律,切实维护好农民群众的利益。二是要加强"三农"工作干部队伍的培养、配备、管理、使用。2018 年中央"一号文件"指出,各级党委和政府主要领导干部要懂"三农"工作、会抓"三农"工作,分管领导要真正成为"三农"工作的行家里手。要把到农村一线工作锻炼作为培养干部的重要途径,注重提拔使用实绩优秀的干部,形成人才向农村基层一线流动的用人导向。

第四,要强化党内法规和法治保障。一是研究制定中国共产党农村工作条例。把党领导农村工作的传统、要求、政策等以党内法规的形式确定下来,明确加强对农村工作领导的指导思想、原则要求、工作范围和对象、主要任务、机构职责、队伍建设等,确保乡村振兴战略有效实施。二是强化乡村振兴法治保障。要抓紧研究制定乡村振兴法的有关工作,把行之有效的乡村振兴政策法定化,充分发挥立法在乡村振兴中的保障和推动作用。各地可以从本地乡村发展实际需要出发,制定促进乡村振兴的地方性法规、地方政府规章。

第五,要坚持一张蓝图绘到底、一张蓝图干到底。实施乡村振兴战略,必须做好顶层设计,注重规划先行、突出重点、分类施策、典型引路。前不久出台的国家层面的《乡村振兴战略规划(2018—2022 年)》,明确了 2020 年全面建成小康社会时和 2022 年召开党的二十大时的目标任务,细化、实化乡村振兴的工作重点和政策举措,具体部署重大工程、重大计划、重大行动,以确保 2018 年中央"一号文件"得到贯彻落实,政策得以执行落地。各地区各部门也要尽快根据发展的现状和需要,编制乡村振兴地方规划和专项规划或方案,加强各类规划的统筹管理和系统衔接,形成城乡融合、区域一体、多规合一的规划体系,分类有序推进乡村振兴。同时,要防止层层加码,刮风搞运动,搞"一刀切",变相搞"形象工程"。

专　题　篇

1

党的十八大以来农业农村
发展的历史性成就

党的十八大以来,面对我国经济发展进入新常态带来的深刻变化,面对农业生产成本"地板"抬高与价格"天花板"下降的双重挤压,面对农业资源与环境"红灯"的双重约束,在以习近平同志为核心的党中央坚强领导下,我们牢牢把握稳中求进工作总基调,以深入推进农业供给侧结构性改革为主线,加快建设现代农业,深入推进新农村建设,全面深化农村改革,积极推动"三农"工作实践创新、理论创新、制度创新,农业农村发展取得了历史性成就,为稳住经济社会大局发挥了"压舱石"和"稳压器"作用,为党和国家工作全局赢得了战略主动。

一、国家粮食安全和重要农产品
供给得到有效保障

习近平总书记多次强调,确保国家粮食安全和主要农产品有效供给,是发展农业的首要任务;中国人的饭碗任何时候都要牢牢端在自己手上,饭碗里主要装中国粮。我们始终坚持把保障粮食安全和主要农产品有效供给放在首位,采取有效措施,调动地方重农抓粮和农民务农种粮的积极性,大力实施"藏粮于地、藏粮于技"战略,划定15.5亿亩永久基本农田,建成高标准农田超过5亿亩,推动粮食生产能力再上新台阶。粮食产量连续 5 年稳定在 12000 亿斤以上,肉蛋菜果鱼等产量稳居世界第一,人均占有量均超过世界平均水平。

二、现代农业建设迈出新步伐,物质装备水平大幅提升

习近平总书记指出,要给农业插上科技的翅膀,农业的出路在现代化,农业现代化关键在科技进步和创新。党的十八大以来,各地坚持把发展现代农业作为重点任务,不断加大"三农"投入,夯实农业基础,加快农业科技创新步伐,推动农业机械化、科技化、良种化、规模化、设施化水平明显提高。主要农作物耕种收综合机械化水平已经超过 66%,小麦基本实现全程机械化,玉米水稻机械化水平超过 75%,我国农业生产方式已由千百年来以人畜力为主转到以机械化作业为主的新阶段。农业科技进步贡献率超过 57%,主要农作物良种覆盖率稳定在 96% 以上。各类新型农业经营主体已经超过 290 万家,土地适度规模经营占比达到 40%。到 2016 年,全国有效灌溉面积达到 10.07 亿亩,农业靠天吃饭的局面有了明显改观。目前全国节水灌溉工程面积超过 5 亿亩,灌溉水有效利用系数超过 0.5。

三、优化农业结构开创新局面,农产品质量效益明显提升

习近平总书记强调,农业结构往哪个方向调?市场需求是导航灯,资源禀赋是定位器。各地坚持以市场需求为导向,着力调整优化农业结构。2016 年以来调减籽粒玉米种植面积近 5000 万亩,大豆面积增加 1600 万亩。畜牧业规模化率达到 56%,渔业减量提质增效取得了明显进展。绿色、生态、优质、安全的农产品生产和供给明显增加,主要农产品总体合格率连续 5 年均保持在 96% 以上,2017 年达到 97.8%。粮棉油糖产业集中

度不断提高,生猪养殖向粮食主产区和环境容量大的地区转移。养猪大县和奶牛大县的产量分别占到全国的 80% 和 60%。

四、农村新产业新业态蓬勃发展, 开辟农民创新创业新渠道

习近平总书记指出,思路一变天地宽,要让农村的土地、劳动力、资产、自然风光等要素活起来,让资源变资产、资金变股金、农民变股东。近年来,农产品加工业、休闲农业、乡村旅游、农村电商竞相发展,农村一二三产业深度融合。2016 年,农产品加工业与农业产值之比达 2.2∶1。休闲农业和乡村旅游快速发展,2017 年全国乡村旅游达 25 亿人次,旅游消费规模 1.4 万亿元,休闲农业和乡村旅游营业收入达到 7400 亿元。农村电商蓬勃兴起,2017 年农村网络零售额达 12448.8 亿元,呈现持续快速增长势头,增速明显超过城市。返乡创业热度上升,全国返乡创业人数增幅连续 5 年保持在两位数,农业农村正成为投资热土。

五、农业绿色发展有了新进展,环境 突出问题初步得到遏制

习近平总书记指出,推进农业绿色发展是农业发展观的一场深刻革命;绿水青山就是金山银山。按照习近平总书记要求,我们大力推行绿色生产模式,坚决打好农业面源污染攻坚战。农业资源利用的强度降下来了,农田灌溉水有效利用系数提高到 0.55 以上,退耕还林还草 4240 万亩,耕地轮作休耕制度试点扩大到 1200 万亩。农业面源污染加重的趋势缓下来了,全国农药施用量实现零增长。全国测土配方施肥技术推广应用面积 16 亿亩次,化肥使用量接近零增长,粮菜果茶等绿色防控技术应用面积超过 5 亿亩。畜禽粪污综合利用率达到 60%、秸秆资源综合利用率达到 82%、农膜回收率近 80%。

六、农民收入稳步提升,生活水平显著改善

习近平总书记强调,检验农村工作的重要标准,就是看农民的钱袋子鼓起来没有。党的十八大以来,农民收入增速连年快于城镇居民,2017年农民人均可支配收入首次突破1.3万元,比2012年增长60%,年均实际增长8.0%,快于城镇居民人均可支配收入增速1.5个百分点。城乡居民收入差距持续缩小,由2012年的2.88∶1缩小到2017年的2.71∶1。农村恩格尔系数从2012年的37.5%下降到2017年的31.2%,下降了6.3个百分点。

七、新农村建设稳步推进,社会事业全面发展

习近平总书记强调,要深入推进新农村建设,推进城乡公共资源均衡配置和基本公共服务均等化,全面改善农村生产生活条件,为农民建设幸福家园和美丽宜居乡村。党的十八大以来,美丽宜居乡村建设全面展开。农村基础设施建设持续加强。农村安全饮水、农村公路、农村电网、危房改造、信息化等工程建设大规模实施,2012年到2016年,全国农村自来水普及率从65%提高到79%,建制村通硬化路的比例从86.46%增长到96.69%。2013年至2017年完成1468.2万贫困户危房改造。以垃圾处理、污水治理为重点的农村人居环境整治全面提速,根据第三次全国农业普查结果,全国65%的行政村对生活垃圾进行处理。全国60.1%的行政村开通了公共交通,89.9%的行政村连了宽带互联网,25.1%的行政村有了电子商务配送站点。农村社会事业取得重大进展。农村教育、医疗卫生、文化事业快速发展,农村社会保障体系更加健全,城乡基本医疗和养老制度开始并轨。截至2016年年底,81.8%的农户所在自然村可以便利地上幼儿园或学前班,84.6%的农户所在自然村可以便利地上小学,87.4%的农户所在自然村有卫生站。各级财政对新农合的人均补助标准

从 2012 年的每人每年 240 元提高到 2017 年的每人每年 450 元。全国农村低保覆盖 4576.5 万人,平均农村低保标准达到每人每年 3744 元,比 2012 年名义增长了 81.1%。

八、实施精准扶贫,脱贫攻坚取得决定性进展

以习近平总书记 2013 年首次提出精准扶贫为起点,以党的十八届五中全会和中央扶贫开发工作会议决策部署为标志,我国扶贫开发进入脱贫攻坚新阶段。建立健全脱贫攻坚工作机制。出台《中共中央国务院关于打赢脱贫攻坚战的决定》,对"十三五"脱贫攻坚作出全面部署。明确坚持精准扶贫、精准脱贫基本方略,做到"六个精准"(扶持对象精准、项目安排精准、资金使用精准、措施到户精准、因村派人精准、脱贫成效精准),解决"四个问题"(扶持谁、谁来扶、怎么扶、如何退)。当前,精准扶贫、精准脱贫深入人心,"四梁八柱"顶层设计基本完成,五级书记抓扶贫、全党动员促攻坚的良好态势已经形成。贫困人口大幅减少。过去 5 年累计 6800 多万贫困人口稳定脱贫,农村贫困发生率由 10.2% 下降到 3.1% 以下,脱贫攻坚取得决定性进展。贫困地区生活条件极大改善。截至 2016 年,贫困地区居住在钢筋混凝土房或砖混材料房的农户占 57.1%,使用管道供水的达到 67.4%;自然村通电接近全覆盖、通电话比重达到 98.2%、道路硬化达到 77.9%。在自然村上幼儿园和上小学便利的农户分别达到 79.7%、84.9%。拥有合法行医证医生或卫生员的行政村达到 90.4%,91.4% 的农户所在自然村有卫生站。

九、农业对外开放迈出新步伐,
对外合作水平显著提高

习近平总书记指出,善于用好两个市场、两种资源,并强调积极稳妥利用国际农产品市场和国外农业资源是一项长期战略布局。在国家对外

开放的总体框架下,我国农业与世界农业发展加快融合,对外合作机制日益完善,农产品国际贸易快速增长,结构不断优化。2017 年,我国农产品进出口总额达到 2013.9 亿美元,其中出口 755.3 亿美元、进口 1258.6 亿美元。传统优势农产品出口形势向好,已成为全球最大蔬菜、水产品出口国。建立了由农业部牵头的"走出去"联席会议,为协调"走出去"问题、提高"走出去"水平,创造了基本的条件。对外合作取得积极进展,成功举办二十国集团农业部长会议,深度参与联合国粮农组织等国际组织活动和规则制定,维护了我国产业安全和国际话语权。农业对外援助获得国际高度赞扬,先后捐赠 8000 万美元开展农业南南合作项目,使 28 个国家约 100 万小农受益;对非洲援建 27 个农业技术示范中心,帮助受援国培养了 5 万名农业人才,显著提升了受援国农业发展水平。

十、农村改革不断深化,极大地 激发了农村发展活力

习近平总书记指出,农村要发展,根本要依靠亿万农民。要坚持不懈推进农村改革和制度创新,充分发挥亿万农民主体作用和首创精神,不断解放和发展农村社会生产力,激发农村发展活力。党中央高度重视从全局上协调推进农村各项改革,形成农村改革综合效应。从党的十八大到党的十九大召开之前,中央全面深化改革领导小组召开的 38 次会议中有 18 次涉及农村改革议题,共审议了 24 项涉农改革方案,特别是制定了《深化农村改革综合性实施方案》,确立了农村改革的"四梁八柱"。5 年来,重要农产品价格形成机制和收储制度改革迈出重大步伐,新疆棉花、东北大豆目标价格改革效果明显,玉米市场定价、价补分离改革取得突破性进展。农村承包地"三权分置"改革稳步推进,农村土地确权登记颁证进展顺利,全国已完成确权面积 10.5 亿亩,占二轮家庭承包耕地面积的78%。农村土地征收、集体经营性建设用地入市、宅基地制度改革试点有序实施,农村承包土地经营权、农民住房财产权抵押贷款试点进展顺利。

农村集体产权制度改革稳步推进,全国已有 6.7 万个村和 6 万个村民小组完成农村集体产权制度改革。供销合作社综合改革、集体林权制度改革、农业水价综合改革、农垦改革成效明显。乡村治理机制进一步完善,村民自治有效形式得到拓展。以农民工市民化为重点的社会管理和公共服务制度改革深入推进,户籍制度改革取得实质进展,城镇基本公共服务常住人口全覆盖持续推进。

党的十八大以来,我国农业农村发展之所以取得这样的历史性成就,关键在于党不断加强和改善了对"三农"工作的领导。习近平总书记对"三农"工作怀有深厚感情,对国情农情了解深、吃得透,对农业农村发展大势把得准、看得远,对农村改革发展作出了一系列重要指示和重要论述,提出了一系列新理念新思想新战略,为做好新形势下的农业农村工作提供了根本遵循。

一是始终坚持"三农"重中之重的战略地位。习近平总书记强调,中国要强,农业必须强;中国要美,农村必须美;中国要富,农民必须富。必须始终高度重视农业、农村、农民问题,把"三农"工作牢牢抓住,紧紧抓好。在农村改革发展的重要关口,习近平总书记亲自出席中央农村工作会议,亲自主持召开农村改革座谈会,为"三农"工作把舵定向。在全面消除贫困的决战决胜阶段,习近平总书记亲自挂帅、亲力亲为,开创了举全党全社会之力打赢脱贫攻坚战的新局面。据公开报道初步统计,党的十八大以来,习近平总书记先后二十多次深入各地农村考察调研,广泛听取干群呼声,共谋农业农村发展大计。中央坚持每年发一个"一号文件",向全党全社会持续发出重农强农信号,不断强化惠农富农政策,为做好新形势下的"三农"工作提供了根本保障。

二是坚持以人民为中心的发展思想。习近平总书记强调,要不断提高农村发展水平,为广大农民谋取更多物质利益,让广大农民过上更加美好的生活。我们坚持农民主体地位,坚持把增加农民福祉作为农村一切工作的出发点和落脚点,把农民的钱袋子鼓起来没有,作为检验农村工作实效的一个重要尺度,着力构建促进农民持续较快增收的长效机制,农民收入增速连续快于城镇居民。因地制宜推进农村人居环境整治,给农民一个干净整洁的生活环境。全力发展农村社会事业,努力让广大农民学有所教、病有所医、老有所养、住有所居。深入实施精准扶贫、精准脱贫,决不让一个少数民族、一个地区掉队,6800万农村贫困人口实现稳定脱贫。一系列改革举措和制度安排,让改革发展成果更多更好惠及亿万农民。

三是坚持统筹城乡发展的基本方略。习近平总书记强调,城乡发展一体化是解决"三农"问题的根本途径。要提高城乡发展一体化水平,逐步实现城乡居民基本权益平等化、城乡公共服务均等化、城乡居民收入均衡化、城乡要素配置合理化,以及城乡产业发展融合化。在国家财政收支形势趋紧的背景下,坚持把"三农"作为公共财政的支出重点,优先保证"三农"投入稳定增长。2013年到2017年全国一般公共预算农林水事务支出预计达82839亿元。推动新增教育、文化、医疗卫生等社会事业经费向农村倾斜,不断提高农村基本公共服务标准和水平。在推进新型城镇化过程中,注重城镇化和农业现代化相互协调,推进农业转移人口市民化,推进城市基本公共服务常住人口全覆盖,2012年至2017年有8000万农业人口进城落户;注重发挥农村独特的优势,推动农村一二三产业融合发展,大力培育农村电商、休闲农业和乡村旅游等新产业新业态,支持农民转移就业和各类人才到农村创业。随着城乡统筹的不断深化,农业农村开始有了吸引力,返乡、下乡创业就业人员开始增加,农业农村正成为可以大有作为的广阔天地。农民工正由原来的"孔雀东南飞"向"春暖燕回巢"转变。

四是坚持绿色生态可持续的发展取向。习近平总书记强调,绿水青山就是金山银山。农业发展不仅要杜绝欠生态环境新账,而且要逐步还旧账。我们把农业生态文明建设放在突出位置,重点推行农业清洁生产方式,完善节水、节肥、节药的激励约束机制,发展生态循环农业,顺应人民对食品安全的新要求,用最严谨的标准、最严格的监管、最严厉的处罚、最严肃的问责严把食品质量安全关,确保人民群众"舌尖上的安全"。我们把山水林田湖作为一个生命共同体，大幅提升生态保护"等级"，推进耕地、草原、河湖休养生息，实行耕地休耕轮作制度试点，扩大退耕还林还草范围，全面保护天然林，集中治理农业面源污染和生态突出问题。生态文明建设理念的确立和政策机制的完善，正在推进形成资源利用高效、生态系统稳定、产地环境良好、产品质量安全的农业发展新格局。

五是坚持底线思维的工作方法论。习近平总书记强调，不管怎么改，不能把农村土地集体所有制改垮了，不能把耕地改少了，不能把粮食生产能力改弱了，不能把农民利益损害了。这"四个不能"，是习近平总书记给农村改革发展划出的底线，是做好农村工作的"负面清单"。我们坚持维护农村土地集体所有制的制度基础，坚持稳定和完善农村基本经营制度，坚持把握好土地经营权流转、集中、规模经营的度，探索集体经济新的实现形式。我们严守耕地红线，像保护大熊猫一样保护耕地，全面划定永久基本农田，改进耕地占补平衡制度，扎紧了耕地保护的篱笆。我们确立了新的国家粮食安全观，明确谷物基本自给、口粮绝对安全的基本要求，实施"藏粮于地、藏粮于技"战略，把中国人的饭碗牢牢端在自己手上。我们始终把尊重农民意愿和维护保障农民权益放在首位，强化农民土地承包经营权、宅基地使用权、集体收益分配权的制度保障，加大对侵害群众利益"微腐败"的查处力度。坚守底线，确保了农村改革有序推进、蹄疾步稳，为维护农村和谐稳定奠定了基础。

2

实施乡村振兴战略的重大意义

党的十九大提出实施乡村振兴战略,是决胜全面建成小康社会、全面建设社会主义现代化国家的重大历史任务,是中国特色社会主义进入新时代做好"三农"工作的总抓手,在我国"三农"发展进程中具有划时代的里程碑意义。

一、实施乡村振兴战略,对解决人民日益增长的美好生活需要和不平衡不充分的发展之间的矛盾,实现"两个一百年"奋斗目标具有重大意义

党的十九大提出,我国社会主要矛盾已经转化为人民日益增长的美好生活需要和不平衡不充分的发展之间的矛盾。这是一个重大的历史判断。这个重大政治论断,反映了我国社会发展的客观实际,是制定党和国家大政方针、长远战略的重要依据。我国最大的发展不平衡,是城乡发展不平衡;最大的发展不充分,是农村发展不充分。主要表现在:农产品阶段性供过于求和供给不足并存,农业供给质量亟待提高;农业现代化基础还比较薄弱,农作物耕种收综合机械化水平不到 70%,农业科技贡献率还不到 60%;农民适应生产力发展和市场竞争的能力不足,新型职业农民队伍建设亟须加强;农村基础设施和民生领域欠账较多,农村环境和生

态问题比较突出;农村社会保障存在突出短板,目前仍有1亿多人游离于基本养老保险制度之外;农村贫困人口仍达3046万,脱贫攻坚任务依然十分艰巨;支农体系相对薄弱,城乡之间要素合理流动机制亟待健全;农村基层党建存在薄弱环节,乡村治理体系和治理能力亟待强化。

农业强不强、农村美不美、农民富不富,决定着亿万农民的获得感和幸福感,决定着我国全面小康社会的成色和社会主义现代化的质量。如期实现第一个百年奋斗目标并向第二个百年奋斗目标迈进,最艰巨最繁重的任务在农村,最广泛最深厚的基础在农村,最大的潜力和后劲也在农村。必须实施乡村振兴战略,统筹推进农村经济建设、政治建设、文化建设、社会建设、生态文明建设和党的建设,加快推进农业农村现代化,为决胜全面建成小康社会、全面建设社会主义现代化国家补齐短板、增强弱项、夯实基础,让亿万农民平等参与现代化进程、公平分享现代化成果。确保"三农"在全面建成小康社会、全面建设社会主义现代化国家征程中不掉队。

二、实施乡村振兴战略,对建设
美丽中国具有重大意义

党的十九大把生态文明建设提到更加重要的战略位置,强调坚持人与自然和谐共生,坚定走生产发展、生活富裕、生态良好的文明发展道路,建设美丽中国。农业是生态产品的主要供给者,乡村是生态涵养的主体区,生态系统保护修复的主战场在乡村。习近平总书记强调,中国要美,农村必须美。美丽中国,要靠美丽乡村打底色。把乡村的生态环境保护好、村庄环境建设好,将对建设美丽中国起到关键作用。

建设生态宜居乡村,是实施乡村振兴战略的重大任务。要守住生态保护红线,让良好生态成为乡村振兴的支撑点。要统筹山水林田湖草系统治理,加强农业面源污染防治,开展农业绿色发展行动,实现投入品减量化、生产清洁化、废弃物资源化、产业模式生态化。要建立市场化多元

化生态补偿机制,增加农业生态产品和服务供给。良好人居环境,是广大农民的殷切期盼。不管是发达地区还是欠发达地区,都要推进农村环境整治。标准可以有高有低,但起码要给农民一个干净整洁的环境。要实施农村人居环境整治3年行动计划,以农村垃圾、污水治理和村容村貌提升为主攻方向,稳步有序推进农村人居环境突出问题治理。

三、实施乡村振兴战略,对传承中华优秀传统文化具有重大意义

　　党的十九大提出,文化是一个国家、一个民族的灵魂。没有高度的文化自信,没有文化的繁荣兴盛,就没有中华民族伟大复兴。中华文明的基本载体是乡村,中华文明的源头是农耕文化。农耕文化中蕴含的社会理想、人文精神、道德规范、治理之道、生态理念、哲学思维等精华,是中华传统文化的精髓所在,是中华民族一脉相承的精神追求、精神特质、精神脉络。繁荣兴盛农耕文化对于传承保护中华优秀传统文化意义重大。

　　这些年来,农村文化建设取得了很大的进展和成绩。但传统的乡村文化被忽视、被破坏、被取代的情况普遍存在,一些地方乡村文化正在逐步消失。在物质文化方面,许多地方村庄形态、传统建筑、田园风光、传统工艺不复存在,乡村文化没有了载体;在精神文化方面,乡贤文化、家庭伦理、传统艺术、乡风民俗日渐式微,农民的价值追求和精神文化生活缺失严重;在制度文化方面,法治观念淡漠、村规民约的约束力不强、村民自治能力较弱的现象较为普遍。如果农业萎缩了、乡村凋敝了,乡村将会成为记忆中的故园,中华文明的根脉就会受到严重威胁。

　　乡村文明是中华民族文明史的主体,村庄是这种文明的载体,耕读文明是我们的软实力。乡土文化的根不能断,农村不能成为荒芜的农村、留守的农村、记忆中的故园。实施乡村振兴战略,一个重要任务就是繁荣兴盛农村文化。2018年中央"一号文件"对传承发展提升农村优秀传统文化进行了具体部署,强调要深入挖掘农耕文化蕴含的优秀思想观念、人文

精神、道德规范,充分发挥其在凝聚人心、教化群众、淳化民风中的重要作用,这对从源头上传承保护中华优秀传统文化具有重大意义。

四、实施乡村振兴战略对健全现代社会治理格局具有重大意义

社会治理的基础在基层,基础不牢、地动山摇。健全现代社会治理格局,推进国家治理体系和能力现代化,必须把抓基层、打基础作为长远之计和固本之策。

当前,农村正处于社会转型关键期,人口大量外流,"老龄化""空心化"态势加剧,村庄普遍缺人气、缺活力、缺生机,乡村成为社会治理的薄弱环节。乡土社会的血缘性和地缘性减弱,农民组织化程度低、集体意识弱,"事不关己,高高挂起"的心态普遍存在,乡村秩序的基础受到冲击。一些村庄"形虽在,神已散",不养父母、不管子女、不守婚则、不睦邻里等现象增多,红白喜事盲目攀比、大操大办等陈规陋习盛行。一些农村基层党组织软弱涣散,村干部队伍青黄不接、后继乏人,少数干部作风不实、优亲厚友,"小官巨贪"时有发生,对惠农项目资金"雁过拔毛"的"微腐败"也不同程度地存在。

乡村要走上善治之路,现代社会治理要夯基垒台。党的十九大提出,要加强和创新社会治理,打造共建共治共享的社会治理格局。2018年中央"一号文件"强调,要坚持自治、法治、德治相结合,建立健全党委领导、政府负责、社会协同、公众参与、法治保障的现代乡村治理体制,让乡村社会充满活力、和谐有序。

五、实施乡村振兴战略对实现全体人民共同富裕具有重大意义

实现共同富裕,缩小城乡差距是关键环节。当前,我国城乡区域发展

和收入分配差距依然较大,农民持续增收形势严峻,农村民生还有不少短板,脱贫攻坚任务艰巨。我国城乡绝对收入差距仍在拉大,2017 年的城镇居民、农村居民人均可支配收入分别为 13432 元、25974 元,两者相差 12542 元。

党的十九大提出,必须始终把人民利益摆在至高无上的地位,让改革发展成果更多更公平惠及全体人民,朝着实现全体人民共同富裕不断迈进。必须不断拓宽农民增收渠道,提高农民就业质量和收入水平,完善农村公共服务体系,坚决打赢脱贫攻坚战,让农民的钱袋子进一步鼓起来、日子好起来,让广大农民在共同富裕的道路上赶上来、不掉队,让全体人民在共建共享发展中有更多获得感,增强中国特色社会主义的感召力、凝聚力,汇聚起亿万农民建设社会主义现代化强国的磅礴力量。

六、实施乡村振兴战略,对全球解决 乡村问题具有重大意义

全球共同面临的一个挑战就是乡村衰退导致的"乡村病"、城市贫民窟。国际经验表明,在现代化过程中,乡村必然要经历一场痛苦的蜕变和重生。

我国农村发展成就举世瞩目,很多方面对发展中国家具有引领和借鉴意义。社会主义建设初期,我国在农村实行的"赤脚医生"制度被国际组织誉为"发展中国家群体解决卫生保障的唯一范例"。改革开放初期,从乡村土地上长出来的乡镇企业蓬勃发展,拉动城乡经济发展,成为众多国家学习的样板。党的十八大以来,我国的精准扶贫、精准脱贫被世界银行称为"世界反贫困事业最好的教科书"。我国用占世界 9% 的耕地、6.4% 的淡水资源,解决了占世界近 20% 人口的吃饭问题,被国际社会看作是了不起的成就。迄今为止,还没有哪个发展中大国,能够解决好农业农村农民现代化问题。实施乡村振兴战略,将能为国际上解决乡村问题贡献中国智慧和中国方案。

$\mathcal{3}$

我国实施乡村振兴战略的机遇和条件

在中国特色社会主义新时代,乡村是一个可以大有作为的广阔天地,实施乡村振兴战略有良好的机遇和条件。

一、我国经济社会发展进入新阶段,实施乡村振兴战略有难得机遇

经过数十年的持续快速发展,我国经济实力跃上了新台阶,工业化、城镇化水平也有很大提高。2017年我国国内生产总值已达到82.71万亿元,乡村人口占比已下降到41.48%,第一产业占国内生产总值比重已降至8%以下。城镇和二三产业成为"多数",不仅更有能力支持农业和乡村这个"少数",而且使乡村充满了机遇,对人才、资金、技术等生产要素的吸引力在不断加大。市场和文化的力量相辅相成,将为乡村振兴提供强大力量。

市场是根据稀缺性来配置资源的,过去是城市和工业稀缺。现在拐点来了,乡村和农业变得稀缺,越来越多的人向往田园风光、诗意山水、乡土文化、民俗风情,追求与自然和谐相处的乡村慢生活成为一种时尚,乡村不再是单一从事农业的地方,其经济价值、生态价值、社会价值和文化价值正在日益凸显。随着农村交通、通信等基础设施快速改善,乡村发展所受的空间距离限制正在减弱,而农村较低的土地成本、劳动力成本、经

营成本等优势正在显现。近年来,工商资本上山下乡在增加,各类返乡下乡创业创新在增多,农村新产业新业态新模式发展方兴未艾。以前农民工大多是"孔雀东南飞",现在不少人看到了家乡发展的潜力和机会,纷纷返乡从事特色种养、办农家乐、搞乡村旅游,乡村正在成为投资兴业的热土。

我国有悠久的农耕文明史。当世界上大多数地区还处于茹毛饮血的蛮荒时期,我国就有了高度发达的农耕文明。优秀传统农耕文明是中华民族五千年不间断文明史的主体,是中华文化的精髓所在,是中华民族一脉相承的精神追求和精神特质。从中国特色的农事节气,到大道自然、天人合一的生态伦理;从各具特色的宅院村落,到巧夺天工的农业景观;从乡土气息的节庆活动,到丰富多彩的民间艺术;从耕读传家、父慈子孝的祖传家训,到邻里守望、诚信重礼的乡风民俗等,都是中华文化的鲜明标签,彰显着中华民族的思想智慧和精神追求,塑造了中华民族最根本的文化基因。现在的城里人,向前数几代,大都是农村人,很多人都有浓厚的乡村情结。不仅文人墨客、艺术家关注农村,普通市民也开始崇尚自然、向往农村,很多人有回报家乡的强烈愿望。只要我们顺势而为、开拓思路、创新举措,疏通资本、智力、技术、管理等下乡通道,打破制约城乡要素相互流动的藩篱,将对乡村振兴产生巨大的推动作用。

二、党中央对"三农"工作高度重视、领导有力,实施乡村振兴战略有坚强保证

党的领导是中国特色社会主义最本质的特征,是中国特色社会主义制度的最大优势,也是实施乡村振兴战略的根本保证。以习近平同志为核心的党中央,把解决好"三农"问题提升到历史新高度。习近平总书记多次强调,办好农村的事,关键在党。党管农村工作是我们的传统。这个传统不能丢。各级党委要加强对"三农"工作的领导,各级领导干部都要重视"三农"工作。要高度重视农村社会治理,加强基层党的建设和政权

建设。把党组织建设成为落实党的政策、带领农民致富、密切联系群众、维护农村稳定的坚强领导核心。发挥好农村基层党组织在宣传党的主张、贯彻党的决定、领导基层治理、团结动员群众、推动改革发展等方面的战斗堡垒作用。2018 年中央"一号文件"明确要求,健全党委统一领导、政府负责、党委农村工作部门统筹协调的农村工作领导体制,建立实施乡村振兴战略领导责任制,实行中央统筹、省负总责、市县抓落实的工作机制。制定中国共产党农村工作条例,把党领导农村工作的传统、要求、政策等以党内法规的形式确定下来。随着中国共产党农村工作条例的颁布和实施,"三农"工作的党内法规依据将更为明确,"三农"工作领导体制机制、工作机构将更加稳定,"三农"工作队伍建设将更为规范,实施乡村振兴战略的政治保证将更加有力。

三、农业现代化和新农村建设持续推进,实施乡村振兴战略有丰富经验

党中央、国务院不断加大强农惠农富农政策力度,带领广大农民群众凝心聚力、奋发进取,综合生产能力迈上新台阶,物质技术装备达到新水平,适度规模经营呈现新局面,产业格局呈现新变化,农民收入实现新跨越,典型探索取得新突破。自从党的十六届五中全会提出社会主义新农村建设的重大历史任务以来,按照"生产发展、生活富裕、乡风文明、村容整洁、管理民主"的要求,经济、政治、文化和社会等方面的建设扎实推进。

这些年来,"三农"工作中积累的成功做法,为实施乡村振兴战略提供了宝贵经验,提供了良好基础。中央统筹省负总责市县抓落实的工作机制,在实施精准扶贫、精准脱贫方略的过程中被证明是行之有效的,2018 年中央"一号文件"明确要求实施乡村振兴战略也将采取同样的工作机制。向贫困村选派第一书记、派驻扶贫工作队等加强人才支持的做法,对软弱涣散村、集体经济薄弱村等乡村振兴同样适用。

　　实施乡村振兴战略既有基础又有条件,要按照党中央的决策部署,顺势而为,主动作为,不失时机地向前推进,推动农业全面升级、农村全面进步、农民全面发展,努力谱写新时代乡村全面振兴新篇章。

4

实施乡村振兴战略的总体要求

从全面建成小康社会到基本实现现代化,再到全面建成社会主义现代化强国,在这个宏大的战略安排中,乡村建设的好不好,农民的日子过得富裕不富裕,直接决定了中国特色社会主义建设的成色和底色,没有乡村的振兴就不会有中华民族的伟大复兴。要准确把握"三农"工作新的历史方位,正确理解实施乡村振兴战略的总体要求。

一、坚持以习近平新时代中国特色
社会主义思想为指导

在新的历史时期,实施乡村振兴战略是决胜全面建成小康社会、全面建成社会主义现代化国家的重大历史任务,是解决人民日益增长的美好生活需要和不平衡不充分发展之间矛盾的必然要求,承担着历史性改变中国农业农村面貌的光荣使命。实施乡村振兴战略,必须要有科学先进的思想和理论作为指导。习近平新时代中国特色社会主义思想,是马克思主义中国化的最新成果,是中国特色社会主义理论体系的重要组成部分,是被实践证明了的科学真理。

习近平关于"三农"工作的重要论述,是习近平新时代中国特色社会主义思想的重要组成部分。习近平同志在河北、福建、浙江等地工作期间,深入调查研究,对"三农"工作、巩固和完善农村基本经营制度、国家粮食安全、中国特色农业现代化、城乡一体化、农村生态文明建设、农村改革、扶贫开发、党对"三农"工作的领导等方面进行了深入思考和实践探索。

实施乡村振兴战略,必须坚持以习近平新时代中国特色社会主义思想,特别是习近平总书记关于"三农"工作的重要论述为指导,坚持用辩证唯物主义和历史唯物主义的方法论来分析当前农业农村发展中出现的新矛盾、新问题,找到适应各地实际情况的具体解决办法。要紧紧围绕统筹推进"五位一体"总体布局和协调推进"四个全面"战略布局,坚持稳中求进的工作总基调,牢固树立新发展理念,充分落实高质量发展的要求,坚持把解决好"三农"问题作为全党工作重中之重,坚持农业农村优先发展,举全党全国全社会之力,以更大的决心、更明确的目标、更有力的举措,推动农业全面升级、农村全面进步、农民全面发展。

二、实施乡村振兴战略的总要求、
路线图和时间表

作为有着960万平方公里土地、13亿多人口、5000多年文明史的大国,不管城镇化发展到什么程度,农村人口的规模还会相当巨大。即使城镇化率达到了70%,也还有几亿人生活在农村。实施乡村振兴战略,不是一时一隅的权宜之计,而是我国经济社会发展的必然要求,有着具体实在的要求,能够让乡村尽快赶上国家发展的步伐,让农民兄弟能够享受到社会发展进步带来的实惠。要按照"产业兴旺、生态宜居、乡风文明、治理有效、生活富裕"的20字总要求,在健全城乡融合发展体制机制和政策体系上做文章、想办法,统筹推进农村经济建设、政治建设、文化建设、社会建设、生态文明建设和党的建设,加快推进乡村治理体系和治理能力现代化,加快推进农业农村现代化,走中国特色社会主义乡村振兴道路,让农业成为有奔头的产业,让农民成为有吸引力的职业,让农村成为安居乐业的美丽家园。

　　"产业兴旺",要在加快建设现代农业、实现"生产发展"基础上,深入推进农业供给侧结构性改革和农村一二三产业融合发展,全面振兴农村经济。"生态宜居",不仅要改变农村脏乱差状况、实现"村容整洁",还要牢固树立和践行"绿水青山就是金山银山"的理念,遵循人与自然和谐共生规律和乡村发展规律,统筹山水林田湖草系统治理,保留传统文化和乡村风貌,让乡村看得见山、望得见水、留得住乡愁。"乡风文明"的内涵更加丰富,要弘扬和践行社会主义核心价值观,弘扬优秀传统文化,提升农民精神风貌,培育文明乡风、良好家风、淳朴民风。"治理有效",不仅要实现"管理民主",还要求坚持自治、法治、德治相结合,建立健全党委领导、政府负责、社会协同、公众参与、法治保障的现代乡村社会治理体制,确保乡村社会充满活力、和谐有序。"生活富裕",不仅要拓宽农民增收渠道、进一步提高收入水平,还要加强农村社会保障体系建设,持续改善农村人居环境,让广大农民群众幼有所育、学有所教、劳有所得、病有所医、老有所养、住有所居、弱有所扶,这是建设社会主义现代化强国的必然要求。

　　实施乡村振兴战略有明确的时间表。按照党的十九大提出的决胜全面建成小康社会、分两个阶段实现第二个百年奋斗目标的战略安排,实施乡村振兴战略的目标任务是:到2020年,乡村振兴取得重要进展,制度框架和政策体系基本形成。农业综合生产能力稳步提升,农业供给体系质量明显提高,农村一二三产业融合发展水平进一步提升;农民增收渠道进一步拓宽,城乡居民生活水平差距持续缩小;现行标准下农村贫困人口实现脱贫,贫困县全部"摘帽",解决区域性整体贫困;农村基础设施建设深入推进,农村人居环境明显改善,美丽宜居乡村建设扎实推进;城乡基本公共服务均等化水平进一步提高,城乡融合发展体制机制初步建立;农村对人才吸引力逐步增强;农村生态环境明显好转,农业生态服务能力进一步提高;以党组织为核心的农村基层组织建设进一步加强,乡村治理体系进一步完善;党的农村工作领导体制机制进一步健全;各地区各部门推进乡村振兴的思路举措得以确立。到2035年,乡村振兴取得决定性进展,农业农村现代化基本实现。农业结构得到根本性改善,农民就业质量显著提高,相对贫困进一步缓解,共同富裕迈出坚实步伐;城乡基本公共服务均等化基本实现,城乡融合发展体制机制更加完善;乡风文明达到新高度,乡村治理体系更加完善;农村生态环境根本好转,美丽宜居乡村基本实现。到2050年,乡村全面振兴,农业强、农村美、农民富全面实现。

三、实施乡村振兴战略要把握住七个坚持

所谓原则,就是准绳。实施乡村振兴战略必须要有原则、有指针、有方向,这样才能保证乡村振兴战略在实施的过程中不变形、不走样、不跑偏。

一是要坚持党管农村工作。工农商学兵、东西南北中,党是领导一切的。要办好农村的事,真正实现乡村振兴,关键在党。要不断加强党对"三农"工作的领导,特别是要完善党领导"三农"工作体制机制和党内法规,健全党委全面统一领导、政府负责、党委农村工作部门统筹协调的农村工作领导体制,要确保党在农村工作中始终总揽全局、协调各方,为乡村振兴提供坚强有力的政治保障。在党的领导下打造一支懂农业、爱农村、爱农民的农村工作队伍,提高解决"三农"问题的能力。

二是要坚持农业农村优先发展。所谓"优先",就是要把农业农村发展摆在各项事业发展的前面,关键在于转变政绩观。衡量一个地方工作的好坏,要看工业,更要看农业;要看城市,更要看农村;要看经济总量,更要看民生改善。不能把农业农村优先发展当成一句空口号,而是要切实在干部配备上优先考虑,在要素配置上优先满足,在资金投入上优先保障,在公共服务上优先安排,加快补齐农业农村短板。

三是要坚持农民主体地位。中国的改革就是从尊重农民的首创精神和主体地位开启的,农民才是乡村振兴战略的最主要参与者、实践者和受益者。所谓坚持农民主体地位,首先就要尊重农民的各项权利,包括土地承包权、经营权以及宅基地使用权等。习近平总书记指出:"最大的政

策,就是必须坚持和完善农村基本经营制度,坚持农村土地集体所有,坚持家庭经营基础性地位,坚持稳定土地承包关系。"在一个法治的社会里,更要对农民的权利充满敬畏,尊重农民的民主权利是坚持农民主体地位的基本和基础,把维护农民群众根本利益、促进农民共同富裕作为出发点和落脚点,促进农民持续增收,不断提升农民的获得感、幸福感、安全感。

四是要坚持乡村全面振兴。乡村是有生命的,既有生产,也有文化、有传承、有习俗,生产生活从来都是一体的。实施乡村振兴战略,要坚持系统思维,把乡村看成一个完整的有机体,统筹谋划农村经济建设、政治建设、文化建设、社会建设、生态文明建设和党的建设,注重协同性、关联性,整体部署,协调推进,不能只关注某一个方面的发展和提升。

五是要坚持城乡融合发展。城乡你中有我、我中有你,是命运共同体。没有乡村这个依托,城市是没有内涵和底蕴的;没有城市的支持,乡村也没有发展前景。理顺城乡关系,是实施乡村振兴战略中面临的一个重大课题。要坚决破除体制机制弊端,使市场在资源配置中起决定性作用,更好发挥政府作用,推动城乡要素自由流动、平等交换,推动新型工业化、信息化、城镇化、农业现代化同步发展,加快形成工农互促、城乡互补、全面融合、共同繁荣的新型工农城乡关系。

六是要坚持人与自然和谐共生。"绿水青山就是金山银山",这是新时代对自然生态与经济产业关系的定位。"绿水青山藏财富,蓝天白云有商机"。要顺应人民群众对美好生活、美丽生态的追求,要充分认识生态产品的价值属性,积极探索把生态优势充分转化为发展优势,靠创新增强生态产品生产能力,激发绿色发展新动能,通过机制活、产业优来实现百姓富、生态美,以绿色发展引领乡村振兴。

七是要坚持因地制宜、循序渐进。中国地域广大、有近60万个行政村,各地自然资源禀赋、民风民俗千差万别,不可能用一种方法、一种形式来推进各地的乡村振兴。要把广大农民群众真正动员起来,大家一起出主意、想办法,让措施办法能够和当地的实际情况结合起来。在实施过程中,既要重规划、有重点,又要分类实施、典型示范;既要尽力而为,"撸起袖子加油干",又要量力而行,不搞层层加码,不搞"一刀切",不搞形式主义,把乡村一步步振兴起来。

5

坚持农业农村优先发展

党的十九大报告提出了"三个优先",即优先发展教育事业、坚持就业优先战略、坚持农业农村优先发展,首次对农业农村提出了优先发展的原则要求,这是我们党对"三农"工作基本方针的再认识、再深化。2018年中央"一号文件"把坚持农业农村优先发展作为实施乡村振兴战略的七个原则之一,对党的十九大提出的这一要求做了细化,这是党中央着眼于"两个一百年"奋斗目标作出的重大战略安排,充分体现了以习近平同志为核心的党中央对"三农"工作的高度重视,充分适应了新时代"三农"工作的发展形势,充分落实了把"三农"工作摆在全党工作重中之重地位的基本要求。

一、坚持农业农村优先发展,是确保全面小康社会成色和社会主义现代化质量的内在要求

改革开放以后,通过普遍实行家庭承包经营制度、提高农产品收购价格、放活农村经济,农民的生产积极性得到充分调动,农民收入和生活水平快速提高。进入新世纪以来,党中央坚持把解决好"三农"问题作为全党工作重中之重,提出了工业反哺农业、城市支持农村的方针,制定了统筹城乡发展的基本方略,明确把建设社会主义新农村作为重大历史任务,不断加大强农惠农富农政策力度,农业基础地位得到显著加强,农村社会

事业加快发展,统筹城乡发展取得重大进展。

但总的看,城乡二元结构的制度藩篱尚未根本消除,这突出地体现在农业支持保护体系尚不完善,城乡生产生活条件差距很大,农村社区空心化、农民老龄化、村庄建设无序化、价值观念畸形化、文化低俗化、社会结构松散化、基层组织断层化等问题明显,农业转移人口的市民化还面临一系列限制等方面。现在,我们很多城市确实很华丽、很繁荣,但很多农村地区跟欧洲、日本、美国等相比差距很大。当前,我国发展不平衡不充分问题在乡村最为突出,城乡二元结构是亟待破除的最突出的结构性矛盾。城乡发展失衡,是实现社会主义现代化和中华民族伟大复兴的重大制约。

消灭城乡差别和实现城乡融合,使全体社会成员得到全面发展,是马克思主义经典作家的一贯思想。农民问题,是中国革命和现代化进程中的根本问题。农业强不强、农村美不美、农民富不富,决定着全面小康社会的成色和社会主义现代化的质量。农业是国民经济的基础,在粮食安全、农产品供给、产业培育、市场贡献、生态贡献及其他功能方面具有不可替代的作用。实现现代化,决不能丢了农村这一头。

二、坚持农业农村优先发展,必须扣紧缩小城乡发展差距这一突出矛盾

城镇和乡村是互促互进、共生共存的。能否处理好城乡关系,关乎社会主义现代化建设全局。毛泽东同志指出:"城乡必须兼顾,必须使城市工作和乡村工作,使工人和农民,使工业和农业,紧密地联系起来。决不可丢掉乡村,仅顾城市,如果这样想,那是完全错误的。"邓小平同志说:"城市搞得再漂亮,没有农村这一稳定的基础是不行的。"

当前,我国最突出的发展不平衡,是城乡发展不平衡;最突出的发展不充分,是农村发展不充分。2017年,城镇居民人均可支配收入达到36396元,农村居民人均可支配收入仅有13432元,仅为城镇居民的37%。全面建成小康社会,建设社会主义现代化强国,必须坚持农业农村

优先发展,进一步缩小城乡居民收入差距,才能真正实现共同富裕。

　　如期实现第一个百年奋斗目标并向第二个百年奋斗目标迈进,最艰巨最繁重的任务在农村,最广泛最深厚的基础在农村,最大的潜力和后劲也在农村。到 2020 年全面建成小康社会,最突出短板在"三农",必须打赢脱贫攻坚战、加快农业农村发展,让广大农民同全国人民一道迈入全面小康社会。到 2035 年基本实现社会主义现代化,大头重头在"三农",必须向农村全面发展进步聚焦发力,推动农业农村农民与国家同步基本实现现代化。到 2050 年把我国建成富强民主文明和谐美丽的社会主义现代化强国,基础在"三农",必须让亿万农民在共同富裕的道路上赶上来,让美丽乡村成为现代化强国的标志、美丽中国的底色。

　　要抓住经济发展整体水平明显提高、财力明显增强、社会主义政治制度优势更强的有利机遇,着力加快农业现代化建设,促进农民较快增收,建设农村生态文明,改善农村生产生活条件,提高乡村治理体系和治理能力现代化水平。着力改革完善户籍、财政、金融、土地、就业、教育、医疗卫生、社会保障、住房等制度,让符合条件的农业转移人口在城镇进得来、住得下、融得进、能就业、可创业。

三、坚持农业农村优先发展,必须体现到
公共资源和要素向农业农村倾斜上来

　　为亿万农民谋幸福,是中国共产党的重要使命。2018 年中央"一号文件"明确了坚持农业农村优先发展必须体现在四个方面,这"四个优先"既是坚持农业农村优先发展原则的核心要求,也是根本举措。

(一)坚持农业农村优先发展必须在干部配备上优先考虑

　　提衣提领子,牵牛牵鼻子,坚持农业农村优先发展首先要有一批强有力的干部队伍。面对新时代农村工作形势,干部队伍中,愿意做农村工作的少了,会做农村工作的更少了,不少干部对农业农村情况不熟悉,有的听不懂农民的话,对农民的感情不深。要完善党员领导干部选拔任用办

法,加强"三农"工作干部队伍培养、配备、管理、使用。把懂农业、爱农村、爱农民作为"三农"工作干部的基本要求,加大培训力度,全面提升能力和水平。拓宽"三农"工作干部和乡镇干部的来源渠道,把优秀的干部人才放到农村一线工作锻炼并作为培养干部的重要途径。各级党委和政府主要领导要懂"三农"工作、会抓"三农"工作,分管领导要真正成为"三农"工作的行家里手。要注重提拔使用在"三农"工作岗位干出实绩的优秀干部。

(二)坚持农业农村优先发展必须在要素配置上优先满足

长期以来,乡村的人才、土地、资金等要素流向城镇,乡村长期处于"失血""贫血"状态。必须打通制约人才城乡双向流动的瓶颈,畅通人才下乡通道,造就更多本土人才,促进各路人才"上山下乡"投身乡村振兴。要通过改善农村的发展条件、生活环境努力留住一批年轻人,培养造就一批新型职业农民队伍,优化农业从业者结构。鼓励社会各界投身乡村建设。要通过乡情乡愁纽带,吸引一批从农村走出来的企业家、党政干部、专家学者、高级技术人才等,返回本土本乡投资兴业,推动乡村振兴事业发展。要发挥好新乡贤的作用,引导和鼓励他们参与乡村振兴。要努力将农村土地的增值收益更多地用于农村,切实解决农村产业发展用地不足的问题,特别是农用设施用地不足问题,确保农地农民用,农地农村用。工商资本有资金、技术和管理的优势,要在不侵犯农民利益、不侵害农村集体产权的前提下,要优化环境,稳定政策预期,引导好、服务好工商资本下乡的积极性,发挥好工商资本的作用。

(三)坚持农业农村优先发展必须在资金投入上优先保障

没有真金白银的投入,就不可能实现乡村的振兴。资金投入上优先保障,关键是要健全投入保障制度,创新投融资机制,拓宽资金筹集渠道,形成财政优先保障、金融重点倾斜、社会积极参与的多元投入格局。要坚持把农业农村作为财政支出的优先领域,确保农业农村投入适度增加。现在,国家财政投入"三农"不少,但碎片化、"撒胡椒面"的问题还比较突出。要把主要精力放在提高支农效能、创新使用方式上,做好"整合"和

"撬动"两篇文章。"整合",就是要把中央和各级各类的涉农资金尽可能打捆使用,形成合力。"撬动",就是要通过以奖代补、贷款贴息、贷款担保等方式,引导金融资本更多地投向农业农村。农村存款通过金融机构的虹吸效应大部分流向城市,是亟待解决的现实问题。要落实涉农贷款增量奖励政策,对涉农业务达到一定比例的金融机构实行差别化监管和考核办法,适当下放县域分支机构业务审批权限,切实解决投放涉农贷款积极性不足问题。要提高金融机构的金融服务覆盖面,支持现有大型金融机构增加县域网点,支持开展农民合作社内部信用合作,切实解决农村金融机构不足问题。

(四)坚持农业农村优先发展必须在公共服务上优先安排

现阶段,城乡差距最直观的是基础设施和公共服务差距大。要把公共基础设施建设的重点放在农村,推进城乡基础设施共建共享、互联互通,推动农村基础设施建设提挡升级,特别是加快农村道路、农田水利、水利设施建设,完善管护运行机制。要加快推动公共服务下乡,逐步建立健全全民覆盖、普惠共享、城乡一体的基本公共服务体系。要优先发展农村教育事业,努力让每一个农村孩子都能享受公平而有质量的教育。统筹配置城乡教师资源,通过稳步提高待遇等措施,增强乡村教师岗位的吸引力和自豪感。用好网络信息技术,发展远程教育,推动优质教育资源城乡共享。健全农村基层医疗卫生服务体系,开展全民健身,倡导科学生活方式,推进健康乡村建设。完善统一的城乡居民基本医疗保险制度和大病保险制度,完善城乡居民基本养老保险制度。针对农村人口结构的变化,健全农村留守儿童和妇女、老年人关爱服务体系,构建农村养老、孝老、敬老政策体系和社会环境。

6

建立健全城乡融合发展的
体制机制和政策体系

经过长期努力,我国统筹城乡发展取得重大进展,但发展不平衡不充分问题仍在乡村表现最为突出,城乡之间要素合理流动机制还存在缺陷,城乡发展差距依然很大。改革是乡村振兴的法宝。2017 年年底召开的中央农村工作会议强调,要以完善产权制度和要素市场化配置为重点,激活主体、激活要素、激活市场,着力增强改革的系统性、整体性、协同性,在深化农村改革方面扩面、提速、集成,加快构建城乡融合发展体制机制和政策体系。2018 年中央"一号文件"指出,要坚决破除体制机制弊端,使市场在资源配置中起决定性作用,更好发挥政府作用,推动城乡要素自由流动、平等交换,促进公共资源城乡均衡配置,推动"四化"同步发展,加快形成工农互促、城乡互动、全面融合、共同繁荣的新型工农城乡关系。

一、强化制度性供给

要以处理好农民与土地的关系为主线,推进体制机制创新,让农村的资源要素充分利用起来,让广大农民的积极性创造性充分迸发出来,让全社会强农惠农富农的力量充分汇聚起来,为乡村振兴添活力、强动力、增后劲。

(一)巩固和完善农村基本经营制度

农村基本经营制度是乡村振兴的制度基础,要不断巩固和完善。要坚持农村土地集体所有,坚持家庭经营基础性地位,坚持稳定土地承包关系,实现小农户与现代农业发展有机衔接。明确农村土地第二轮承包到期后再延长30年,使得承包关系从农村改革之初算起稳定长达75年,让亿万农民吃上长效"定心丸",在时间节点上与第二个百年奋斗目标相契合,这一重大政策必须不折不扣、不偏不倚地执行。完善农村承包地"三权分置"制度,在依法保护集体土地所有权和农户承包权前提下,平等保护经营权。

(二)深化农村土地制度改革

重点是系统总结土地征收、集体经营性建设用地入市和宅基地制度改革试点经验,逐步扩大试点,加快修改完善有关法律。随着城市化的快速推进,大量农民离开农村、离开土地,人口大量迁移,在农村就出现大量农房、宅基地常年闲置。大量的农房和宅基地闲置,任其破败是一个很大的浪费,但利用起来就是一笔很大的财富。2018年中央"一号文件"提出,要完善农民闲置宅基地和闲置农房政策,探索宅基地所有权、资格权、使用权"三权分置",即落实宅基地集体所有权,保障宅基地农户资格权和农民房屋财产权,适度放活宅基地和农民房屋使用权。这是借鉴农村承包地"三权分置"办法,在总结有关试点县(市)探索经验的基础上,提出来的一个改革需要探索的任务。但是,宅基地的"三权分置"与承包地"三权分置"会有很大的不同。如承包土地经营权,鼓励流转、鼓励适度集中,宅基地就不宜鼓励集中到少数人手里。下一步,在改革试点过程中,要探索宅基地"三权分置"的具体形式,鼓励各地结合发展乡村旅游、新产业新业态,结合下乡返乡、创新创业等先行先试,在实践中探索盘活利用闲置宅基地和农房增加农民财产性收入的办法,加快形成可推广可复制的经验。探索适度放活宅基地和农民房屋使用权,不是让城里人"下乡"去买房置地,必须守住底线。2018年中央"一号文件"明确提出,一个"不得"和"两个严格",即不得违规违法买卖宅基地,要严格实行土地的用途管制,严格禁止下乡利用农村宅基地建设别墅大院和私人会馆。

为保障乡村振兴用地,破解"农村建设用地自己用不了、用不好"的困局,2018年中央"一号文件"明确提出,在符合土地利用总体规划前提下,允许县级政府通过村土地利用规划,调整优化村庄用地布局,有效利用农村零星分散的存量建设用地;允许预留部分规划建设用地指标用于单独选址的农业设施和休闲旅游设施等建设。同时,对利用收储农村闲置建设用地发展农村新产业新业态的,给予新增建设用地指标奖励。

(三)深入推进农村集体产权制度改革

农村集体产权制度改革是对农村生产关系的进一步调整和完善,事关保障农民的合法权益,事关巩固党在农村的执政基础,事关农业农村发展和社会稳定。2016年年底,中央制定下发了关于稳步推进农村集体产权制度改革的意见,对改革的基本方向、路径、原则和目标任务作出了具体规定。2018年中央"一号文件"进一步强调改革要坚持正确方向,发挥村党组织对集体经济组织的领导核心作用,防止内部少数人控制和外部资本侵占集体资产。同时,在城镇化进程当中,要依法保护农民的土地承包经营权、宅基地使用权和集体经济的收益分配权,不能强迫农民以放弃宅基地使用权为前提进城落户。

(四)完善农业支持保护制度

要以提升农业质量效益和竞争力为目标,强化绿色生态导向,加快建立新型农业支持保护政策体系,扩大"绿箱"政策的实施范围和规模,深化粮食收储制度改革,落实和完善对农民的直接补贴制度,健全粮食主产区利益补偿机制,探索粮食作物完全成本保险和收入保险试点。

二、强化人才支撑

人才是乡村振兴的第一资源。乡村振兴既要留得住绿水青山,还要留得住人才青年。从总体上看,我国仍处在人口由乡村向城市集中的阶段,"走出去"的趋势短期内不可能逆转。要防止乡村人口持续过度流失,处理好走出去、留下来和引回来的关系,让农村的产业、环境留住人,让农村的机会吸引人。要把培育本土人才与引进外来人才相结合,打好"乡情牌",念好"引才经",构建支持引导社会各方面人才参与乡村振兴的政策体系,打通促进人才向农村、向基层一线流动的通道。

(一)大力培育新型职业农民

全面建立职业农民制度,实施新型职业农民培育工程。加快建设一支知识型、技能型、创新型农业经营者队伍,优化农业从业者结构,改善农村人口结构。

(二)建立专业人才、科技人才参与乡村振兴机制

要着力抓好招才引智,促进各路人才"上山下乡"投身乡村振兴。建立县域专业人才统筹使用制度,提高农村专业人才服务保障能力。要探索新机制,全面建立高等院校、科研院所等事业单位专业技术人员到乡村和企业挂职、兼职和离岗创新创业制度,保障其在职称评定、工资福利、社会保障等方面的权益。探索公益性和经营性农技推广融合发展机制,允许农技人员通过提供增值服务合理取酬,调动积极性。

(三)鼓励社会各界投身乡村建设

从农村走出来的城里人,只要有机会,很多人都有回报家乡的愿望。"乡情牌""乡愁牌"打好了,积极性调动起来了,渠道疏通了,对乡村振兴将会产生巨大作用。要建立有效激励机制,以乡情乡愁为纽带,吸引支持企业家、党政干部、专家学者、医生教师、规划师、建筑师、律师、技能人才等,通过下乡担任志愿者、投资兴业、包村包项目、行医办学、捐资捐物、法律服务等方式服务乡村振兴事业。要研究制定管理办法,允许符合要求的公职人员回乡任职。

(四)创新乡村人才培育引进使用机制

建立健全多种方式并举的人力资源开发机制,城乡、区域、校地之间人才培养合作与交流机制,城市医生教师、科技文化人员定期服务乡村机制。同时,要积极引导发挥新乡贤在乡村振兴,特别是在乡村治理中的积极作用。

三、强化投入保障

兵马未动,粮草先行。乡村振兴是党和国家的大战略,必须有真金白银的硬投入。没有投入做保障,喊是喊不出来的,干也是干不出名堂来的。要健全投入保障制度,创新投融资机制,拓宽筹集资金渠道,加快形成财政优先保障、金融重点倾斜、社会积极参与的多元投入格局。

(一)财政投入要与乡村振兴目标任务相适应

公共财政要更大力度向"三农"倾斜,加快建立涉农资金统筹整合长效机制。财政资金要发挥"四两拨千斤"作用,通过全国农业信贷担保体系,加快设立国家融资担保基金,支持地方政府发行一般债券用于支持乡村振兴、脱贫攻坚领域的公益性项目等,撬动更多金融和社会资本投向乡村振兴。同时,要规范地方政府举债融资行为,不得借乡村振兴之名违规违法变相举债。

(二)农村金融机构要回归本源

这些年来,在商业化原则引导下,由于激励和约束机制不健全等因素,各金融机构纷纷撤离县域,农村金融领域既存在供给总量不足问题,也存在供给结构不合理、质量不高等问题。农民和农村中小企业贷款难、贷款贵问题,长期得不到解决。2018年中央"一号文件"提出要推动农村金融机构回归本源,坚持农村金融改革的正确方向,健全适合农业农村特点的农村金融体系,把更多金融资源配置到农村经济社会发展的重点领域和薄弱环节,更好满足乡村振兴多样化金融需求。要强化金融服务方式创新,防止脱实向虚倾向,严格管控风险,提高金融服务乡村振兴能力和水平。要抓紧出台关于金融服务乡村振兴的指导意见,制定金融服务乡村振兴的考核评估办法,把金融服务乡村振兴落到实处。

(三)土地收益要更多用于乡村振兴

长期以来,土地出让收益,可以说是"取之于乡,用之于城",直接用在农村建设的比重是比较低的。要创新政策机制,把土地增值收益这块

"蛋糕"切出更大的一块用于支持脱贫攻坚和乡村振兴。2018年中央"一号文件"提出,调整完善土地出让收入使用范围,进一步提高农业农村投入比例。改进耕地占补平衡管理办法,建立高标准农田建设等新增耕地指标和城乡建设用地增减挂钩节余指标跨省域调剂机制,将所得收益通过支出预算全部用于巩固脱贫攻坚成果和支持实施乡村振兴战略。这项政策具有"一石多鸟"的作用。一方面,通过高标准农田建设补充的耕地,数量看得见、质量有保障,真正可以做到"占优补优"。新增耕地指标可以跨省交易,金融机构也愿意提供资金支持,可以加快高标准农田建设步伐。另一方面,可以缓解耕地占补平衡压力,有利于生态保护。

乡村振兴最终要靠农民,必须充分调动广大农民的积极性和主动性。要推广一事一议、以奖代补等方式,鼓励农民对直接受益的乡村基础设施建设投工投劳,让农民更多参与建设管护。

7

走中国特色社会主义乡村振兴道路

实施乡村振兴战略,要顺应农民新期盼,立足国情农情,以产业兴旺为重点、生态宜居为关键、乡风文明为保障、治理有效为基础、生活富裕为根本,推动农业全面升级、农村全面进步、农民全面发展,走中国特色的社会主义乡村振兴道路。

一、重塑城乡关系,走城乡融合发展之路

一个国家的发展,城市和乡村要协调进步。城市集聚人口、财富、技术,带动整个地区乃至整个国家发展;农村是生态屏障,为城乡居民提供农产品,传承国家源远流长的历史文化,城和乡两种功能都需要。城市和农村是命运共同体,新型城镇化和乡村振兴是一个事物的两个方面,是互促互进、共生共存,有机一体的。能否处理好城乡关系,关乎社会主义现代化建设全局。推进城镇化决不能以农业萎缩、乡村凋敝为代价,要让城乡在发展过程中取长补短、相得益彰。

乡村振兴离不开外部要素的注入。城市对各类要素的吸引集聚能力往往大于乡村,资金、人才、技术等资源也往往更多地流向城市,而乡村则长期处于"失血""贫血"的状态。要通过一系列城乡制度创新,打破这种各类要素单向流出的格局,让新时代的乡村振兴能够大力吸引新技术、新资源、新人才,促进各路人才"上山下乡"投身乡村振兴。工商资本是推

动乡村振兴的重要力量。工商资本下乡,乡村有需求、资本有动力,发挥有空间,一方面要优化环境,稳定政策预期,引导好、服务好、保护好工商资本下乡的积极性;另一方面,也要设置好保护农民利益的"防火墙",防止工商资本跑马圈地,侵害农村集体产权、侵犯农民利益。当前,城乡差距最大的要素配置差距是公共资源的配置差距。要把公共基础设施建设的重点放在农村,推进城乡基础设施共建共享、互联互通,特别是要加快乡村道路、农田水利、用电用网的基础设施建设,加快推动公共服务下乡,逐步建立健全全民覆盖、普惠共享、城乡一体的基本公共服务体系。

二、巩固和完善农村基本经营制度,走共同富裕之路

农村基本经营制度是乡村振兴的制度基础。一个国家与社会的财产制度是建立在土地制度基础上的,土地制度是牵动全局的大制度。当前,农村改革的主线仍然是处理好农民与土地的关系,最大的政策仍然是坚持和完善农村基本经营制度。要坚持农村土地集体所有,坚持家庭经营基础性地位,坚持稳定土地承包关系,完善农村产权制度,健全农村要素市场化配置机制,实现小农户和现代农业发展有机衔接,这是走共同富裕道路的根本依靠。

党的十九大决定,农村土地第二轮承包到期后再延长 30 年,这是保持土地承包关系长久不变的重大举措,顺应了亿万农民保留土地承包权、流转土地经营权的期待,给农民吃下了长效"定心丸"。农村土地所有权、承包权、经营权"三权分置"是重大的制度创新和理论创新。要完善承包地"三权分置"制度,在依法保护集体土地所有权和农户承包权前提下,平等保护土地经营权,创新"三权分置"的具体实现形式。要认识到小规模家庭经营是农业的本源性制度,"大国小农"是我们的基本国情农情,我国各地农业资源禀赋差异很大,很多丘陵山区地块零碎,"一蛙跳三丘"的地块很多,不是所有的地方都适合搞规模经营。小农户生产是

我国在相当长一段时期存在的必然现象,小农户生产有利于降低农业风险,稳定大国农产品供给,同时,小农户生产在传承农耕文明、解决农民就业增收等方面也具有不可替代的作用。要改善小农户生产设施条件,提升他们的抗风险能力,扶持小农户扩展增收空间,将其引入现代农业发展轨道。要搞好统一经营服务、盘活用好集体资源资产、发展多种形式的股份合作,发展壮大农村集体经济,这是引领农民实现共同富裕的重要途径。

三、深化农业供给侧结构性改革,走质量兴农之路

党的十九大对我国当前发展阶段的主要矛盾作出了重要判断,我国社会主要矛盾已经转化为人民日益增长的美好生活需要和不平衡不充分的发展之间的矛盾。要有效破解这一矛盾,农业方面就要深化供给侧结构性改革,走质量兴农之路,加快推进农业由增产导向转向提质导向,加快构建现代农业产业体系、生产体系、经营体系,不断提高我国农业综合效益和竞争力。中国是一个有十三亿多人口的大国,粮食问题始终是关系国计民生的重大问题。中国人的饭碗要牢牢端在自己手上,我们的饭碗应该主要装中国粮。这一条是我们农业发展的底线,也是丝毫不能动摇的。保障粮食安全,关键是要保粮食生产能力,守住耕地红线,搞好农田水利,大力发展现代种业、农业机械化,真正把"藏粮于地、藏粮于技"战略落到实处。

质量就是效益,质量就是竞争力。当前农业的主要矛盾已经由过去总量不足转变为结构性矛盾,突出表现就是结构性供过于求和供给不足同时存在。这既与我们资源禀赋利用结构有关,也与人民群众膳食结构升级有关,因此必须下决心对农业生产结构和生产力布局进行大的调整,尽快实现农业由总量扩张到质量提升的转变。走质量兴农之路,要突出农业绿色化、优质化、特色化、品牌化。发展优质农产品归根结底要靠市

场制度创新,要厘清政府和市场关系,让市场要素深入参与到农产品的产销一体化中来。质量更深一层是安全,要把与老百姓切身利益息息相关的农产品质量安全建设摆到更加突出的位置。乡村振兴的过程也是重塑乡村价值的过程。时代的发展重新赋予了乡村新的内涵,现在乡村不再是单一从事农业的地方,还具有重要的生态涵养功能、休闲观光功能、文化传播功能等等,越来越成为人们养生养老、创新创业、生活居住的新空间。在乡村经济价值、生态价值、社会价值、文化价值日益凸显的情势下,就要求我们因势利导,采取各项举措促进农村一二三产业融合发展,加快发展农村新产业新业态,推动农业农村的再优化再升级。

四、坚持人与自然和谐共生,走乡村绿色发展之路

良好的生态环境是农村最大优势和宝贵财富,要让绿色生态成为乡村振兴的支撑点和增长极。很长一段时期以来,生态建设往往让位于经济发展,农业生产方式比较粗放,化肥、农药投入过量,缺水地区大水漫灌,围湖造田、围海造地、过度养殖、过度捕捞、过度放牧等现象还大量存在。这些行为导致部分地方土壤硬化板结,重金属含量超标,东北黑土层越种越薄,华北地下水漏斗区不断扩大。生态环境恶化,影响的是我国农业的可持续发展能力,影响的是我们子孙后代的幸福福祉,这些对生态环境的欠账在将来都是需要加倍偿还的。因此,必须从根本上改变这种"竭泽而渔、焚薮而田"粗放的农业生产方式,处理好经济发展和生态环境保护之间的关系。

以绿色发展引领乡村振兴是一场深刻革命。很多农民依然有"种花种草没温饱,种果种树不致富"的想法,认为乡村生态建设带来不了什么实质性效益,只会起到遮荫乘凉作用。这就说明我们的工作任务更加繁重。要让老百姓看到生态改善带来的真真正正的好处,尝到实实在在的甜头。要健全以绿色生态为导向的农业政策支持体系,建立绿色低碳循

环的农业产业体系,加快构建科学适度有序的农业空间布局体系,切实改变农业过度依赖资源消耗的发展模式。要加强农业面源污染防治,实现投入品减量化、生产清洁化、废弃物资源化、生产模式生态化。让保护生态环境的人不吃亏,让农民成为绿色空间的守护人。要聚焦乡村人居环境的突出短板,围绕落实农村人居环境整治三年行动方案,以农村垃圾处理、污水治理和村容村貌提升为主攻方向,梯次推动乡村山水林田路房整体改善,加快改变一些乡村"脏乱差"的面貌,给农民一个干净整洁的生活环境。

五、传承发展提升农耕文明,
走乡村文化兴盛之路

中华文明绵延数千载而不衰,一个很重要的原因就是拥有根植于农耕文明并延伸出来的众多优秀品质,像法道自然、天人合一的生态伦理,耕读传家、父慈子孝的祖传家训,邻里守望、诚信重礼的乡风民俗,这些优秀品质已经扎根于中华民族的血脉之中,成为中华民族文化基因的一部分。要把这些源于历史和传统的好习俗、好风尚传承下来,深入挖掘、继承、创新优秀传统乡土文化,不但要留住有历史印记的建筑、村寨、古迹、遗迹等有形的文化载体,也要让具有农耕特质、民族特色、区域特点、良好教化意义的非物质文化遗产发扬光大、代代传承。

要把我国农耕文明优秀遗产和现代文明要素结合起来,赋予新的时代内涵,这是乡村振兴的应有之义。当前,一些地方的农村不良风气盛行,天价彩礼、不尊不孝、诚信缺失、拜金主义、教育无用论等大行其道。这也在告诫我们,群众也是需要教育的,要在传统优良习俗和陈规陋习之间画出一条线,旗帜鲜明地告诉群众什么是提倡的,什么是反对的。农村的精神文明建设已经到了刻不容缓的地步,要充分发挥红白理事会、村规民约等的积极作用,加大教育宣传力度,推动移风易俗,引导树立文明乡风。

六、创新乡村治理体系，走乡村善治之路

健全自治、法治、德治相结合的乡村治理体系，这是实现乡村善治的有效途径。要加强和创新乡村治理，建立健全党委领导、政府负责、社会协同、公众参与、法治保障的现代乡村社会治理体制，让农村社会既充满活力又和谐有序。村民自治制度是中国特色社会主义民主政治的重要组成部分。村民自治在体现村民意志、保障村民权益、激发农村活力等方面具有重要作用。要通过引导农村基层组织、社会组织和村民个人有序参与农村发展事务，进一步提升农民群众自我管理、自我服务水平。

办好农村的事，要靠好的带头人，要有坚强的基层党组织。"上面千条线，下面一根针"，要抓住健全乡村组织体系这个关键，特别是要加强农村基层党组织带头人队伍和党员队伍建设，整顿涣散农村基层党组织，解决弱化、虚化、边缘化问题。要赢得农民群众的信任，就要廓清农村基层政治生态，严肃查处侵犯农民利益的"微腐败"，加强对农村基层干部队伍的监督管理。同时，要丰富基层民主协商的实现形式，发挥村民监督作用，让农民自己"说事、议事、主事"，做到村里的事村民商量着办，引导干部群众尊法学法守法用法，依法表达诉求、解决纠纷、维护权益。要创新基层管理体制机制，健全乡村便民服务体系，加快完善农村治安防控体系，从加强老百姓身边的生活设施建设入手，让农民生活方便、办事便捷、日常安全。

七、打好精准脱贫攻坚战，走中国特色减贫之路

精准脱贫攻坚战是党的十九大报告中提出的三大攻坚战之一，对全面建成小康社会具有决定性意义。打好精准脱贫攻坚战，任务十分艰巨。全面小康目标能否如期实现，关键取决于脱贫攻坚战能否打赢。未来3年，还有约3000万贫困人口需要脱贫，同时，贫困人口结构发生了很大变

化,致贫原因复杂,脱贫难度更大,是最难啃的硬骨头。必须以更有力的行动、更扎实的工作,集中力量攻坚克难,确保精准脱贫攻坚战打得赢打得好。

要强化产业和就业扶持,激发贫困群众内生脱贫动力,教育引导广大群众用自己的辛勤劳动实现脱贫致富,帮助有劳动能力的贫困人口脱贫解困。要有序推进易地搬迁扶贫,让困难群众搬得出、留得下、能致富,真正融入新的生活环境。要聚焦特殊贫困人口精准发力,加快织密筑牢民生保障安全网,把没有劳动能力的老弱病残等特殊贫困人口的基本生活兜起来,强化保障性扶贫。对于深度贫困地区,要加强区域性扶贫举措,特别是着力补齐贫困地区基础设施和公共服务短板,全面改善贫困地区义务教育基本办学条件,把农村公路、安全饮水、电网、物流、互联网等基础设施作为重要扶贫举措来抓,提高贫困地区的自我造血能力和脱贫的可持续性。

8

夯实农业生产能力基础

党中央、国务院高度重视农业生产能力建设,历年中央"一号文件"都作出具体部署。近年来,各地和有关部门认真贯彻落实中央要求,持续加强农业物质技术装备建设,不断创新政策举措,有力提升了我国农业综合生产能力,夯实了谷物基本自给、口粮绝对安全的战略基础,为经济发展、社会稳定、国家安全提供了重要支撑。2018年中央"一号文件"进一步要求,夯实农业生产能力基础,深入实施"藏粮于地、藏粮于技"战略,严守耕地红线,确保国家粮食安全,为进一步加强农业生产能力建设指明了方向。

一、我国农业生产能力基础实现了历史性跨越

"民为国基,谷为民命",解决好十三亿多人的吃饭问题,始终是治国理政的头等大事。党中央始终将确保国家粮食安全和主要农产品供给作为现代农业建设的首要任务,将提升农业综合生产能力作为战略举措,2003年以来先后实施了优质粮食产业工程、新增千亿斤粮食生产能力规划、种养业良种工程、动植物保护工程、农机购置补贴等一系列重大举措,推进农田标准化、水利化,农业科技化、设施化、机械化,有效改善了农业生产条件。到2012年,粮食产量跃升到11792亿斤,比2003年增长3178亿斤,从根本上缓解了供求紧张的状况。

党的十八大以来,以习近平同志为核心的党中央从战略和全局的高度,对加强农业生产能力建设作出新部署。习近平总书记指出,保障粮食安全,关键是保生产能力,必须守住耕地红线,把高标准农田建设好,把农田水利搞上去,把现代农业、农业机械等技术装备水平提上来,确保需要时能产得出、供得上。2013年,启动实施国家粮食安全新战略,确立了以我为主、立足国内、确保产能、适度进口、科技支撑的发展方针,确定了谷物基本自给、口粮绝对安全的发展底线。在新战略的指引下,农业投入持续增加,农业生产能力基础不断巩固。截至2017年,我国农田有效灌溉面积占比、农业科技进步贡献率、主要农作物耕种收综合机械化率分别达到54%、57%和66%,主要农作物良种基本实现全覆盖,农业生产能力实现了从低水平到中等水平的历史性跨越;粮食产量连续五年稳定在12000亿斤以上,农产品供求关系实现了从总量基本平衡到阶段性供过于求的历史性转变。

尽管近年来农业生产能力建设取得了巨大成就,但也要清醒地认识到,我国农业生产能力基础依然薄弱,突出表现在三个方面。一是耕地质量保护和提升任务艰巨。在工业化城镇化快速推进的背景下,耕地数量不断减少,耕地质量问题仍然突出,全国耕地一半以上为中低产田,特别是东北黑土地退化严重;农田水利总体水平和发展质量仍然不高,发展不平衡、不充分问题突出;粮食生产功能区和重要农产品生产保护区"两区"建设刚刚起步,高标准农田建设与中央到2020年力争建成10亿亩的要求还有较大差距。二是重点领域的农业机械化亟待突破。我国能生产的农机产品仅为世界农机种类的一半,中高端产品不多,机具的可靠性、适用性有待提升;农机农艺融合不够,尚未建成集成配套的全程机械化技术体系;棉油糖果菜茶等经济作物、畜牧业、农产品初加工、设施农业和丘陵山区的综合机械化水平较低,对产业竞争力的制约日益突出。三是科技进步的支撑作用有待增强。蔬菜等经济作物育种、畜禽良种繁育、农兽药研发等重要领域技术水平与发达国家相比还有较大差距,部分优良品种和核心种源还依赖进口;科技进步贡献率和科研成果转化率分别比发达国家低约20个和30个百分点。改善农业生产条件、推进农业机械化发展、提高科技创新能力任务依然十分繁重,迫切需要进一步加强农业生产能力建设,为农业农村现代化和高质量发展提供坚实支撑。

二、以"三区"为载体夯实农业生产能力基础

2017年和2018年中央"一号文件"均要求划定并建设好粮食生产功能区、重要农产品生产保护区和特色农产品优势区。这是深入实施"藏粮于地、藏粮于技"战略的重大举措,是新时期调整优化农业生产力布局、推动生产要素向优势区集中、守住重要农产品供给底线的战略安排。

建设粮食生产功能区和重要农产品生产保护区,夯实农产品供给基础。党中央、国务院要求划定粮食生产功能区9亿亩、重要农产品生产保护区2.38亿亩,并以县为基础精准落地。粮食生产功能区承载了80%的谷物用地面积、90%以上的谷物自给率,重要农产品保护区承载了76%的大豆、油菜籽、棉花、糖蔗用地面积以及油棉糖70%的自给率。"两区"稳,粮食等重要农产品供给稳;"两区"兴,粮食等重要农产品产业兴。建设"两区",重在集中连片建设旱涝保收、稳产高产、生态友好的高标准农田,完善大中型骨干水利工程和小型农田水利设施,大力发展节水灌溉,夯实物质技术装备基础。

建设特色农产品优势区,夯实农业竞争力提升基础。我国特色粮经作物、园艺产品、畜产品、水产品、林特产品资源丰富、产业基础好,各类特色农产品产值达到5万亿元,占据我国农业的"半壁江山"。大中城市郊区、西部地区、丘陵山区、贫困地区特色农产品覆盖率普遍在90%以上,农民来自特色优势农产品的收入达到60%以上。我国农业竞争力主要体现在特色优势农产品上。2016年,尽管我国农产品贸易逆差达2500亿元,但特色农产品却实现了较大顺差,其中蔬菜920亿元、水产品730亿元、水果85亿元、茶叶98亿元。特色农产品优势区发展质量高,国内农产品供给就优、农业国际竞争力就强、农民收入就有保障。推进特色农

产品优势区建设,重在建设标准化生产基地、农产品加工基地、仓储物流基地和科技支撑体系,完善标准化田块、田间道路、排灌渠系、电力配套等基础设施,以及温室大棚、集约化育苗、田头预冷等生产设施。

三、大力实施农业生产能力建设重大工程行动

2018 年中央"一号文件"部署了高标准农田、农田水利、科技创新、现代种业、农业机械化、智慧农业等农业生产能力建设重大工程。这是实施"藏粮于地、藏粮于技"战略和质量兴农战略的重要举措,是建设"三区"的具体抓手。

(一)实施高标准农田建设工程

2013 年,国务院批复《全国高标准农田建设总体规划》;2017 年,国家发展改革委、农业部等七部门联合印发《关于扎实推进高标准农田建设的意见》,要求到 2020 年确保建成 8 亿亩、力争建成 10 亿亩高标准农田,其中 2018 年拟建成 8000 万亩。统筹推进规划实施,整合新增粮食产能、农业综合开发、土地整治、农田水利等建设资金,集中支持"三区"建设,集中连片、整体推进,加强建管、确保成效。

(二)实施农田水利建设工程

重点是加快大中型灌区续建配套和节水改造,实施灌区现代化改造,在水土条件允许的地区建设一批灌区工程,全面开展小型农田水利设施达标提质,推进灌溉信息化和智能化,持之以恒地开展冬春水利兴修,逐步完善大中小微并举、蓄引提排结合、管理现代高效的农田水利网络。2020 年前基本完成大型灌区、重点中型灌区续建配套与节水改造任务,大型灌区和重点中型灌区农业灌溉用水计量率达到 70% 以上,到 2022 年再新增耕地灌溉面积 3000 万亩。

(三)实施国家农业节水行动

重点是推进农业节水技术、发展节水灌溉,提高农业用水效率。加强农业用水总量管控,以水定地、以水定产,因水制宜、量水而行,优化农业

布局和种植结构,严控水资源过度开发和地下水超采地区用水规模。建设一批重大高效节水灌溉工程,推广喷灌、滴灌、微灌和管道输水灌溉等高效节水灌溉技术,注重节水灌溉技术与农艺、农机、生物、管理等措施的集成与融合,积极推进水肥一体化。到 2022 年,全国高效节水灌溉工程面积达到 4 亿亩,农田灌溉水有效利用系数提高到 0.56 以上。

(四)建设国家农业科技创新体系

建设以科研院所和高等院校为主体的农业知识创新体系,深化农业科研体制改革,建立现代院所管理制度,支持改善重点实验室设施设备条件,建设科学观测实验站,在基础研究和战略高技术领域培育一批具有国际一流水平的研究院所和研究型大学,强化战略科技力量。建设以企业和产业为主体的技术创新体系,激励和引导农业企业成为研究开发投入的主体、技术创新活动的主体和科技成果应用的主体,加大国家科技计划对企业技术创新的支持,建设一批现代农业产业科技创新基地。建设以公益性机构为主体的农业技术推广体系,推进基层农技推广体系改革创新,探索公益性推广机构与经营性服务组织融合发展机制。

(五)实施现代种业提升工程

以保障农业供种安全和加快现代种业发展为中心任务,着力提高种质资源保护、育种创新、品种测试、良种繁育能力。建设一批国家种质资源保存库(圃)、农业野生植物原生境保护区,保护种质资源。建设一批以育种为核心,实现种质资源保护、良种繁育、新品种推广一体化的育种创新项目,培育具有国际竞争力的民族种业企业。建设一批农作物品种测试站、畜禽品种性能测定站、种子检测中心。建设一批区域性良种繁育基地,保障良种供应。

(六)实施农机装备产业转型升级和全程农业机械化推进行动

加快补齐农机装备制造、技术推广、作业服务、人才培养等短板,推进农机装备产业向高质量发展转型,促进农业机械化向全程、全面、高质、高效发展。完善以企业为主体、市场为导向的农机装备创新体系,支持农机装备产业链上下游企业协同攻克基础材料、基础工艺、电子信息和软件互联网等"卡脖子"问题,鼓励大型企业由单机制造为主向成套装备集成为主转变,支持中小企业向"专、精、特、新"方向发展。着力提升双季稻地区的水稻机械化种植、长江中下游地区的油菜机械化种植收获和马铃薯、花生、棉花主产区的机械化采收水平,加强绿色高效新机具新技术示范推广。到 2020 年,农机装备产业科技创新能力得到较大提升,主要经济作物薄弱环节"无机可用"的问题得到基本解决。

(七)实施数字乡村战略和数字农业发展规划

把实施数字乡村战略和发展数字农业作为农业现代化的前沿领域和建设数字中国的优先领域,着力强化关键技术创新和重大基础建设,突破数据采集、开发、应用关键制约。促进数字技术与现代农业产业体系、生产体系、经营体系、管理体系融合发展,建设数字田园、数字农情,发展智慧养殖、数字交易、智能农机,建设农业专属卫星星座,建立健全大数据支撑农业管理决策的体制机制,推进农业产业数字化和数字产业化,助力农业发展质量变革、效率变革和动力变革。

9

实施质量兴农战略

党的十九大作出了推进高质量发展的决策部署。2018 年中央"一号文件"明确提出实施质量兴农战略,要求制定和实施国家质量兴农战略规划,深入推进农业绿色化、优质化、特色化、品牌化,推动农业由增产导向转向提质导向。这是党中央、国务院作出的重大部署,对于推进农业转型升级、加快建设现代化农业强国具有重大意义。

一、我国农业已由高速增长阶段
转向高质量发展阶段

习近平总书记指出,我国农业农村发展已进入新的历史阶段,农业的主要矛盾由总量不足转变为结构性矛盾,突出表现为结构性供过于求和供给不足并存。这是针对农业农村发展的新情况新变化新特征作出的科学判断,可以从两个方面来理解。

一方面,我国农业发展速度已呈放缓趋势。过去较长时间,我国农业发展一直保持较高的增长速度。2004—2014 年,农业增加值年均实际增长速度(剔除物价因素)达到 4.5%,是世界上增速最快的国家之一。但近年来,随着宏观经济发展进入新常态,农业增加值增速也出现放缓趋势,2015 年下降到 3.9%,2016 年为 3.3%。其根本原因,是农业发展的"三驾马车"——农产品消费、农业投资、农产品出口——增速呈明显下

降趋势,难以支撑农业的高速发展。适应农业发展形势的深刻变化,农业农村经济工作必须建立新导向、确立新方向。

另一方面,农业高质量发展的要求日益迫切。当前,随着内外环境发生深刻变化,迫切需要农业发展加快转变方式、提升质量。具体来说,一是缓解农业资源环境压力的需要。近年来,我国农业发展方式转变取得了长足进步,化肥农药实现了零增长,但仍存在过多使用化肥、农药、地下水和过度养殖、过度捕捞、过度放牧等现象,森林生态资源总量不足,资源环境约束越来越紧。这些都倒逼我们必须加快转变农业生产方式,把绿色发展摆到突出位置,加快发展资源节约型、环境友好型农业,走高质量绿色发展道路。二是满足人民群众消费需求升级的需要。随着农产品供给水平的大幅提高和人民生活水平的不断提升,城乡居民消费结构日益升级,对"有没有""够不够"关注少了,而对"好不好""优不优"关注多了,对农业发展提出了更高期待和更多要求。这就要求我们不仅要满足量的需求,还要提供多层次、多样化、个性化、优质生态安全的农产品,同时还要提供清新美丽的田园风光、更多更好的森林资源、洁净良好的生态环境。三是应对日益激烈的国际竞争的需要。近年来,随着国内外农产品市场融合加深,我国农产品国际竞争力不强的问题愈发凸显。以大豆为例,2017年进口9553万吨,创历史新高。提升农产品国际竞争力、保护国内农业产业健康发展已迫在眉睫。这也要求我们加快推进农业高质量发展,不断提升农业质量效益竞争力。

针对农业发展新情况新变化新特征,党中央、国务院审时度势、科学研判,作出了推进质量兴农的战略部署。2017年中央经济工作会议强调,推动高质量发展,是我们当前和今后一个时期确定发展思路、制定经济政策、实施宏观调控的根本要求。2017年中央农村工作会议提出,我国农业正处于转变发展方式、优化经济结构、转换增长动力的攻关期,要坚持以农业供给侧结构性改革为主线,走质量兴农之路,实施质量兴农战略,不断提高农业创新力、竞争力和全要素生产率,加快实现由农业大国向农业强国的转变。这些重要论断,明确了我国农业发展已由高速增长阶段转向高质量发展阶段,要求我国农业要加快实现由增产导向转向提质导向。

二、准确把握农业高质量发展的主要特征

实施质量兴农战略,推进农业高质量发展,基本要求是落实新发展理念,从"有没有""够不够"转向"好不好""优不优",更好满足人民日益增长的美好生活需要;主攻方向是发展高质量高品质农业,深入推进农业绿色化、优质化、特色化、品牌化,加快发展现代高效林业;主要目标是实现农产品产得出、产得优,卖得出、卖得好,持续提高林业现代化水平,不断提升农业质量效益竞争力。归纳起来,主要包括以下五个方面。

一是产品质量优。在保证供给安全的基础上,农产品实现品质更优,种类更丰富、营养更均衡、特色更鲜明,更好满足个性化、多样化的消费需求,实现农产品供需在高水平上的均衡。

二是产业效益好。农村一二三产业融合发展,农业产业链条不断延伸,农产品流通业、加工业蓬勃发展,农产品品牌影响力显著提高,林产品生产能力持续提升,农业全产业链附加值得到提升;农业功能不断拓展,休闲、旅游、生态、文化等多功能价值得到挖掘。

三是生产方式集约。化肥、农兽药、农膜等农业投入品节约集约利用,农作物秸秆、畜禽粪污等农业副产物资源化利用,农田灌溉水节约高效利用;农业劳动生产率不断提高,农业科技创新水平、机械化水平、良种化水平、信息化水平明显提升。

四是经营者素质高。新型经营主体、新型职业农民不断发展壮大,农业专业化程度显著提升,农民成为有吸引力的职业;多种形式的适度规模经营竞相发展,农业社会化服务水平明显提高,小农户被引入现代农业发展轨道。

五是国际竞争力强。根据我国农业的比较优势,在大宗农产品上要着力上规模、降成本,在特色农产品上要着力增品种、提品质,做到因地制

宜、差别发展,实现由农业贸易大国向农业贸易强国的转变。

三、突出重点关键环节扎实实施质量兴农战略

实施质量兴农战略是一项系统工程,涉及农业农村方方面面的工作,必须突出重点、有序推进。

(一)推进农业标准化生产

优质安全的农产品,首先是产出来的,抓手是按标生产。要加快农兽药残留限量标准制修订,严格落实农兽药、饲料添加剂、抗生素使用规范,严格落实间隔期、休药期。制修订一批林产品标准。加快推进规模经营主体按标生产,建立生产记录台账,通过2—3年努力,实现大城市郊区、"菜篮子"主产县基本按标生产。坚持市场导向,加快发展"三品一标"农产品,增加绿色、有机安全和特色农产品供给,多生产优质的肉蛋奶鱼,让老百姓的餐桌更丰富、吃得更健康。

(二)加强农业执法监管

我国农业生产主体多、链条长,农产品质量安全监管必须围绕薄弱环节、重点领域,出重拳、求突破,切实把安全"管出来"。要严格投入品使用监管,推进农药追溯体系建设。抓好农产品质量安全追溯管理,推动国家追溯平台应用,率先将国家级和省级龙头企业、"三品一标"获证企业以及农业部门支持建设的示范基地纳入,鼓励有条件的省尽快和国家平台互联互通。建立农业生产信用档案,将新型经营主体全部纳入监管名录。深化国家农产品质量安全县创建,支持有条件的地方以省为单位整省创建。深入开展农产品质量安全专项治理行动,做好农产品质量安全例行监测和风险评估。加大农产品质量安全宣传力度,发挥社会监督作用。加强植物病虫害、动物疫病防控体系建设。

(三)开展品牌提升行动

将品牌建设与粮食生产功能区、重要农产品生产保护区、特色农产品优势区和现代农业产业园、创业园、科技园"三区三园"建设以及绿色食

品等产品认证紧密结合,突出抓好品牌建设、品质管理,支持建设一批地理标志产品和原产地保护基地,遴选推介一批富有特色、优质安全的农产品品牌。强化品牌质量管控,建立品牌目录制度,实行动态管理,确保品牌"含金量"。实施兴林富民工程,完善森林认证制度,推进森林生态标志产品建设工程。启动中国林产品交易中心建设,加强重点林产品品牌建设和质量监管。

(四)强化现代要素集成运用

我国农业质量不高、大而不强,最根本的还是产业素质不高,要以现代农业产业体系为核心,以现代农业生产体系和经营体系为支撑,整体推进,率先突破。大力推广运用新技术,围绕提质增效重大需求,遴选示范前瞻性、引领性技术,组装集成特色高效品种技术。实施现代种业提升工程,全面深化种业权益改革,建立商业化育种创新体系,全面提升农作物、畜禽、水产、林木良种质量。强化现代科技装备支撑,推动设施装备升级,带动技术集成创新、优良品种推广。

(五)深化农业供给侧结构性改革

在守住粮食安全底线的基础上,推进以玉米为重点的种植业结构调整、以生猪和草食畜牧业为重点的畜牧业结构调整、以保护资源和减量增收为重点的渔业结构调整、以农村一二三产业融合发展为重点的全产业链结构优化等重点工作。大力发展区域特色优势农产品,结合农业产业扶贫,加快发展地方特色蔬菜瓜果、茶叶、花卉、食用菌、畜禽等产业。优化养殖业空间布局,大力发展绿色生态健康养殖,做大做强民族奶业。统筹海洋渔业资源开发,科学布局近远海养殖和远洋渔业,建设现代化海洋牧场。加快生物质能源基地及多联产发展工程建设,推动林产品精深加工和林业产业集聚发展。通过上下联动,共同引导农民瞄准市场需求,增加市场紧缺和适销对路产品的生产,确保产得出来、卖得出去,并争取卖个好价钱。

(六)突出农业绿色发展

推进农业绿色发展是农业发展观的一场深刻革命,也是质量兴农工作的应有之义。农业本身具有"绿色"属性,农作物都是绿色生命,农业生产就是生产绿色的固碳过程。在实施质量兴农战略时,要把绿色发展摆在更加突出的位置。一方面,要把农田搞绿,大力推进化肥农药零增长行动,开展农业废弃物资源化利用,把农业资源过高的利用强度缓下来、面源污染加重的趋势降下来。另一方面,要把环境搞美,加快国土绿化步伐,启动大规模国土绿化行动,加快实施生态保护修复重大工程,扩大退耕还林、重点防护林体系建设、京津风沙源治理和石漠化综合治理等工程造林规模;按照生态宜居要求,推动农业空间布局方式、资源利用方式、生产管理方式的变革,实现人与自然和谐共生发展。

10

构建农村一二三产业融合发展体系

2018 年中央"一号文件"从建设现代化经济体系、实施乡村振兴战略的全局出发,对农村一二三产业融合发展作出的新定位、提出的新要求,为推动农村产业融合持续向纵深发展,不断开创农村产业融合发展新局面,指明了方向。

一、充分认识构建农村产业融合
发展体系的重要意义

当前,我国农业农村发展正处在转型升级的关键时期,面临着动力转换、方式转变、结构优化、效益提升的艰巨任务。加快构建农村一二三产业融合发展体系,对于深入实施乡村振兴战略,激发农业农村内生动力,不断提高我国农业综合效益和竞争力,具有十分重要的意义。

(一)构建农村产业融合发展体系,是推动乡村产业振兴、实现高质量发展的迫切需要

产业振兴是乡村振兴的物质基础。实现乡村产业振兴,仅仅依靠发展农业是不够的,必须按照实现高质量发展的要求,着眼提高农业全产业链收益,通过构建现代乡村产业体系,切实做强一产、做优二产、做活三产。农村产业融合发展正是这样一种"对症良方",通过依托种养业加快发展二三产业,延伸产业链、提升价值链、拓展多功能,可以推动构建现代农业产业体系、生产体系、经营体系,促进农业生产加工销售各环节紧密对接,推进农业由增产导向转向提质导向,全面提高农业的质量效益和竞争力。

(二)构建农村产业融合发展体系,是促进农民持续增收、决胜全面建成小康社会的迫切需要

对"三农"工作来讲,最艰巨的任务是促进农民增收,最能体现工作成绩的也是促进农民增收。习近平总书记多次指出,检验农村工作成效的一个重要尺度,就是看农民的钱袋子鼓起来没有。推进农村产业融合发展,不仅有利于优化农业生产体系,促进农业节本增收、提质增收,而且有利于盘活农村资源资产,激发农村创业创新活力,增加农民经营性收入、工资性收入和财产性收入,通过融合发展建立的利益联结机制,让农民进入到全产业链收益分配的"利益圈""价值圈",开辟稳定增收的新渠道。

(三)构建农村产业融合发展体系,是进一步提升农村发展水平、促进城乡融合发展的迫切需要

推动农村产业融合发展,不仅能够挖掘农业农村内部潜力,而且能够吸引资金、技术、人才等现代要素更多流向农村,使农村"增财气""聚人气",是推动城乡融合发展的重要举措。

二、农村一二三产业融合发展
取得的成效及存在的问题

自 2014 年年底召开的中央农村工作会议提出推进农村一二三产业融合发展以来,党中央、国务院发出的指导农业农村工作的文件对这一问题多次进行了强调。2015 年年底,国务院办公厅还专门印发《关于推进农村一二三产业融合发展的指导意见》(国办发〔2015〕93 号),对推进农村产业融合发展作出了全面部署。

近年来,农业产业链不断延伸,农业功能日益拓展,农村一二三产业不断呈现融合发展势头。各地区各部门不断加大工作力度,完善政策举措,大力推动制度、技术和商业模式创新,推进农牧结合、农林结合、循环发展,促进农业产业链向两端延伸,不断挖掘农业的生态、文化、旅游等多方面功能,将农村产业发展与新型城镇化、美丽乡村建设等结合起来,探索出不少行之有效的新模式。农村产业融合的快速推进,有力地促进了农业产品结构、产业结构、经营结构的调整,显著改善了农业供给质量,催生了农村新产业新业态,为农村创新创业开辟了新天地,为农民就业增收打开了新空间。

同时也要看到,构建农村产业融合发展体系面临许多新情况、新问题、新挑战,突出表现在用地难、融资难、人才缺乏等"老大难"问题普遍存在;农民与新型经营主体的利益联结仍不紧密,农民公平合理参与增值收益的保障机制仍不健全;发展主体"多而不强",发展层次不高,产品档次和文化内涵有待提升等。

三、准确把握构建农村产业融合 发展体系的内涵要义

推进农村产业融合发展,不仅是简单地打破产业界限,而且需要把现代产业发展理念和组织方式引入农业,着力构建农业与二三产业交叉融合的现代产业体系。必须以新发展理念为引领,以市场需求为导向,以完善利益联结机制为核心,以制度、技术和商业模式创新为动力,构建产业融合新体系,通过大力开发农业多种功能,延长产业链、提升价值链、完善价值链,实现产业发展和农民增收的双赢。在这个过程中,必须注意把握好以下几点。

(一)构建农村产业融合发展体系的核心,是完善产业发展与农民之间紧密的利益联结机制

从市场机制的角度看,单纯的融合发展并不能自动让农民更多受益,如果不建立起有效的利益联结机制和保障机制,就算是产业发展起来了,

大部分农民还是只能作为打工者获得收益,不能作为农村资源资产的主人去分享应得的发展红利。牢记产业融合发展的初心,必须始终坚持把农民更多分享增值收益作为基本出发点,让农民充分参与和分享增值收益。

(二)构建农村产业融合发展体系的关键,是运用现代理念和现代技术改造提升农业,推动农村各产业融通发展

推进产业融合发展,要重点在延伸产业链、提升价值链、促进技术渗透上用力气,在一二三产业间优化各种生产要素组合配置,实现整个产业链上下游环节的系统协调,打破过去农业管生产、工业管加工、商业管销售的产业形态,让三次产业在融合发展中同步升级、同步增值、同步受益。

(三)构建农村产业融合发展体系的根本途径,是充分发挥市场机制作用和更好发挥政府作用

农村产业融合发展是农民和市场主体的创造,推进农村产业融合发展,应该坚持按市场原则办事,充分发挥市场在资源配置中的决定性作用,顺势而为,充分调动和发挥各类经营主体的积极性、创造性。同时,推进农村产业融合发展,政府要积极作为,给予必要的政策扶持,搭建好公共服务平台,改善基础设施条件,建设和规范要素市场,维护好公平竞争的市场秩序。

(四)构建农村产业融合发展体系的基本底线,是确保国家粮食安全和生态安全,守住乡村独特文脉

推进农村产业融合发展必须守住一些基本底线,不能把农业综合生产能力搞低了,不能把生态环境搞坏了,不能把农村乡愁搞没了。切实制止"非农化"等问题,确保国家粮食安全不出现大的闪失。充分考虑农村的资源环境承载能力,避免污染"上山下乡"。传承农村的地脉和文脉,充分体现农村特点,切实留住乡情乡愁。

四、加快构建农村产业融合体系的具体措施

针对推进农村产业融合发展工作中的"堵点""难点",要坚持问题导

向,创新思路、强化支持、优化环境,把农村产业融合发展不断推向纵深。

(一)发展多类型农村产业融合方式

依托现代农业产业园、农业科技园、农产品加工园、农村产业融合发展示范园等,促进农业内部融合、延伸农业产业链、拓展农业多种功能、发展农业新型业态、产城融合等多模式融合发展。加速新理念新技术向农业农村融合渗透,推动农村新产业新业态健康有序发展。大力建设具有广泛性的促进农村电子商务发展的基础设施,鼓励支持各类市场主体创新发展基于互联网的新型农业产业模式,深入实施电子商务进农村综合示范,加快推进农村流通现代化。加大对农村新产业新业态的支持力度,实施休闲农业和乡村旅游精品工程,建设一批设施完备、功能多样的休闲观光园区、森林人家、康养基地、乡村民宿、特色小镇。发展乡村共享经济、创意农业、特色文化产业。

(二)加快培育农村产业融合主体

发挥农业产业化龙头企业在构建产业融合发展体系中的关键作用,加快培育农商产业联盟、农业产业化联合体等新型产业链主体,打造一批产加销一体的全产业链企业集群。实施农产品加工业提升行动,鼓励企业兼并重组,淘汰落后产能,支持主产区农产品就地加工转化增值。加强农产品产后分级、包装、营销,建设现代化农产品冷链仓储物流体系,重点解决农产品销售中的突出问题。打造农产品销售公共服务平台,健全农产品产销稳定衔接机制,支持家庭农场、合作社等新型经营主体带领小农户发展农产品加工、直销等业务,支持供销、邮政及各类企业把服务网点延伸到乡村。

(三)建立紧密利益联结机制

加快推广"订单收购+分红""土地流转+优先雇用+社会保障""农民入股+保底收益+按股分红"等多种利益联结方式,将企业与农民从简单的产品购销、劳务关系、土地流转,转变为紧密的合作共赢关系,让农户分享加工、销售环节收益。国家相关扶持政策与利益联结机制相挂钩,更好地发挥政府扶持资金的作用,强化龙头企业联农带农激励机制,帮助新型农业经营主体提升竞争力,增强带动农户发展的能力。引导和鼓励农村集体经济组织挖掘集体土地、房屋等资源和资产的潜力,积极参与三产融合发展,将产业融合发展与增加集体收入、壮大集体经济结合起来。

(四)完善农村产业融合服务体系

继续发挥农村产业融合发展部门协同推进机制作用,研究重大问题,协调支持政策,督促贯彻落实。加快完善土地、资金、人才等要素支撑的政策措施,确保各项政策可落地、可操作。统筹存量和增量,以盘活存量、优化城乡用地布局为突破口,落实好新型主体、新兴产业用地政策,加快探索建立农村产业融合发展的用地保障机制。在加大财政投入力度、加强涉农资金统筹整合的同时,创新支持方式,撬动更多金融和社会资金投向农村产业融合发展。坚持鼓励创新、包容审慎的监管原则,对利用闲置农房发展民宿、养老等项目,要出台消防、特种行业经营等领域便利市场准入、加强事中事后监管的管理办法。

(五)强化典型示范带动作用

围绕产业融合模式、主体培育、政策创新和投融资机制,依托"三园三区""百县千乡万村试点示范工程"、国家农村产业融合发展示范园等引领示范平台,深入开展农村产业融合发展试点示范,形成典型和示范引领效应,以点带面推动农村产业融合加快发展。不断总结基层带有普遍意义的经验和做法,形成可复制可推广的经验,把试点示范的"盆景"尽快变成"风景"。加强对试点示范的宣传引导,为推进农村产业融合发展营造良好的舆论环境。

11

构建农业对外开放新格局

党的十九大报告明确提出,中国开放的大门不会关闭,只会越开越大,要推动形成全面开放新格局。中国积极推动农业对外开放,农产品市场开放程度不断提高,农业利用国外市场和资源已达到相当的规模和水平,已全面深度融入世界贸易体系。在世界经济复苏乏力、国际金融市场跌宕起伏、贸易保护主义加剧的背景下,我国农产品贸易发展面临的环境和形势更为复杂,必须统筹建立健全我国农业贸易政策体系,提高农业国际竞争力和应对风险的能力。

一、统筹利用国内外两种资源两个市场

在全球化背景下,农业对外开放程度不断扩大和深化是大势所趋。加入世界贸易组织以来,我国农产品贸易额由 2001 年的 2300 亿元人民币增加到 2017 年的 1.35 万亿元人民币,增长了 5.9 倍,年均增长 11.7%,已经成为全球第一大农产品进口国和第二大农产品贸易国。目前,我国已成为世界最大的农产品进口国,大豆、棕榈油、食糖和棉花等产品,我国都是全球最大的买家。我国大宗农产品对外依存度屡创历史新高,2017 年,大豆进口量达到 9553 万吨,谷物、棉花、食糖、棕榈油的进口分别达到 2560.1 万吨、136.3 万吨、229 万吨、507.9 万吨,水果、畜产品的

进口额分别达到 62.6 亿美元、256.2 亿美元。加入世界贸易组织以来，我国农产品贸易由顺差转为逆差，并趋于常态化，2017 年农产品贸易逆差 503.3 亿美元。

从我国人多、地少、水缺的资源禀赋出发，更加充分地利用国际市场国外资源，是我国农业产业贸易政策的理性选择。近年来全球粮食供需关系保持宽松，产量和库存增长与价格持续下跌相伴而行。在世界农产品供给总体充裕的背景下，各农产品出口国都希望增加对中国的出口。从经济视角看，农业贸易对于在更大范围内配置农业资源、提高资源配置效率、增加农产品有效供给、减缓国内农业资源和环境压力、推动部分农民增收和农业产业结构调整具有重要作用。从社会视角看，我国农业是小规模生计型农业，农业基础竞争力不足，加之农业支持保护和调控手段有限，贸易发展给我国农业带来了越来越大的挑战。因此，必须统筹处理好促进农业贸易发展与保护国内产业和农民利益的关系。

要健全公平竞争的农产品进口市场环境，不断优化农产品进口来源渠道和布局，进一步加大农产品反走私综合治理力度，有效遏制粮食、食糖、猪牛羊肉等事关国计民生的重点农产品走私高发蔓延态势。充分发挥农产品进口的"资源替代"效应，适当增加土地消耗型农产品及其加工制品进口，缓解国内资源压力。与此同时，要构建更加优化的农产品生产和贸易的产业链体系，促进水产、蔬菜、水果等特色优势农产品出口，提升本土农产品附加值和出口效益。要加大对农产品出口支持力度，瞄准出口国农产品市场需求，结合我国农业资源特点，增强优势出口农产品供应能力，巩固农产品出口传统优势，扩大特色和高附加值农产品出口。要鼓励支持优势农产品出口示范基地建设，推进出口基地转型升级，支持农产品出口企业加强保鲜、储藏、加工和物流设施建设。努力优化农产品对外出口环境，加大国内特色优势农产品海外宣传推介力度。鼓励企业积极参加国际认证和注册，推进农产品认证结果互认工作，促进形成一批农产品出口龙头企业和一批拳头出口产品。

二、深化与"一带一路"沿线国家和地区农产品贸易关系

自古以来,农业交流和农产品贸易就是丝绸之路上的主要合作内容。借道古丝绸之路,中国从西方引入了胡麻、石榴、苜蓿、葡萄等作物品种,并把掘井、丝绸、茶叶等生产技术和产品带到中亚,促进了相关国家间农业技术和产品的传播交流,亚欧非的农业文明沿着古丝绸之路交流互通,不断发扬光大。

时至今日,农业发展仍然是"一带一路"沿线国家国民经济发展的重要基础。"一带一路"贯穿亚欧非大陆,一头是活跃的东亚经济圈,农业发展历史悠久,一头是发达的欧洲经济圈,现代农业优势明显,中间广大腹地农业资源丰富,发展潜力巨大。沿线农业大国形成了各具特色的农业体系,对加强与中国的农业合作有强烈需求。推进"一带一路"建设农业合作、深化"一带一路"沿线国家和地区间农产品贸易关系,是相关各国农业发展与合作的共同愿景。其中,大部分国家对解决饥饿和贫困、保障粮食安全与营养的愿望强烈,开展农业合作是沿线国家的共同诉求。

目前,中国正以开放的姿态、合作的诚意,积极与沿线国家和地区开展农业合作和农产品贸易,在"一带一路"上贡献中国智慧。我国拥有杂交水稻、节水灌溉等众多先进的农业技术,在作物栽培、土壤改良、小型农机具、农副产品深加工等方面具有优势,能够帮助沿线国家提高农业发展水平。我国农业劳动力资源丰富,在高附加值的蔬菜、水果生产方面具有优势,很多沿线国家水土资源充足、农业特色明显,但人均耕地面积远低于世界平均水平,粮食产需缺口需要通过国际市场进行弥补。从农业资源禀赋、农业科技、农业装备方面来看,我国与"一带一路"沿线国家在农业发展和贸易方面有很强的互补性,农业合作有很大的空间。近十年来,我国与沿线国家的农产品进出口贸易总额翻了一番,由 2007 年的 1437.8 亿元人民币增长至 2017 年的 3103.2 亿元人民币。2017 年,我国与"一

带一路"沿线 64 个国家农业贸易快速增长。

面向未来,要持续推动"一带一路"农业合作,加强与"一带一路"沿线及周边国家和地区的农业贸易合作,按照重点区域、重点产品和主要国家完善贸易政策,进一步拓展进口的来源渠道,推动共建"一带一路"农产品贸易通道,合作开展运输、仓储等农产品贸易基础设施一体化建设,提升贸易便利化水平,扩大贸易规模,拓展贸易范围。同时,鼓励建设多元稳定的"一带一路"农产品贸易渠道,发展农产品跨境电子商务。加强"一带一路"沿线国家农产品检验检疫合作交流,共建安全、高效、便捷的进出境农产品检验检疫监管措施和农产品质量安全追溯系统,规范市场行为。

三、积极支持农业"走出去"

近年来,我国农业综合生产能力显著增强,全国粮食产量连续 5 年稳定在 12000 亿斤以上。与此同时,中国农业发展面临着新的挑战,如生产成本不断攀升、生态环境压力加大、资源要素趋紧等。随着我国人口增加、生活水平提高以及消费结构升级,人均耕地少、水资源缺乏的资源禀赋,难以支撑经济社会发展对农产品需求的持续增长。在这种形势下,中国主动加强对外农业合作,参与农业国际化和全球农业资源开发,不仅有助于推动全球粮食安全状况的改善,还有利于更好地保障国家粮食安全战略的实施。目前,中国农业海外投资主要集中在附加值不高、技术含量低等劳动密集型行业和传统领域,没有从战略上建立农产品加工、仓储、物流和贸易一体化的全球农产品供应链。未来一个时期,农业"走出去"仍将面临国际投资新规则、海外农业经营风险等不确定性因素。

要更加积极地支持中国农业"走出去",支持中国的农业企业开展跨国经营,培育中国具有国际竞争力的大粮商和农业企业集团。要着眼实现农业资源全球配置,以推动农业"走出去"为契机,加强农业产业链整合,依托贸易、资本和技术优势,形成对全球农业产业链的支配力,巩固提升对国际农产品贸易的掌控力。积极支持有条件的企业开展跨国经营，重点在农产品加工、仓储、物流、贸易等产业链关键环节上加大支持力度。培育若干具有国际竞争力的大粮商和农业企业集团，通过海外投资、并购、资本运作，提升在全球农业价值链中的地位。引导企业借鉴跨国农业公司与当地农民合作的方式，通过提供融资、农资、技术培训等生产性服务，与当地农民建立稳定的合作关系。要注重发挥贸易大国效应，以建设性姿态推动国际农业贸易秩序和全球粮食安全治理朝着更加公平合理的方面发展。努力提升参与全球农业治理的能力，全方位、深度参与全球农业治理体系变革。在粮食安全、农业可持续发展等全球性农业议题上，贡献中国智慧，提出中国新主张、新倡议，践行中国行动，增强中国在全球农业贸易投资规则和标准制定中的话语权。加强中国农业对外开放的正面海外宣传，讲好"中国故事"，正面回应国际质疑与负面舆论，增信释疑，努力塑造良好的国际舆论环境。

12

促进小农户和现代农业发展有机衔接

小农生产指的是小农户在小块土地上从事的个体劳动生产。小农生产有几个核心特征:一是生产经营规模小;二是分散经营,以家庭为主要生产单位;三是生产力水平低,劳动生产率不高。自春秋战国以来的两千多年里,小农生产始终是我国农业生产的主要形式,小农户始终是我国农业生产的主导力量。仅仅在新中国成立后的农业集体化和人民公社时期,采取了以生产队为基本单位的集体统一经营。1978年党的十一届三中全会开启了农村改革序幕,确立了农村土地集体所有、农户家庭经营的家庭联产承包责任制,恢复和重建了小农生产。时至今日,小农生产在我国仍然保持了较强的适应性和生命力,在增加农民收入、保障国家粮食安全、推进工业化城镇化、促进生态文明建设、传承乡村文明、稳定社会秩序等方面发挥着重要作用。

近年来,尽管农村土地流转和农业规模经营不断加速,但超小规模经营仍然是我国农业经营的主要形式,小农生产仍然在我国农业经营方式中占据主体地位。一是小农户数量众多,是当前农业生产的主力军。我国人口规模庞大,乡村人口占比高。据统计,2017年年底,全国总人口达到139008万人,其中乡村人口(常住)为57661万人,占总人口的比重为41.48%。据农业部统计,截至2016年年底,我国经营规模在50亩以下的农户有近2.6亿户,占农户总数的97%左右,户均耕地面积5亩左右。二是小农生产容纳了绝大多数农业生产经营人员就业。虽然2016年年底全国农民工超过了2.8亿人,但由于乡村人口尤其是乡村户籍人口规模庞大,实现充分就业的压力和挑战依然巨大。以家庭为基本单位的小农生产容纳了绝大多数农业生产经营人员就业,是广大农民从事农业生产经营活动的主要方式。据第三次全国农业普查结果显示,2016年全国从事农业生产经营管理活动一个月以上的人员数量为3.14亿人。三是单个小农户生产规模小,但合计实际耕种耕地面积大,在粮食生产中起主导作用。虽然单个小农户实际耕种耕地面积较小,但由于小农户数量庞大,合计实际耕种耕地面积较大,占比高,在种植业生产尤其是粮食等主要大宗农产品生产中处于主导地位,对于保障供给、确保国家粮食安全具有不可替代的重要作用。根据第三次全国农业普查结果显示,2016年耕地规模化耕种面积仅占全部实际耕种耕地面积比重的28.6%。

党的十八大以来,中央制定出台的一系列强农惠农富农政策,既注重发挥适度规模经营引领作用,又注重稳定小农户家庭经营基本面,确保了中国特色农业现代化沿着正确轨道健康发展。在新形势下,我国亿万小农户及其生产方式也正在发生深刻变化,他们与传统的封闭的小农经济形态渐行渐远,正向着合作化、市场化、开放化的方向转变。伴随着经济的快速发展和科技水平的不断提升,小农生产的物质装备、要素投入等与以往相比有大幅度的提高,小农生产的生产力水平明显提升。但是也要看到,要实现小农户和现代农业发展有机衔接,还存在不少问题和困难。主要是:小农户生产经营规模小,劳动生产效率较低;农业基础设施薄弱,小农户抗御自然灾害的能力差;劳动力素质偏低,生产经营较为粗放;小农户与大市场对接难,缺乏市场竞争力;小农组织化程度低,新型经营带动辐射不够;扶持政策过多向规模性经营倾斜,小农户享受水平较低;生产服务体系不够健全,社会化服务程度低。

人多地少的国情农情,决定了小农户长期是农业的基本经营主体。准确把握中国特色农业现代化发展方向,在培育新型农业经营主体、鼓励发展适度规模经营的同时,重视和扶持小农生产,将其引入现代农业发展轨道,对发展农业生产、促进农民增收、维护农村社会稳定都具有十分现实而深远的意义。党的十九大明确提出,"实现小农户和现代农业发展有机衔接",充分彰显了党中央对扶持小农生产的高度重视,2018年中央"一号文件"对此作出了具体部署。当前和今后一个时期,必须要结合社会主义初级阶段的特点和国情,把握发展客观规律,坚持因地制宜、分类指导,宜大则大、宜小则小,不搞"一刀切"、不搞强迫命令,循序渐进地推进对小农户生产的改造和提升,实现小农户和现代农业发展的有机衔接,摸索出一条符合农业发展规律的现代农业发展道路。

一、统筹兼顾培育新型农业经营主体和扶持小农户

培育新型经营主体,发展适度规模经营,推动农业提质增效,是我国农业现代化发展的根本出路。党的十八大以来,中央制定出台的一系列强农惠农富农政策,既注重发挥适度规模经营引领作用,又注重稳定小农户家庭经营基本面,确保了中国特色农业现代化沿着正确轨道健康发展。

超小规模经营是我国农业经营的主要形式,小农户生产在我国农业经营方式中占据主体地位。据统计,截至2016年年底,我国经营规模在50亩以下的农户有近2.6亿户,占农户总数的97%左右,户均耕地面积5亩左右。以家庭为基本单位的小农户生产容纳了绝大多数农业生产经营人员就业,是广大农民从事农业生产经营活动的主要方式。据第三次全国农业普查结果显示,2016年全国从事农业生产经营管理活动一个月以上的人员数量为3.14亿人,71.4%的耕地是由小农户耕种的。在新形势下,亿万小农户的生产模式正向着合作化、市场化、开放化的方向转变,生产方式正在发生深刻变化。伴随着经济的快速发展和科技水平的不断提升,小农户生产的物质装备、要素投入等与以往相比有大幅度的提高,生产力水平明显提升。

提高农业效率效益,不能光盯住扩大经营规模、扶持大的经营主体,还要着力提高普通农户的集约化经营水平,兼顾社会公平。对一些地方

挤小户、垒大户,资金项目过于向大的经营主体倾斜的现象,对在发展适度规模经营认识上的一些偏差,必须引起高度重视。

2018 年中央"一号文件"明确提出要"研究制定扶持小农生产的政策意见",就是要从基础制度和顶层设计的层面,进一步强调坚持家庭经营的基础性地位,释放积极政策信号,统一各地区、各部门的思想认识,加大对小农户生产的扶持和服务,强化对小农户利益的维护和保障,努力将小农户生产逐步引入现代农业发展轨道上来,让小农户成为现代农业发展的参与者、受益者,防止被挤出、受损害。

二、推进农业生产全程社会化服务

社会化服务是引领小农户生产进入现代农业发展轨道的重要桥梁。要通过加强社会化服务,推动小农户生产实现规模效益。围绕农业产前、产中、产后各环节,为小农户提供全方位、多样化的社会化服务,跨越家庭和地块的界限,实现统一农资采购、统一机械作业、统一灾害防控、统一水肥管理、统一产品销售,在不同生产经营环节和层面达到规模经营的效果,让小农户生产在社会化服务基础上实现节本增效、提质增效、营销增效。

各级政府要把"补服务"作为财政支持小农户生产的重要方式,采取财政扶持、税收优惠、信贷支持等措施,着力培育针对普通农户生产需求的社会化服务组织,提供农机作业、统防统治、烘干加工、保鲜储运等生产性服务。支持发展为小农户生产生活提供"一站式"服务的综合服务中心。扩大政府购买农业社会化服务范围,将面向小农户生产的社会化服务项目作为重点内容,纳入购买目录。加快研发和推广应用适用于小农户的农业装备、技术应用,给小农生产插上科技的翅膀。

三、发展多样化的联合与合作

引导农户发展多种形式的联合与合作,能够有效地弥补分散经营的短板,把单家独户的资源要素组合起来,打通小农户应用现代物质装备的通道,实现小生产与大市场的有效对接。一方面要鼓励农民以土地、林权、资金、劳动、技术、产品为纽带,开展多种形式的联合与合作,积极发展生产、供销、信用"三位一体"综合合作,在产前、产中、产后各环节开展多种形式的联合与合作,提高普通农户的组织化程度和小农生产的产业化程度。另一方面也要发挥集体经济组织统的作用,为小农户提供生产经营社会化服务,将小农户凝聚起来,重塑有统有分、统分结合的双层经营体制。

四、注重发挥新型农业经营主体带动作用

新型农业经营主体是连接小农户和大市场的重要纽带。要围绕帮助农民、提高农民、富裕农民,发挥新型农业经营主体对普通农户的辐射带动作用,推进家庭经营、集体经营、合作经营、企业经营共同发展。要引导新型农业经营主体多模式完善利益分享机制,进一步完善订单带动、利润返还、股份合作等新型农业经营主体与农户的利益联结机制。要引导新型农业经营主体提升规模经营水平,允许将财政资金特别是扶贫资金量化到农村集体经济组织和农户后,以自愿入股方式投入新型农业经营主体,让农户共享发展收益。要加大对规范化农民合作社的政策支持力度,提高农民合作社专项支持资金规模,把带动普通农户数量和与普通农户利益联结程度,作为评定规范化农民合作社的主要指标。要研究出台支持合作社联合社发展的政策意见,推动普通农户实现跨产业、跨区域联合。按照"对内不对外、吸股不吸储、分红不分息"的原则,鼓励小农户在合作社内开展信用合作,明确县级政府管理主体责任,完善登记服务政策。

五、扶持小农户拓展增收空间

切实完善扶持小农户生产的政策体系,坚持既有政策力度不削弱,顺应新情况新变化研究制定扶持小农户生产的新举措新办法,为把小农户

生产引入现代农业发展轨道提供有力支持。

要通过现代生产要素注入,推动小农户生产提升集约化经营水平。鼓励小农户采用现代生产要素,发展绿色生态农业,生产精细化、精致化、特色化的农产品,实现小规模经营基础上的高效益。鼓励小农户面向新兴需求、盘活资产资源、拓展经营领域,发展旅游休闲、文化体验、特色手工等新产业新业态,实现家庭生产经营的多业融合、综合发展。要通过土地流转集中,推动小农生产向家庭农场转变。积极引导鼓励小农户扩大土地经营规模,成长为家庭农场,从事农业专业化、商品化、集约化生产经营,实现劳动力、耕地资源的优化配置,提高农业全要素生产率。要通过强化小农户培训力度,培育新型职业农民。加大财政投入,整合培训资源,以小农户为重点开展农业实用技术培训,加快培育一批爱农业、懂技术、善经营的新型职业农民和农村实用人才队伍。

六、改善小农户生产设施条件

加大农业水利、电力等基础设施扶持力度,重点解决小农急需的通田到地的末级灌溉渠道、机耕生产道路、村组道路、生产发展动力的瓶颈问题,提高抵御自然灾害的能力,为小农生产提供良好的基础支撑。加快"田间地头"仓储物流设施建设和农村信息化基础设施建设,为更多的农产品走向市场创造条件。加快改善农民生活条件和村容村貌,把农村产业发展、人居环境整治与社会建设统筹起来考虑,为一二三产业融合发展和小农多渠道增收构建良好环境,提高农村干部群众的精气神,增强农民的归属感。

七、提升小农户抗风险能力

切实完善扶持小农生产的政策体系,坚持既有政策力度不削弱,顺应新情况新变化研究制定扶持小农生产的新举措新办法,为把小农生产引入现代农业发展轨道提供有力支持。要加大对普通农户承包经营权的保护力度,完善经营权流转的程序和监管办法,探索建立承包农户流转自愿的验证机制。对村集体搞土地股份合作、返租倒包、统一流转等,建立县级审核备案制度。要完善扶持普通农户生产的财政政策。稳定现有对普通农户生产的补贴政策和补贴水平,研究探索针对小农生产的收入补贴制度,新增农业补贴要把普通农户作为重点扶持对象。现有耕地地力保护补贴必须坚持直补到户,不能以任何理由改变用途。要强化针对普通农户生产的金融服务。总结扶贫小额信贷的做法经验,探索将无抵押、无担保、财政贴息的小额信贷政策扩大到所有普通农户,鼓励地方设立针对小农户信贷的风险补偿基金。面向小农户和新型经营主体差异化保险需求,探索建立政府全额出资保基本、农户自愿参保保增量的农业保险运行机制,提高农户参加农业保险的覆盖面和受益度。探索建立针对普通农户生产的价格保险、收入保险,财政给予保费补贴。

13

统筹山水林田湖草系统治理

　　2018 年中央"一号文件"提出,要统筹山水林田湖草系统治理,把山水林田湖草作为一个生命共同体,进行统一保护、统一修复。补齐生态短板,增强生态产品供给能力,实现乡村生态宜居,这对加快推进农业农村现代化,意义重大而深远。

一、统筹山水林田湖草系统治理,是补齐
乡村振兴生态短板的必然要求

　　党的十八大以来,以习近平同志为核心的党中央高度重视绿色发展,将生态文明建设纳入"五位一体"总体布局和"四个全面"战略布局,首次把"美丽中国"作为生态文明建设的宏伟目标。绿色发展理念深入人心,加强生态文明建设成为普遍共识。生态文明建设带来了农业农村生产生活方式变革,推动了产业升级,也助推了"绿色革命"。

　　党的十九大报告指出,"统筹山水林田湖草系统治理,实行最严格的生态环境保护制度,形成绿色发展方式和生活方式,坚定走生产发展、生活富裕、生态良好的文明发展道路"。这把生态文明建设与广大群众的民生问题更加紧密地联系在了一起,对乡村生态文明道路提出了具体要求。随着中国特色社会主义进入新时代,乡村生态文明建设面临新形势、

新任务、新要求。

长期以来,为解决农产品总量不足的矛盾,我国拼资源拼环境拼消耗,农业发展方式粗放、资源过度开发利用,农业农村生态系统服务和功能发生退化,一些区位重要的农村地区的生产生活生态受到严重影响。由于没有同时、同步、系统保护好农业农村田、林、土、水等各种自然生态空间,森林质量不高、耕地质量退化、草原生态环境脆弱、渔业物种资源保护形势严峻、沙化土地面积较大、湿地侵占破坏严重等问题突出,生态保护和修复的效果不尽理想。生态环境脆弱,直接影响到农业农村可持续发展和全体人民身体健康,已成为全面建成小康社会的突出短板。实施乡村振兴战略,必须坚持走生态环境保护与经济社会发展共赢的绿色发展之路。统筹山水林田湖草系统治理,既是破解农业农村发展瓶颈的客观需要,又是党中央在深刻研判综合把握"三农"发展新形势,顺应广大人民群众殷切期盼所作出的重大决策。

二、着眼实现百姓富和生态美的统一,把生态文明建设融入乡村振兴全过程

乡村振兴,生态宜居是关键。统筹山水林田湖草系统治理,核心是要在乡村振兴中坚持人与自然和谐共生,把乡村生态文明建设融入乡村振兴的各方面和全过程。

要完善乡村生态文明建设的体制机制和政策体系,严格保护乡村生态环境,为实现乡村全面振兴提供坚实的生态基础。加快建设生态宜居的乡村环境,保留乡土气息、保存乡村风貌、保护乡村生态、治理乡村生态破坏,让乡村有更舒适的居住条件、更优美的生态环境,让广大人民群众过上更加美好的生活。

要用生命共同体的系统思维打破条块分割的生态管理体制,统筹兼顾农业农村各生态要素、自然生态空间的整体性和系统性及其内在规律,统筹考虑山上山下、地上地下以及流域上下游,对其进行整体保护、系统

修复、综合治理,统筹处理好保障国家粮食安全、资源安全和生态安全的关系,更加重视耕地、水、森林、草原、湿地等保护和合理利用,维护平衡协调的城乡生态环境及持续增强的生态服务功能。

要针对制约农业农村发展的突出生态问题,不断创新体制机制,既做到各生态系统协调平衡,又做到粮食安全、生态安全、资源安全综合平衡;既实现有利于人的宜业宜居宜游宜养的生态环境,又实现生态环境自我修复、自我调节、自然循环的生态格局。

三、把山水林田湖草作为一个生命共同体,进行统一保护和修复

统筹山水林田湖草系统治理,要把生态文明建设摆在乡村振兴的突出位置,有序统筹生产生活生态、全面兼顾经济社会生态三大效益,准确把握保护与开发利用的关系,坚持绿色兴农发展理念,按照系统工程思路加强乡村生态保护修复,不断提升乡村自然生态承载力,还自然以宁静、和谐、美丽,满足人民亲近自然、体验自然、享受自然的需要。

一是要尊重自然、顺应自然、保护自然,统一保护、统一修复乡村自然生态系统。习近平总书记强调,山水林田湖是一个生命共同体,人的命脉在田,田的命脉在水,水的命脉在山,山的命脉在土,土的命脉在树。要像对待生命一样对待生态环境,落实节约优先、保护优先、自然恢复为主的方针,从根本上扭转忽视生态和可持续的粗放型发展模式,坚持节约资源和保护环境的基本国策,实行最严格的生态环境保护制度。

二是要确立发展绿色农业就是保护生态的观念,突出降低农业农村资源开发利用强度,做到取之有时、取之有度,坚定不移推动农业农村形成绿色发展方式和生活方式,增强农业农村可持续发展能力。

三是要树立和践行绿水青山就是金山银山的理念,严守生态保护红线,维护乡村生态优势,推动农业高质量发展,加快建设生态宜居的美丽乡村,以绿色发展引领乡村振兴。

四、全方位开展乡村生态保护建设,走新时代 中国特色农业绿色发展道路

一是实施重要生态系统保护和修复工程,划定和保护好生态红线,提升农业农村自然生态系统的质量和稳定性。完成生态保护红线、永久基本农田、城镇开发边界三条控制线划定工作,筑牢生态安全屏障,实现格局优化、系统稳定、功能提升。对影响国家生态安全格局的核心区域,关系中华民族永续发展的重点区域和生态系统受损严重、开展治理修复最迫切的关键区域,如黄土高原、云贵高原、内蒙古高原、祁连山脉、秦巴山脉、河西走廊、京津冀水源涵养区等,着力抓好一批生态治理和生态修复工程。要保护优先、自然恢复为主,通过封禁保护、自然修复办法,让农业农村生态得到休养生息。科学划定江河湖海限捕、禁捕区域,健全水生生态保护修复制度。实行水资源消耗总量和强度双控行动。

二是完善天然林保护制度,扩大退耕还林还草,强化湿地保护和修复。完善和严格执行天然林保护政策,把所有天然林都纳入保护范围。落实好全面停止天然林商业性采伐政策,统筹研究全面保护天然林与二期工程到期后的相关政策措施。扩大退耕还林还草,就是要在25度以上坡耕地、严重沙化耕地、重要水源地等尽快恢复生态功能。支持扩大新一轮退耕还林还草规模,逐步完善补助标准,创新体制机制加强退耕成果巩固。严格落实禁牧休牧和草畜平衡制度,加大退牧还草力度,继续实施草原生态保护补助奖励政策,保护治理草原生态系统。强化湿地保护和恢复,完善湿地保护补助政策和湿地生态效益补偿制度,积极开展退耕还湿生态建设。精心组织实施京津风沙源治理、"三北"及长江防护林建设、防沙治沙、野生动植物保护、国家储备林等林业重点工程,增加森林面积和蓄积量,精准提升森林质量和功能。

三是严格保护耕地,扩大耕地轮作休耕试点,健全耕地草原森林河流湖泊休养生息制度。坚持最严格的耕地保护制度,坚守耕地保护红线,提

升耕地质量。扎实稳妥集中连片地推进耕地轮作休耕制度试点,加快构建有中国特色的耕地轮作休耕制度。加快形成轮作休耕组织方式、工作机制、技术模式、政策体系和监测评价机制,精准指导服务,加强督促检查,不断强化责任落实。在地下水漏斗区、重金属污染区、生态严重退化地区的基础上,进一步拓展轮作休耕试点范围。以防为主、防治结合,因地制宜、突出重点,对休耕地采取保护性措施,禁止弃耕、严禁废耕,不能减少或破坏耕地、不能改变耕地性质、不能削弱农业综合生产能力。健全耕地草原森林河流湖泊休养生息制度,分类有序退出超载的边际产能,全面提升草原、森林、河流、湖泊等自然生态系统的稳定性和服务功能。

四是开展大规模国土绿化行动,推进荒漠化、石漠化、水土流失综合治理。扎实推进荒山荒地造林,宜封则封、宜造则造、宜林则林、宜灌则灌、宜草则草,充分利用乡村工矿废弃地、闲置土地、荒山荒坡、被污染地以及其他不适宜耕作的土地开展造林绿化。充分发挥国有林场在国土绿化中的带头作用,创新产权模式和绿化机制,大力动员全社会资源和要素参与乡村振兴绿化行动。深入开展义务植树活动,大力培育生态保护修复专业化企业,加快森林乡村建设,提升生态宜居水平。推进荒漠化、石漠化治理,推进沙化土地封禁保护区和防沙治沙综合示范区建设。强化水源涵养、水土流失防治和生态清洁小流域建设。

五是推进乡村河湖水系连通,全面推行河长制、湖长制,构建生态廊道和生物多样性保护网络。开展河湖水系连通和农村河塘清淤整治,全面推行河长制、湖长制,构建责任明确、协调有序、监管严格、保护有力的河湖管理保护机制。制定出台保障江河湖泊生态水量的政策举措。出台河湖健康评估指南,推动河湖健康评估工作常态化。加大农业水价综合改革工作力度,实施乡村节水行动,加快完善支持农业节水政策体系,促进水资源可持续利用。实施生物多样性保护重大工程,有效防范外来生物入侵。全面加强乡村原生植被、自然景观、古树名木、小微湿地和野生动物保护,努力保持乡村原始风貌,优化乡村生态廊道,使乡村森林、湿地、水系、河湖、耕地形成稳定完整的生态网络。

14

加强农村突出环境问题综合治理

2018年中央"一号文件"将坚持人与自然和谐共生作为实施乡村振兴战略的基本原则之一,对加强农村突出环境问题综合治理作出具体部署。这是党中央坚持以人民为中心的发展思想,贯彻新发展理念,牢牢把握新时代我国"三农"工作的特征,顺应广大农民群众对美好生活的向往而作出的重大决策部署。

一、深刻认识加强农村突出环境
问题综合治理的重大意义

我国是农业大国,农村人口众多,良好生态环境是农村最大优势和宝贵财富。党的十八大以来,以习近平同志为核心的党中央将农村环境保护作为推进农村生态文明建设的重要内容,不断加大农村环境治理力度,农村环境质量得到改善。但是,我国农业面源污染严重,农村污染量大面广,农村环境形势严峻。只有加强农村突出环境问题综合治理,才能为农民创造优美宜居的生产生活环境和美好家园。

(一)加强农村突出环境问题综合治理是决胜全面建成小康社会的重大任务

"小康全面不全面,生态环境质量是关键。"①全面建成小康社会,生

---

① 中共中央宣传部理论局:《全面小康热点面对面:理论热点面对面·2016》,人民出版社2016年版,第67页。

态环境是突出短板,农村环保更是薄弱环节。当前,我国农村环境得到一定改善,但与全面建成小康社会要求还存在较大差距。必须把农村环境治理作为决胜全面建成小康社会的重大任务,拿出硬办法、硬措施,确保实现全面建成小康社会的目标。

(二)加强农村突出环境问题综合治理是满足人民对美好生活需要的必然要求

"中国要美,农村必须美。"①农村环境保护滞后于经济社会发展,是农村发展不平衡不充分的重要体现。必须顺应广大农民群众过上美好生活的期待,牢固树立和践行绿水青山就是金山银山的理念,把为农民群众创造优美宜居的生产生活环境作为治理农村突出环境问题的根本出发点和落脚点。

(三)加强农村突出环境问题综合治理是推动农业绿色发展的重要抓手

总体上看,我国农业主要依靠资源消耗的粗放经营方式没有根本改变,绿色优质农产品和生态产品供给还不能满足人民群众日益增长的需要。要实行最严格的生态环境保护制度,优化空间布局,转变农业发展方式,推动各地构建人与自然和谐共生的农业发展新格局,促进农业转型升级和绿色发展,形成农村绿色生产方式和生活方式。

二、准确把握加强农村突出环境问题综合治理的内涵要义

2018 年中央"一号文件"提出,乡村振兴,生态宜居是关键。加强农村突出环境问题综合治理是建设美丽宜居乡村的重要内容,是全面建成小康社会的应有之义,是广大农民群众的热切期盼。

---

① 《关于全面深化农村改革加快推进农业现代化的若干意见》,人民出版社 2014 年版,第 27 页。

(一)坚持以人民为中心,切实解决农民群众最关心最直接最现实的突出环境问题

农村环境保护基础弱、欠账多,问题点多面广,必须统筹规划、突出重点。紧扣保障人民群众饮水安全和食品安全,以农村饮用水水源地保护、农业面源污染防治、重金属污染耕地防控和修复、严禁工业和城镇污染向农业农村转移等为重点,抓紧治理关系人民群众切身利益的突出问题,切实改善农村生产生活环境。

(二)贯彻新发展理念,推进农业绿色发展

我国农业发展方式粗放,化肥、农药等农业投入品过量使用,畜禽粪污、农作物秸秆等农业废弃物未得到合理处置。必须坚持新发展理念,以绿色发展引领乡村振兴,实施源头减量、过程控制、末端治理与利用相结合的综合治理,促进农业发展由主要依靠资源消耗向资源节约型、环境友好型转变,走高效、集约、安全、持续的现代农业发展道路。

(三)创新体制机制,推动农村环境监管体系建设

我国农村环境监管体系建设滞后,地方各级政府农村环境监管能力薄弱,必须创新农村环境保护体制机制,不断完善政策措施,加强城乡环境执法统筹,强化基层环境监管执法力量,构建政府为主导、企业为主体、社会组织和公众共同参与的农村环境治理体系,切实提高农村环境监管能力。

三、把加强农村突出环境问题综合治理的重点任务落到实处

(一)加强农业面源污染治理和废弃物资源化利用

农业资源环境是农业生产的物质基础和农产品质量安全的源头保障,直接关系人们"菜篮子""米袋子"的安全。要大力发展节水农业,加快农业高效节水体系建设。继续实施化肥、农药零增长行动,加强农业投入品规范化管理,推广有机肥替代化肥、测土配方施肥,强化病虫害统防

统治和全程绿色防控。推进农业绿色生产,积极发展有机农业、循环农业和生态农业等环境友好型农业,强化资源保护与节约利用。推行标准化规模养殖,规范和引导畜禽养殖场做好畜禽粪污资源化利用。统筹资源环境承载能力、畜产品供给保障能力和养殖废弃物资源化利用能力,种植和养殖相结合,就地就近消纳利用畜禽养殖废弃物。实施秸秆综合利用行动,大力开展秸秆还田和秸秆肥料化、饲料化、基料化、原料化和能源化利用。开展地膜回收行动,完善农膜回收体系。加强畜禽养殖污染防治和秸秆露天焚烧监管执法,严格落实畜禽规模养殖环评制度,依法查处环境违法行为,培育发展农村环境治理市场主体,建立畜禽粪污、秸秆等农村有机废弃物收集、转化、利用的网络体系。

(二)加强农村水环境治理

农村水环境质量与农民生产生活密切相关,直接影响农民身体健康。要以供水人口多的农村饮用水水源地为重点,加快划定水源保护区或保护范围,加大农村集中式饮用水水源保护区内排污口取缔力度。推进农村生态清洁小流域建设,改善农业生产生活条件和生态环境。加大地下水超采区治理力度和范围,控制华北等地下水漏斗区、西北等地表水过度利用区用水总量。继续深入实施"以奖促治"政策,推进农村环境综合整治,重点治理农村生活污水垃圾,确保完成《水污染防治行动计划》确定的到 2020 年新增完成 13 万个建制村环境综合整治的目标任务。

(三)强化农用地土壤污染防治

我国土壤污染状况不容乐观,农用地土壤环境质量堪忧,污染地块和农用地环境风险日益凸显。要全面开展土壤污染状况详查工作,摸清农用地土壤污染状况。加快出台土壤污染防治法,完善相关标准规范。以粮食重金属超标区域重金属污染风险防控为重点,加大涉重金属行业污染排查和整治,推进重金属污染耕地防控和修复。推进土壤污染防治先行区建设和土壤污染治理与修复技术应用试点。将严格管控类耕地纳入退耕还林还草范围,同时在农业产业结构调整时,优先在严格管控类耕地上种植棉花等非食用性农产品经济作物。

（四）实施流域环境和近岸海域综合治理

流域是由山水林田湖草等构成的生命共同体,要以流域为管理单元,统筹上下游、左右岸、陆地水域,进行系统保护、宏观管控、综合治理。推进按流域设置环境监管和行政执法机构试点,调整现行以行政区为主的管理体制,增强流域环境监管和行政执法的独立性、统一性、有效性和权威性。加强近岸海域污染治理,坚持河海兼顾、区域联动,落实《近岸海域污染防治方案》重点任务,推动辽东湾、渤海湾、黄河口、长江口、杭州湾等重点河口海湾综合整治。

（五）严禁工业和城镇污染向农业农村转移

近年来,随着城市环保力度加大,污染向农村转移的问题有所凸显,"垃圾围村""垃圾山"等问题突出。要坚持预防为主,把好环境准入关,结合农业和农村实际,出台相关产业准入的负面清单,防止污染"上山下乡"。推动农村规模以上工业企业进园区,实行污染物集中处理。依法禁止未经处理达标的工业和城镇污染物进入农田、养殖水域等农业区域。加强联防联控,依法严厉打击工业固体废物和危险废物违法跨区转移。全面推行排污许可制度,强化监督执法,落实企业达标排放主体责任。

（六）加强农村环境监管能力建设

我国农村环境监管体系建设滞后,大部分乡镇没有专门的农村环保工作机构和人员,难以有效开展工作。要落实区县和乡镇农村环境保护主体责任,明确工作主体,确保责有人负、事有人干。结合省以下环保机构监测监察执法垂直管理制度改革,加强城乡环境保护统一监管和行政执法,促进村民协管、网格巡查、综合检查、专业执法相结合的农村环保监管体系建设,推动环境监测、执法向农村延伸。

15

建立市场化多元化生态补偿机制

2018年中央"一号文件"提出了建立市场化多元化生态补偿机制的要求,这是生态文明建设助推乡村振兴的重大体制机制创新,是促进区域平衡发展、打赢脱贫攻坚战和维护人与自然和谐共生的重要途径。

一、建立市场化多元化生态补偿机制,
是乡村生态振兴的"破局之举"

党中央、国务院高度重视生态补偿机制建设。2005年,党的十六届五中全会首次提出加快建立生态补偿机制。党的十八大和十八届三中全会都明确提出要建立生态补偿制度。2015年,印发《中共中央国务院关于加快推进生态文明建设的意见》《生态文明体制改革总体方案》,提出要加快形成受益者付费、保护者得到合理补偿的生态保护补偿机制。党的十九大报告指出:"建立市场化、多元化生态补偿机制。"

近年来,我国生态补偿机制建设取得积极进展。重点生态功能区转移支付、森林生态效益补偿、草原生态补助奖励、流域生态补偿等方面形成了比较完整的补偿政策和机制。探索了跨省流域横向生态补偿,开展了排污权有偿使用和碳排放权、水权交易市场建设,建立矿山环境治理恢复保证金制度等。但是,现有补偿渠道和方式单一、缺乏有效机制保障。补偿范围主要集中在森林、草原、矿产资源开发等领域,耕地、流域、湿地、海洋等生态补偿处于起步阶段;地区之间、流域上下游之间缺乏有效的协商平台和机制;资源税、环境税改革以及碳汇交易、排污权交易、水权交易等市场化补偿方式仍处于探索阶段。市场化多元化生态补偿机制发育滞后,在促进生态环境保护方面的作用还没有充分发挥。生态保护供给方保护动力不足、受益方出资意愿不强,政府补偿"四两拨千斤"效应不好,许多乡村守着"富饶的贫困",制约了生态文明建设服务乡村振兴。建立市场化多元化生态补偿机制,是适应当前乡村振兴需要的生态"破局之举",有利于拓宽乡村振兴生态建设与保护资金渠道,有利于积极培育乡村经济新亮点,有利于加快形成促进乡村社会公平和区域均衡发展的制度安排。

二、要把建立市场化多元化生态补偿机制作为补齐乡村振兴生态短板的重要抓手

习近平总书记指出,要把生态保护放在重要位置,中央和地方都要加大投入,落实好生态保护补偿机制。李克强总理指出,要完善生态保护补偿机制,让保护资源环境的地方不吃亏、能受益。建立市场化多元化生态补偿机制,是乡村生态文明制度建设的重要内容,其核心在于树立绿水青山就是金山银山的理念,建立反映市场供求和资源稀缺程度,体现生态价值、代际补偿的生态补偿制度,培育和激发生态保护与建设的内生动力。让生态保护不再是政府的强制性行为和社会公益事业,而成为投资和收益相对称的经济行为,将生态保护成果转化为经济效益,鼓励人们更好地保护生态环境,在乡村振兴过程中努力实现"生态保护、民生改善、区域发展"三统一,为全社会永续提供生态产品。

建立市场化多元化生态补偿机制,必须突出市场化多元化特征,以保护和可持续利用乡村生态系统为目的,以经济手段为主,调节相关者利益关系,发挥市场配置生态资源的决定性作用。市场化多元化的关键是要把"谁受益、谁补偿"原则,从政策上的呼吁转变为推进和加强乡村生态

文明建设实实在在的抓手。通过市场运作,充分体现受益者负担原则,激励政府、企业、个人等多方参与,采取现金补偿、对口支援、碳汇交易、社会捐赠等多种补偿手段,降低乡村生态保护与建设的成本。建立市场化多元化生态补偿机制要突出"输血"与"造血"并举的体制机制创新,通过补偿逐步提升乡村自身发展能力,走出一条"绿色崛起"的乡村振兴道路。

三、正确处理"输血型"和"造血型"补偿方式的关系,不断提升生态保护成效

建立市场化多元化生态补偿机制是一项复杂的系统工程,也是一项长期的制度建设,关键在于落实。要不断完善转移支付制度,逐步扩大补偿范围,合理提高补偿标准,有效调动全社会参与生态环境保护的积极性,促进乡村生态文明建设迈上新台阶。到 2020 年,实现森林、草原、湿地、荒漠、海洋、水流、耕地等重点领域和禁止开发区域、重点生态功能区等重要区域生态保护补偿全覆盖,补偿水平与经济社会发展状况相适应,市场化多元化补偿机制初步建立。

要"谁投资、谁受益""谁受益、谁补偿"。科学界定补偿的主客体,明确保护者与受益者的权利、义务,引导各类受益主体履行生态保护补偿义务,督促受偿者切实履行生态保护责任,切实形成投资者得利益、受益者付费用、保护者得补偿的运行机制。发挥政府对生态环境保护的主导作用,加强制度建设,完善法规政策,创新体制机制,拓宽补偿渠道,通过经济、法律等手段,加大政府购买服务力度,引导社会公众积极参与。处理好"输血型"补偿方式和"造血型"补偿方式的关系,充分应用经济手段和法律手段,将生态保护补偿与实施主体功能区规划、西部大开发战略和集中连片特困地区脱贫攻坚等有机结合,逐步提高重点生态功能区等区域基本公共服务水平,促进其绿色发展转型。将试点先行与逐步推广、分类补偿与综合补偿有机结合,大胆探索,稳步推进不同领域、区域生态补偿机制建设,不断提升生态保护成效。

四、加大改革创新力度,培育和激发
生态保护与建设的内生动力

一是落实农业功能区制度,加大重点生态功能区转移支付力度。大力实施国家主体功能区战略,将农业发展区域细划为优化发展区、适度发展区、保护发展区,明确区域发展重点。加快划定粮食生产功能区、重要农产品生产保护区,认定特色农产品优势区,明确区域生产功能。努力建立反映市场供求与资源稀缺程度的农业生产力布局,建立主要农产品生产布局定期监测和动态调整机制,完善粮食主产区利益补偿机制。多渠道筹措资金,加大生态保护补偿力度。加快完善生态补偿转移支付办法,探索在重点生态功能区建立生态综合补偿制度。中央财政考虑不同区域生态功能因素和支出成本差异,通过提高均衡性转移支付系数等方式,逐步增加对重点生态功能区的转移支付。中央预算内投资对重点生态功能区内的基础设施和基本公共服务设施建设予以倾斜。完善省以下转移支付制度,建立省级生态保护补偿资金投入机制,加大对省级重点生态功能区域的支持力度。完善生态保护成效与资金分配挂钩的激励约束机制,加强对生态保护补偿资金使用的监督管理。

二是健全横向生态保护补偿机制,探索建立生态产品购买等市场化补偿制度。积极推行以地方补偿为主、中央财政给予支持的横向生态补偿机制。鼓励受益地区与保护生态地区、流域下游与上游通过资金补偿、对口协作、产业转移、人才培训、共建园区等方式建立横向补偿关系。推动建立以地方为主的流域横向生态补偿制度,落实中央对跨省流域生态补偿的引导支持政策。积极协调在碳排放权交易、排污权交易、森林碳汇交易、水权交易、生态产品服务标志等方面建立市场化补偿方式。鼓励推广林业碳汇交易创新生态补偿路径促进产业发展和生态建设的新模式。加快建立生态保护补偿标准体系,根据各领域、不同类型地区特点,以生态产品产出能力为基础,完善测算方法,分别制定补偿标准。探索通过产

业合作、技术援助、人才培训、转移就业等方式实现生态补偿的有效途径。

三是完善森林草原生态保护补偿制度,创新商品林赎买机制。积极建立生态保护与建设长效机制,探索"生态美、百姓富"双赢道路,鼓励地方在重点生态区位推行商品林赎买制度,依靠政府扶持、社会募捐、银行贷款等方式筹措赎买改革资金,将重点生态区位内禁止采伐的商品林通过赎买、租赁、置换、改造提升、合作经营等方式盘活生态资源。坚持政府主导、自愿公开、权属优先、生态优先的原则,集中统一管护,逐步优化和改善生态资源布局和结构,提升生态功能,形成产权清晰、多元参与、激励约束并重、系统完整的生态保护制度体系。赎买过程中林木赎买标准要公开透明,大力发展生态经济,吸引更多社会资金,减少财政负担。要建立专业资金运营机构,积极聘用当地群众为护林员。

四是建立长江流域重点水域禁捕补偿制度,推行生态建设和保护以工代赈的做法,提供更多生态公益岗位。推动在长江流域由重点地区到全面禁捕、水生保护区全面禁捕,实施资源总量管理制度。按照"地方为主,中央适当奖补"的原则,中央财政对长江流域重点水域禁捕工作给予适当支持。补助资金根据相关因素测算,对各地捕捞权收回和专用生产设备报废给予一次性补助,社会保障、就业培训等方面费用由各地结合现有政策项目渠道解决,确保政策配套衔接。中央财政在禁捕期间安排一定的绩效奖励资金,统筹用于退捕渔民社会保障、就业培训以及执法管理等方面。通过实施重大生态工程建设、加大生态补偿力度、大力发展生态产业等,使农民群众尤其是贫困人口从生态保护与修复中得到更多实惠。鼓励在乡村林业、水利、草场和农田等生态建设和保护中,紧密围绕农民最关心、最迫切的利益诉求,提高以工代赈的针对性和有效性,通过增加公益岗位的方式,充分调动农民特别是贫困群众的主动性和积极性。

16

增加农业生态产品和服务供给

2018 年中央"一号文件"指出,增加农业生态产品和服务供给。这是党中央着眼于我国农业农村发展阶段性特征作出的重大判断,着眼于应对社会主要矛盾变化的重大举措,着眼于人民对美好生活的向往而作出的重大部署。

一、增加农业生态产品和服务供给,是顺应经济高质量发展和社会主要矛盾转化的必然要求

农业生态产品和服务主要指维系生态安全、保障生态调节功能、提供良好人居环境的自然要素,包括清新空气、清洁水源、宜人气候、优美生态环境等,需要通过特定的生态空间,如森林、草原、湿地、湖泊、海洋等来提供。近年来,随着物质产品、精神产品、文化产品的日益丰富,农业生态产品和服务变得越来越稀缺,成为新时代经济社会发展亟须补齐的短板。党的十八大提出,大力推进生态文明建设,增强生态产品生产能力。党的十八届五中全会要求坚持绿色富国、绿色惠民,为人民提供更多优质生态产品。党的十九大明确指出,既要创造更多物质财富和精神财富以满足人民日益增长的美好生活需要,也要提供更多优质生态产品以满足人民日益增长的优美生态环境需要。

随着生活水平的不断提高,人民期待天更蓝、地更绿、水更清,提供更多优质生态产品和服务已成为社会主义现代化建设的重要任务。13亿多人对优质生态产品和服务有着巨大需求,良好的生态环境是乡村最大的优势和宝贵财富。增加农业生态产品和服务供给,推动农业农村供给向优质生态转变,不仅是增强广大人民群众幸福感的重大举措,更是增进民生福祉的科学抉择。

二、增加农业生态产品和服务供给，
是乡村生态振兴的支撑点

农业农村的现代化是人与自然和谐共生的现代化,保护好农村的宁静、和谐、美丽,是建设美丽中国的应有之义。"生态宜居"表达了绿水青山就是金山银山的理念,提出了农村形成绿色发展方式和生活方式的要求,也体现了城乡空间格局的不同和功能的差异。习近平总书记强调,要推动乡村生态振兴,让良好生态成为乡村振兴支撑点。

要保护和扩大乡村森林、草原、河流、湖泊、湿地等生态空间,增加清新空气、清洁水源、美丽风景、肥沃土地、生物多样性,真正把乡村建设成一个望得见山、看得见水、记得住乡愁的地方,建设成生态文明大系统中的坚强屏障。加快发展绿色农业,提供多样化、特色化、绿色化的生态产品和服务。促进农业投入减量化,加大农业面源污染治理,保护农村生态环境。提供良好的生态环境需要社会的广泛参与,政府、企业、公众等不同利益主体都应担起责任。要完善市场化机制和保障政策体系,引导资本、人才、科技等现代要素支撑农业生态产品和服务的提供。推动科技创新面向乡村生态建设,鼓励科研机构、企业以及资本市场力量加快促进农业生态产品和服务市场化。围绕农业生态产品和服务价值的科学评估核算、交易市场培育、资本化运作模式创新颖、政策制度体系构建等方面进行探索,积极寻求多元化的价值实现形式。

三、突出绿色优质导向,让生态经济真正成为 农业供给侧结构性改革的强大动力

我国经济已由高速增长阶段转向高质量发展阶段,农业农村经济也朝着这个方向转变。推动供给侧结构性改革,加快推进高质量发展,农业农村发展必须更加突出生态品质、主打生态品牌。

生态就是生产力,保护自然就是保护和发展生产力。要以绿色发展为引领,着力构建科技含量高、资源消耗低、环境污染少的现代农业产业结构,推进农村绿色产业革命,加快形成农业农村发展新动能。

四、培育绿色发展新引擎,走出 一条美丽经济的新路子

在牢牢守住生态底线的前提下,正确处理开发与保护的关系,运用现代科技和管理手段,优化农业农村生态空间布局和配置,科学合理开发利用各类生态资源,可以将乡村生态优势转化为发展生态经济的优势,促进生态和经济良性循环。因地制宜发展生态产业、绿色产业、循环经济,不仅利于提升农业生态产品和服务供给能力,而且推动乡村自然资本加快增值,让老百姓种下的"常青树"真正变成"摇钱树",让更多的老百姓吃上"生态饭",走出一条"生态美、百姓富"有机统一的绿色高质量发展新路。

要立足生态优势,做好特色文章,探索乡村生态经济发展新路径、新模式,努力促进从"木头经济"向"海洋经济""观赏经济""冰雪经济""林下经济""果子经济"等转变。大力倡导增进环保、崇尚绿色、促进人与自然和谐共生的绿色产业发展方式,加快形成以自然保护区、风景名胜区、森林公园、地质公园及湿地公园、沙漠公园、水利风景区等为主要载体的乡村旅游目的地体系。加大自然保护地、生态体验地的公共服务设施建

设力度,适度建设创意新颖、功能完善、设施齐全的乡村度假养老养生中心。丰富和完善生态博物馆、科技馆、标本馆和植物园、野生动物园等生态教育平台,提供丰富多样的生态教育产品与服务。创建一批特色生态旅游示范村镇和精品线路,打造绿色生态环保的乡村生态旅游产业链。精心设计打造以森林、草原、梯田、湿地、沙漠、野生动植物栖息地、花卉苗木为景观依托的生态体验精品线路,集中建设一批公共营地、生态驿站,推出一批具备游憩、疗养、教育等功能的体验基地和森林小镇,建设一批绿色生态村庄,营造生态优美、景观多样、绿色宜人的生态空间。加大生态资源富集区基础设施和生态旅游设施建设力度,加快发展生态标识系统、绿道网络、环卫、安全等辅助设施。以转型升级、提质增效为主线,促进乡村生态旅游与农业、林业、文化等融合发展,延伸生态旅游产业链,形成旅游综合服务体系。加强乡村生态基础设施建设,修复农业林业水利文化生态景观,提升"养眼、洗肺、静心"的生态价值、休闲价值和文化价值。推行生态旅游景点"轮休"等休养生息制度,加快形成用生态产品和服务收益反哺乡村生态环境保护和脱贫攻坚的长效机制。

17

加强农村思想道德建设

现代化农村必然是一个高度文明的农村,随着物质生活水平不断提高,农民群众的精神面貌和农村社会风尚已经发生了可喜变化。但要看到,随着社会开放水平的提高,个人主义、利己主义、功利主义、自由主义等带来的冲击也不容忽视。乡村振兴,既要塑形,也要塑魂。加强农村思想道德建设,是实施乡村振兴战略的重要内容。

一、加强农村思想道德建设是实施
乡村振兴战略的重要任务

(一)加强农村思想道德建设,有利于社会主义核心价值观的培育实践

习近平总书记强调,社会主义核心价值观是一个国家的重要稳定器,能否构建具有强大感召力的核心价值观,关系社会和谐稳定,关系国家长治久安。核心价值观,其实就是一种德,既是个人的德,也是一种大德,就是国家的德、社会的德。因此,在核心价值观中,道德价值具有十分重要的作用;培育弘扬社会主义核心价值观,加强思想道德建设是主要途径。我国农村地域辽阔、人口众多,将广大农民群众组织好,开展思想道德教育、吸引他们广泛参与,对于在全社会营造有利于培育践行社会主义核心价值观的氛围,切实把社会主义核心价值观贯穿于社会生活方方面面具

有决定性作用。

（二）加强农村思想道德建设，有利于农村社会文明程度的不断提升

习近平总书记指出，人民有信仰，国家有力量，民族有希望。要提高人民思想觉悟、道德水平、文明素养，提高全社会文明程度。党的十九大报告在论述新的"三步走"战略时，明确提出到 2035 年基本实现社会主义现代化时，社会文明程度达到新的高度的目标任务。2018 年中央"一号文件"也相应地提出了到 2035 年"乡风文明达到新高度"的乡村振兴目标。国无德不兴，人无德不立。一个民族、一个人能不能把握自己，很大程度上取决于道德价值。必须以思想道德建设为基础，发挥好道德的教化作用，提高农民群众思想道德水平，树立农村地区良好道德风尚，提升农村社会文明程度，为乡村振兴提供精神动力和道德滋养。

（三）加强农村思想道德建设，是解决当前乡风文明乱象的现实需要

当前，在全面建设小康社会进程中，我国农村经济建设蓬勃发展、社会转型日益加快，但乡风文明建设相对滞后，出现了一系列不良现象。比如，农民集体意识弱，"事不关己，高高挂起"的心态普遍存在，乡村秩序的基础受到冲击。比如，优秀道德规范、公序良俗失效，不孝父母、不管子女、不守婚则、不睦邻里等现象增多，红白喜事盲目攀比、大操大办等陈规陋习盛行。要解决这些乱象，必须要加强农村思想道德建设，继承和发扬中华优秀传统美德，弘扬时代新风，教育引导农民群众向往和追求讲道德、尊道德、守道德的生活。

二、加强农村思想道德建设的主要任务

（一）培育弘扬社会主义核心价值观

采取符合农村特点的形式，通过教育引导、实践养成、制度保障等多种方式，推动社会主义核心价值观深入农民心中、融入农民生活。一是将其作为农村思想道德建设的一项根本任务抓紧抓好。社会主义核心价值观，只有被普遍理解和接受，才能为农民群众自觉遵行。要把培育弘扬社会主义核心价值观作为保障乡村振兴战略顺利实施的凝魂聚气、固本强基的基础工程，坚持教育引导、舆论宣传、文化熏陶、实践养成、制度保障等多管齐下，使社会主义核心价值观内化为农民群众的精神追求，外化为农民群众的自觉行动。二是要立足农村优秀传统文化。我国数千年的农业文明传承，形成了崇尚和平、勤劳节俭、敦厚朴实、自强不息、尊老爱幼、邻里互助等传统美德，潜移默化地影响着农民群众的道德伦理和行为方式，直到如今，大多数农民群众心灵深处对其仍然具有较高的认同感。要坚持马克思主义道德观、坚持社会主义道德观，在去粗取精、去伪存真的基础上，坚持古为今用、推陈出新，深入挖掘农村优秀传统文化和传统美德，使其成为在农村地区培育弘扬社会主义核心价值观的道德滋养。要引导农民群众树立正确的义利观，加强诚信教育，化解市场经济的消极影响。三是要符合农村特点。要根据乡村熟人社会的特点，发挥好乡规民约、礼仪习俗的重要作用，使其成为农民群众的日常行为准则。要根据当前农村老人多、妇女多、孩子多、教育水平较低的群众多等特点，探索他们能够接受、愿意接受的社会主义核心价值观宣讲方式，吸引农民群众参与。

（二）加强农村思想道德阵地建设

发挥好农村基层党团组织、公共文化机构、各类学校和培训机构、爱国主义教育基地等思想文化建设阵地主渠道作用，开展群众喜闻乐见的宣传教育活动。一是发挥好农村地区宣传文化机构和设施的主阵地作用。完善乡村两级公共文化服务网络建设，确保实现乡乡都有综合文化站、村村都有文化活动中心。整合基层宣传文化、党员教育、科学普及、体育健身等宣传文化资源，形成工作合力。利用各类民工学校、农民夜校、家政学校等途径，大力开展农民思想道德教育，宣传基本道德知识、道德规范和必要礼仪。积极开发优秀民族道德教育资源，利用各种爱国主义教育基地，进行历史和革命传统教育。二是充分发挥农村基层组织和基层党员干部的引领作用。农村基层组织和基层党员干部在思想道德建设方面有着义不容辞的责任。农村基层党员干部作为农村社会生活的组织者和管理者,必须加强自身的道德修养,提升自己的道德境界,为广大农民群众作出榜样。要将思想道德教育纳入目标管理和重要议事日程,发挥好农村基层组织领导干部和广大党员干部的带头作用,大力宣传农村优秀传统美德、社会主义道德,及时有效地引导广大农民参与各类精神文明创建活动。三是将家庭教育、学校教育与社会教育有机结合起来。家庭是社会的基本细胞,是人生的第一所学校。要特别重视家庭建设,注重家教、注重家风,发扬光大中华民族传统家庭美德,让家庭成为思想道德建设的重要基点。学校是进行系统道德教育的重要阵地,要把教书与育人结合起来,科学规划不同年龄学生及各学习阶段的道德教育内容,发挥教师为人师表的作用,把道德教育渗透到学校教育各个环节。要把家庭教育与学校教育、社会教育结合起来,相互配合、相互促进,推动农民群众思想道德建设不断深化。

(三)实施公民道德建设工程

改进和创新思想道德建设的内容、形式、方法、手段、机制等,把公民道德建设提高到一个新的水平。一是要把握好公民思想道德建设的主要内容。从我国历史和现实的国情出发,社会主义道德建设要坚持以为人民服务为核心,以集体主义为原则,以爱祖国、爱人民、爱科学、爱社会主义为基本要求,以社会公德、职业道德、家庭美德为着力点。这是对公民道德建设提出的要求,也是农村思想道德建设应当把握的主要内容。二是要运用好开展公民思想道德建设的各种方式。要加强思想道德教育,综合利用家庭、学校、社会等阵地,在公民中进行道德教育,使人们懂得什么是对的、什么是错的,什么是可以做的、什么是不应该做的,什么是必须提倡的、什么是坚决反对的。要深入开展群众性公民道德实践活动,突出思想内涵、强化道德要求,使人们在自觉参与中思想感情得到熏陶,精神生活得到充实,道德境界得到升华。三是要积极营造有利于公民道德建设的良好氛围。要切实加强对公民道德建设的领导,将其作为十分重要的工作,放在突出位置、提供有利条件。努力为公民道德建设提供法律支持和政策保障,将教育与法律法规政策结合起来,把提倡与反对、引导与约束结合起来。积极营造良好社会氛围,一切思想文化阵地、精神文化产品,都要宣传科学理论、传播先进文化、塑造美好心灵、弘扬社会正气、倡导科学精神,激励人们积极向上,追求真善美,坚决批评各种不道德行为和错误观念,帮助人们辨别是非、抵制假恶丑。

18

传承发展提升农村优秀传统文化

乡村是"根",文化是"魂",农村文化是农村全面发展的有机组成部分,传承发展提升农村优秀传统文化是实施乡村振兴战略的重要任务。习近平总书记指出:"乡村文明是中华民族文明史的主体,村庄是这种文明的载体,耕读文明是我们的软实力。"①传承发展提升农村优秀传统文化,不仅可以丰富农民群众的文化生活、为农村发展提供精神支撑和智力支持,而且对建设好全国人民共同的精神家园具有不可替代的作用。

一、农村优秀传统文化是中华民族的宝贵财富

中华民族五千年连绵不断的文明历史,大多数时期是农耕文明,我们的祖先正是以此为背景,创造了博大精深的中华文明,形成了以讲仁爱、重民本、守诚信、崇正义、尚和合、求大同等价值观念为内核的民族精神。形成这些价值观念的活化石、原生态都在乡村,传承这些价值观念的许多载体也在乡村,乡村的村庄布局、建筑形态,乡村的农事活动、民间艺术,乡村的家庭生活、民俗活动,随处可见中华民族的哲学思考、思想智慧、精神追求、人生态度。这些民族优秀文化,不但没有过时,而且对于解决当

---

① 中共中央文献研究院:《十八大以来重要文献选编(上)》,中央文献出版社 2014年版,第 605 页。

今人类面临的发展难题、社会问题、精神困惑,有着不可替代的重要作用。

在城镇化快速发展的今天,有必要重新审视乡村的功能和价值。乡村不仅具有生产、生活、生态价值,而且具有持久的历史、文化、生命价值。乡村和城镇相互依赖、相互促进、相互支撑,是一个不可分割的有机整体,城市文明和乡村文明是并行的,可以相互影响借鉴,但不是以城市文明替代乡村文明,乡村不能成为城市的附庸。那些认为乡村文明是落后文明、应以城市文化取代乡村文化的观点是肤浅的、短视的,甚至是有害的,对此我们必须要有清醒认识,增强文化自信和文化自觉。

二、农村优秀传统文化对乡村振兴意义重大

乡村振兴离不开农村优秀传统文化的滋养,离不开农村优秀传统文化的繁荣。从精神动力看,农村优秀传统文化是乡村的"魂",几千年农耕生活形成的民风民俗、伦理道德、乡规民约等,是确保农村生生不息、有序发展的重要思想文化基础,正因为有了这个"魂",乡村才散不了,农民才有干劲,振兴才有盼头。从文化生活看,尽管这些年现代文化生活进入乡村,但村民们最喜欢的还是地方戏曲、民间社火、传统艺术等乡土气息浓郁的传统文化艺术,保护好、传承好这些老祖宗留下来的东西,对于丰富农民群众的文化生活具有不可替代的重要作用。从产业发展看,农村优秀传统文化也是农村发展地方特色优势产业的重要基础。近年来,一些地方利用古镇、古村落发展壮大了乡村旅游和休闲农业,一些地方通过挖掘民间手工艺,带动起一个村、一个镇乃至一个县的特色产业发展。

应该肯定,这些年来农村文化建设取得了很大的进展和成绩,对于促进农村改革发展稳定功不可没。但同时也必须清醒地看到,农村优秀传统文化被忽视、被破坏、被取代的现象也相当严重,一些地方乡村文化正在逐步消失。在物质文化方面,许多地方村庄形态、传统建筑、田园风光、传统工艺不复存在,乡村文化没有了载体。据中国新闻网报道,近15年来,我国传统村落锐减近92万个,并正以每天1.6个的速度持续递减。

在精神文化方面,乡贤文化、家庭伦理、传统艺术、乡风民俗日渐式微,一些主要流传于乡村的传统民俗、传统戏曲、手工艺等濒临失传。据统计,1959年我国尚有368个剧种,到2015年只剩下286个,平均每两年就有3个剧种消失;另有74个剧种只剩一个职业剧团或戏班,处于消失边缘。近年来通过实施戏曲振兴工程,情况有所改变,但形势仍然不容乐观。在制度文化方面,法治观念淡漠、村规民约的约束力不强、村民自治能力较弱的现象较为普遍地存在。在实施乡村振兴战略的进程中,必须着力解决这些问题。

三、准确把握传承发展提升农村优秀传统文化的政策内涵

2018年中央"一号文件"提出:立足乡村文明,吸取城市文明及外来文化优秀成果,在保护传承的基础上,创造性转化、创新性发展,不断赋予时代内涵、丰富表现形式。切实保护好优秀农耕文化遗产,推动优秀农耕文化遗产合理适度利用。深入挖掘农耕文化蕴含的优秀思想观念、人文精神、道德规范,充分发挥其在凝聚人心、教化群众、淳化民风中的重要作用。划定乡村建设的历史文化保护线,保护好文物古迹、传统村落、民族村寨、传统建筑、农业遗迹、灌溉工程遗产。支持农村地区优秀戏曲曲艺、少数民族文化、民间文化等传承发展。

这项政策的核心要义可以从两个层面理解:第一个层面是保护传承好农村优秀文化,划定乡村建设的历史文化保护线,保护好乡村文物古迹,传承好优秀民族民间文化,重塑良好的乡村文化生态。第二个层面是要在保护传承的基础上,推动乡村文明适应时代、取得新的发展,同时要挖掘农耕文化中的优秀元素,发挥其在乡风文明建设中的积极作用。在具体实践中,可以从以下几个方面把握。

(一)加大农村地区文化遗产保护力度

一是加强农村地区文物资源保护。广大农村地区拥有丰富的文物资

源,许多文物资源埋藏于乡野、坐落于乡村、流传于民间,要加大农村地区考古发掘、文物资源普查和保护力度,留住中华优秀传统文化的重要载体。加强革命文物保护利用,推进革命文物集中连片保护。推进对农业遗迹、灌溉工程遗产等的保护,不断完善保护理念、保护路径。实施引入生态博物馆理念,注重保护原有风貌,做到农村文化遗产与生产生活、自然环境相得益彰。二是加强传统村落、民族村寨、传统建筑保护。实施古村落古民居保护工程、近现代代表性建筑保护展示提升工程,推进全国重点文物保护单位、省级文物保护单位集中成片传统村落整体保护利用项目,提升对传统村落内不可移动文物的保护利用水平。引导村民按照相关部门指导,在合理适当改善文物保护和传统村落保护条件的基础上,从事生产生活和文化传承。鼓励社会力量参与传统村落保护,推广政府和社会资本合作模式,助力农村优秀传统文化传承发展。三是加强农村非物质文化遗产保护传承。推动国家级文化生态保护区建设向农村地区倾斜。加强作为非遗传承发展重要载体和空间的传统村落、老街、小镇的保护。推进农村地区传统文化艺术发展,加强"中国民间文化艺术之乡"评审命名和建设管理,深入发掘和盘活各地具有鲜明地域特色的各类优秀民间文化资源,在农村地区传承弘扬中华优秀传统文化。

(二)加大农村优秀传统文化的阐释宣传力度

一是加强农村文化遗产展示宣传。支持乡村综合利用乡镇文化站、村文化活动室等平台举办各类具有地方特色的历史文化遗产展览、反映农村生产生活变化的实物展览,传承乡村文脉、留住乡村记忆。支持地方戏曲、民间文化、少数民族文化等传承发展,支持乡村举办传统表演艺术类非遗项目展演活动和积极向上的民俗活动,营造浓厚的传统文化氛围。二是加强农村优秀传统文化研究阐释。中华文明根植于农耕文明,中国特色的农事节气,大道自然、天人合一的生态伦理,各具特色的宅院村落,充满乡土气息的节庆活动,丰富多彩的民间艺术,耕读传家的祖传家训,邻里守望的乡风民俗,等等,都是中华文化的鲜明标签,承载着华夏文明生生不息的基因密码、彰显着中华民族的思想智慧和精神追求。要加强研究阐发,取其精华、弃其糟粕,坚持不忘本来、吸收外来、面向未来,深入挖掘农村文化遗产资源中蕴含的优秀思想观念、人文精神、道德规范,结合时代要求继承创新,让农村优秀传统文化展现出永久魅力和时代风采,充分发挥凝聚人心、教化群众、淳化民风等方面的积极作用。

(三)推动农村地区文化遗产合理适度利用

一是推动农村文化遗产资源"活起来"。构建融合新型城镇化发展的历史文化名城名镇名村保护体系,推动文物保护与文化旅游、遗产保护与产业发展、环境整治与民生改善相结合。二是积极发展农村特色文化产业。支持农村地区规划实施一批特色文化产业重点项目,发展手工艺、休闲娱乐、文化创意、乡村旅游等特色文化产业,打造特色文化产业群、田园综合体和特色小镇,促进农民就业增收、农村经济发展。推进文化产业与农业深度融合发展,不断拓展产品附加值,延伸产业链条,提升文化内涵。推进藏羌彝文化产业走廊建设,支持在边境农村建设具有富民效应和示范效应的文化产业聚集区。三是促进传统工艺振兴。加大"中国非物质文化遗产传承人群研修研习培训计划"对农村地区非遗传承人群的覆盖面,在具备条件的农村地区设立非遗综合性传习中心、传习所和传习点,加强非遗传承发展的重要载体保护和空间保护。在制定国家传统工艺振兴目录中,重点将有助于农村地区带动就业增收的传统工艺项目纳入目录,加大扶持力度。支持传统工艺工作站加大对农村地区扶持力度,支持有较强设计能力的企业、高校和机构在农村地区设立传统工艺工作站,帮助当地企业和传承人群发展富有民族和地域特色的传统工艺产品和品牌。拓展传统工艺产品推介渠道,鼓励农村地区非遗项目参加非遗展览展示活动,推动传承人与各行业人员交流对接,促进合作共赢。

19

加强农村公共文化建设

2018 年中央"一号文件"明确提出,繁荣兴盛农村文化,焕发乡风文明新气象。实现乡村文化振兴,必须加强农村公共文化建设。

一、加强农村公共文化建设的重大意义

(一)加强农村公共文化建设,有助于满足农民群众的美好生活需要

党的十九大报告提出,中国特色社会主义进入新时代,我国社会主要矛盾已经转化为人民日益增长的美好生活需要和不平衡不充分的发展之间的矛盾。在解决温饱问题之后,农民群众的美好生活需要日益广泛,不仅对物质生活提出了更高要求,也对精神文化生活提出了更高要求。但从目前情况看,农村基本公共文化服务水平仍然不高、文化市场不够繁荣,农民群众的精神文化生活还不能得到较好满足。只有加强农村公共文化建设,为农民群众提供基本公共文化服务,并在此基础上提供更好、更多可供选择的精神文化产品和服务,才能有效满足农民群众精神文化需求,增强他们的幸福感、获得感。

(二)加强农村公共文化建设,有助于推进基本公共文化服务均等化

党的十九大报告提出,必须始终把人民利益摆在至高无上的地位,让

改革发展成果更多更公平惠及全体人民。党的十八大以来,一大批增进民生福祉的惠民举措落地实施,基本公共服务均等化水平显著提升,人民生活明显改善。但也要看到,民生领域还存在着不少短板,特别是城乡发展和收入分配差距仍然较大,农村公共服务水平仍然不高。具体到文化领域,目前我国覆盖城乡的六级公共文化服务网络基本建成,国家、省、市、县(区)、乡镇(街道)和城市社区基本实现了公共文化设施全覆盖,但仍有约三分之一的村尚未建立文化活动室,这也是目前公共文化服务体系建设的突出短板。加强农村公共文化建设,完善服务网络、丰富服务内容,将对推进基本公共文化服务均等化、推动城乡公共文化服务融合发展、更好保障农民群众基本文化权益发挥重要作用。

二、农村公共文化建设的主要任务

按照有标准、有网络、有内容、有人才的要求,健全乡村公共文化服务体系。2018年中央"一号文件"从四个方面对农村公共文化建设的重点任务作出了具体部署。第一个层面是完善农村公共文化服务网络,着力补短板、填空缺,努力实现乡村两级公共文化服务全覆盖,充分保障农民群众的基本文化权益。第二个层面是增加农村公共文化产品和服务供给,实施文化惠民项目,开展群众性文化活动,推出更多农民群众喜闻乐见的文化产品和服务。第三个层面是培养一支懂文化、爱农村的文化人才队伍,积极投身农村公共文化建设。第四个层面是繁荣和规范农村文化市场,促进优质文化产品在农村地区有序流通,满足农民群众多样化精神文化需求。

(一)完善农村地区公共文化服务网络

一是贯彻落实《公共文化服务保障法》。各级党委政府特别是基层党委政府要切实履行好法律赋予的职能职责,强化政府对农村文化建设的保障作用,更好保障农村群众基本文化权益。二是推动实现乡村两级公共文化服务网络全覆盖。推进基层综合性文化服务中心建设,落实国务院办公厅《关于推进基层综合性文化服务中心建设的指导意见》,到2020年,全国范围的乡镇(街道)和村(社区)普遍建成集宣传文化、党员教育、科学普及、普法教育、体育健身等功能于一体的基层综合性公共文化设施和场所,使之成为我国文化建设的重要阵地和提供公共服务的综合平台。三是推进农村地区公共文化服务标准化。推动《国家基本公共文化服务指导标准(2015—2020年)》和各省(自治区、直辖市)实施标准在农村地区贯彻落实,确保各项要求落实到位、广大农民群众能够享受到更好更多的文化服务。四是推进城乡文化资源的统筹整合。发挥县级公共文化机构的辐射和带动作用,建立上下联通、服务优质、有效覆盖的县级文化馆图书馆总分馆制,推动公共文化资源和服务向乡镇、村庄推送和延伸,实现县域公共文化资源共建共享。

(二)不断加大农村地区文化惠民力度

一是实施系列文化精准扶贫项目。推动《"十三五"时期贫困地区公共文化服务体系建设规划纲要》贯彻落实,继续实施"贫困地区百县万村综合文化服务中心示范工程""贫困地区民族自治县、边境县村综合文化服务中心覆盖工程""流动文化车工程""送戏下乡"等工程项目,在政策、资金和项目等方面进一步向农村贫困地区倾斜。二是推动数字文化惠民工程惠及农村。继续实施全国文化信息资源共享工程、国家数字图书馆推广计划,推动"资源下沉,服务下移",使农民群众能便捷获取优质数字资源。推进"中西部贫困地区公共数字文化服务提挡升级"项目,开展网络技能培训、创业帮扶、电商对接等惠民服务。推进"边疆万里数字文化长廊"建设,构建环绕我国边疆地区的功能全、覆盖广、效能高的公共数字文化服务网络。三是对农村特殊群体进行精准帮扶。开展农村文化志愿服务,健全文化志愿服务组织,实施系列志愿服务项目。以农村特殊群体为重点,面向农村地区实施一批文化帮扶项目,为农村留守妇女儿童、老年人和返乡农民工提供适宜的文化产品和服务,给予文化关怀。

(三)进一步丰富农村农民精神文化生活

一是深入开展"深入生活,扎根人民"主题实践活动。鼓励更多艺术家深入农村基层开展采风创作、结对帮扶、文艺演出等活动,支持更多文化单位深入农村基层设立工作站、工作室,为农村营造浓郁的文化艺术氛围。深入推进戏曲进乡村,推动各地将地方戏曲演出纳入基本公共文化服务目录,支持各地举办地方戏曲剧种展演展示活动,为农民提供戏曲等多种形式的文艺演出。二是加大对"三农"题材艺术创作的扶持力度。依托国家舞台艺术精品创作扶持工程、戏曲振兴工程、中国民族歌剧传承发展工程、中国民族音乐舞蹈杂技扶持发展工程、剧本扶持工程等项目,发挥国家艺术基金、地方艺术基金和各类专项资金的作用,引导广大艺术创作者更加关注"三农"题材创作。利用中国歌剧节、全国声乐展演、全国舞蹈展演、全国杂技展演、各类戏曲展演等活动,为"三农"题材作品演出搭建平台。三是引导文化市场主体增加农村市场优质文化产品供给。支持文化娱乐企业、演出主体立足农村,研发创作生产面向农村、适合农民、具有农村特色的各类文化产品,鼓励将高品质文化产品、新型文化业态带到农村、走近农民,支持农村文化建设,满足农村群众文化需求。四是促进农村文化市场行业转型升级发展。将上网服务场所和文化娱乐行业转型升级工作向农村地区延伸推进,加大对农村地区上网服务场所、歌舞娱乐、游戏游艺等文化娱乐场所转型升级发展的指导与支持,鼓励改善环境面貌,丰富服务业态,扩大服务人群,积极参与公共文化服务,为当地群众提供网上购物和农副产品网络销售服务、为中老年提供娱乐休闲去处等,提升行业经营水平、整体形象和社会评价。

(四)激发农民群众投入文化建设的积极性

一是推动农村地区开展群众性文化活动。支持在农村地区开展形式多样的宣传教育、科学普及和文化娱乐活动,充分发挥文化富民育民乐民的重要作用,不断提升农民文明素质。组织好群星奖获奖作品和优秀作品巡演等服务基层的示范性文化活动,办好中国农民歌会,引导各地积极打造群众文化活动品牌。完善群众文艺扶持机制,加大对农村地区群众自办文艺团体的扶持引导力度。二是培养一批扎根基层的农村文化人才。加大对农村地区群众自办文艺团队的扶持引导力度,扶持引导乡土文化能人广泛开展文艺活动,创新载体形式,交流展示群众文艺创作优秀成果。有针对性地加强面向农村基层文化工作者的培训工作,通过示范性培训、公共文化巡讲、远程培训等形式多样的培训活动,提升基层文化工作者能力和水平。继续实施"阳光工程——中西部农村文化志愿服务行动计划",将活跃在广大中西部农村,有文艺特长、热心社会公益、乐于组织文化生活的群众文艺骨干和文化能人招募为文化志愿者,协助村委会开展农村文化建设。着力培养造就一支懂文化、爱农村、爱农民的农村文化队伍,促进农村文化事业发展。

20

开展移风易俗行动

推进乡村文化振兴,必须注重物质文明与精神文明两手抓,大力开展移风易俗行动,旗帜鲜明地反对天价彩礼、反对铺张浪费、反对婚丧大操大办、抵制封建迷信,积极培育文明乡风、良好家风、淳朴民风。

一、广泛开展群众性精神文明创建活动

广泛开展群众性精神文明创建活动,是提升农民素质和乡村文明程度的有效途径。党的十八大以来,坚持抓住价值引领这个根本、围绕美丽乡村建设这个主题、突出为民利民惠民这个鲜明导向,以实施文明村镇创建活动、开展好家风好家训活动、组织好媳妇(好公婆)评选、寻找最美乡村教师(医生、村干部)等为抓手,涌现出许多好的典型和经验,农村精神文明建设取得了新的进展。持续深入开展群众性精神文明创建活动,要突出思想道德内涵,坚持创建为民惠民利民,不断扩大覆盖面,增强实效性,有力推动社会文明进步,提升农民群众的获得感和幸福感。要推动人们在为家庭谋幸福、为他人送温暖、为社会作贡献的过程中提高精神境界、培育文明风尚。

要顺应农村群众的新期待,以农村群众的获得感为标准,开展好文明村镇创建活动。力争到"十三五"期末,全国县级及县级以上文明村和文明乡镇占比达到 50% 左右。文明家庭创建要更加注重家庭、注重家教、

注重家风,促进家庭和睦,促进亲人相亲相爱,孝老爱幼,少有所教,老有所养,使千千万万个家庭成为国家发展、民族进步、社会和谐的重要基点,成为人们梦想启航的地方。以"家和万事兴"为主题传承良好家风和家训,重视做好家庭教育。要与"我们的节日"相结合,以"春节之喜庆、清明之缅怀、端午之追忆、七夕之忠贞、中秋之团圆、重阳之敬老"为主题,开展系列节庆文化活动,促进家庭文明建设。要推动形成爱国爱家、相亲相爱、向上向善、共建共享的社会主义家庭文明新风尚,以良好家风支撑起好的社会风气。

二、在农村大力培育勤俭节约的文明风尚

随着经济社会的发展,农民的收入不断提高,日子越来越好。但不少地方的农村陈规陋习又泛起,一些地方甚至愈演愈烈。现在一些地方农村"形虽在,神已散",优秀道德规范、公序良俗失效,红白喜事盲目攀比、大操大办等陈规陋习盛行。一些地方的农村,天价彩礼让人娶不起媳妇,嫁女一开口就是"一动两不动",动的是小汽车,不动的是村里一套房、县城一套房。甚至出现了"因婚致贫"现象,儿子结婚成家了,父母亲却成了贫困户。在一些地方,结婚、老人去世要摆酒席,小孩过满月、老人过生日、盖房子、升学都要大宴宾客,名目繁多的人情礼金让人还不起。农村是熟人社会,容易互相攀比,不少村民对此苦不堪言,但又得硬着头皮"打肿脸充胖子"。

这种状况必须得到改变,要大力开展婚丧嫁娶革新行动,在传统礼俗和陈规陋习之间画出一条线,告诉群众什么是提倡的,什么是反对的。要旗帜鲜明地反对天价彩礼,旗帜鲜明地反对铺张浪费、反对婚丧大操大办。要坚持点面共抓、立破并举、疏堵结合,坚持教育引导与惩罚惩处并重,"自律"与"他律"结合,创新手段、综合施治,努力遏制大操大办、厚葬薄养、人情攀比等陈规陋习,补齐影响社会文明程度和群众生活品质的短板。广泛宣传推介移风易俗典型经验,总结推广集体婚礼、零价彩礼、村

民食堂等有效做法,为各地推进移风易俗提供样板。健全完善红白事理事会、道德评议会和村规民约,发挥新乡贤等骨干队伍带头作用,组织开展道德评议和群众评议等各种活动,参与民间事务的调节、监督和服务,在遏制陈规陋习、倡树文明新风等方面发挥作用,实现群众自我教育、自我管理、自我提高,有效遏制各种不良低俗行为习惯,提升农村群众精神风貌。加强婚丧改革的宣传引导,组织好农民培训,引导农民群众改变生活习惯和方式,提升文明素养,创建婚丧改革良好社会环境。

三、引导农民群众自觉抵制封建迷信活动

当前一些地方的农村封建迷信风行,算命、相面、看风水、占卜、驱鬼、求神拜佛等封建迷信活动再度泛起,严重败坏社会风气,侵害广大农民群众的物质和文化利益。必须把破除农村封建迷信作为精神文明建设的重要内容,引导农民告别迷信、走向科学,告别愚昧、走向文明。加强对参与封建迷信活动人员的宣传教育,对所谓"大师"、算命先生、"神婆"利用算命等封建迷信活动骗取钱财、坑害群众的行为进行打击。深化农村殡葬改革,大力推进节地生态安葬,大力倡导文明祭祀新风。宣传引导群众通过鲜花祭扫、家庭追思、网络祭祀等低碳环保的现代祭扫方式慎终追远、寄托哀思。

破除农村封建迷信,要用科学的道理,揭穿封建迷信的骗局,从根本上消除封建迷信赖于存在的社会基础。要以提升基层科普服务能力为重点,继续实施基层科普行动计划,有效提升基层科普服务能力。农村精神文明建设经费少、队伍散、阵地少、设施差、活动少的状况极为普遍,不少农民在文化饥饿中投入封建迷信中去。要增加投入,加强引导,强化广播电视等大众媒体宣传,开展多种形式的宣教载体建设。发挥党员干部示范作用,要求党员干部从自身做起,不搞封建迷信活动,并严格约束家人。对党员干部参与封建迷信、陈规陋习现象实行"零容忍",一经发现,严格按照规定严肃处理。

21

加强农村基层党组织建设

　　农村基层党组织是党在农村基层组织中的战斗堡垒,是党在农村的全部工作和战斗力的基础。党的十八大以来,以习近平同志为核心的党中央高度重视农村基层党组织建设。习近平总书记多次作出重要指示,强调农村工作千头万绪,抓好农村基层组织建设是关键,无论农村社会结构如何变化,无论各类经济社会组织如何发育成长,农村基层党组织的领导地位不能动摇、战斗堡垒作用不能削弱;强调要从巩固党的执政基础的高度出发,坚持问题导向,进一步加强农村基层党组织建设,为农村改革发展稳定提供有力保障。2018年中央"一号文件"要求,紧紧围绕贯彻落实中央决策部署,扎实推进抓党建促乡村振兴、抓党建促脱贫攻坚,着力推动农村基层党组织和党员在实现产业兴旺、生态宜居、乡风文明、治理有效、生活富裕和脱贫攻坚中当好组织者、推动者、先行者;在深入组织群众、宣传群众、凝聚群众、服务群众中提升组织力、强化政治功能;在不断增强农民群众获得感幸福感安全感中提高威信、提升影响,使群众自觉听党话、感党恩、跟党走,努力把农村基层党组织建成宣传党的主张、贯彻党的决定、领导基层治理、团结动员群众、推动改革发展的坚强战斗堡垒。

一、推动农村基层党组织和广大党员认真学习
贯彻习近平新时代中国特色社会主义思想

　　党的十九大将习近平新时代中国特色社会主义思想确立为我们党必

须长期坚持的指导思想。推动农村基层党组织和广大党员深入学习贯彻习近平新时代中国特色社会主义思想,教育引导广大党员切实增强"四个意识",坚定"四个自信",坚决维护习近平总书记在党中央、全党的核心地位,坚决维护党中央权威和集中统一领导,自觉在思想上、政治上、行动上同以习近平同志为核心的党中央保持高度一致。

(一)深入开展农村基层党组织书记学习贯彻习近平新时代中国特色社会主义思想和党的十九大精神集中轮训

依托各级党校、示范培训基地,采取省、市示范培训,县里普遍轮训的办法,每年对农村基层党组织书记进行一次集中轮训,确保全覆盖。每个班次都要拿出 1/3 以上时间,原原本本学习,领会精神实质,在提高政治觉悟和履职能力上下功夫。结合党组织书记思想和工作实际,采取专题辅导、案例剖析、讨论交流、菜单选学等方式,让他们学有兴趣、学有所得。

(二)扎实推进党员教育培训

推进"两学一做"学习教育常态化制度化,已经写入新党章,成为党员经常性教育的一项重要制度安排。突出学习贯彻习近平新时代中国特色社会主义思想和党的十九大精神、学习新党章,面向全体党员开展多形式、分层次、全覆盖的全员培训,教育引导广大党员自觉用习近平新时代中国特色社会主义思想武装头脑、指导实践、推动工作。

(三)推动习近平新时代中国特色社会主义思想走进基层、走进群众

充分发挥基层党组织组织宣传群众的作用,加强基层宣传阵地建设,采取群众喜闻乐见的形式,推动习近平新时代中国特色社会主义思想进农村、到农户。积极学习借鉴一些地方探索开办新时代讲习所、农民夜校等做法,始终把习近平新时代中国特色社会主义思想作为必讲内容,组织党员、带动群众学习,不断增进政治认同、理论认同、实践认同、情感认同。

二、大力推动抓党建促乡村振兴

2018年中央"一号文件"提出,扎实推进抓党建促乡村振兴,突出政治功能,提升组织力,抓乡促村,把农村基层党组织建成坚强堡垒。重点要抓好以下几项工作。

(一)在推动农村人居环境整治中发挥组织功能

2018年2月,中共中央办公厅、国务院办公厅印发《农村人居环境整治三年行动方案》,强调"发挥好基层党组织核心作用,强化党员意识、标杆意识,带领人民群众推进移风易俗、改进生活方式、提高生活质量"。推动村党组织广泛宣传员,推动村干部走进各家各户,做好统一思想工作。引导党员在完成治理生活垃圾、厕所粪污、生活污水,提升村容村貌等重点任务中发挥带头带动作用。组织群众人人出力、全面参与,引导村民讲卫生、除陋习,自觉养成健康文明的生活习惯。

(二)为铲除黑恶势力滋生土壤提供坚强组织保证

习近平总书记强调,严惩横行乡里、欺压百姓的黑恶势力及充当保护伞的党员干部,廓清农村基层政治生态。按照中央统一部署要求,充分发挥基层党组织政治功能,组织发动群众积极参与扫黑除恶专项斗争,坚决同一切不良风气和违法犯罪行为作斗争。尤其针对城乡结合部、集贸市场、资源富集村等黑恶势力容易染指的地方,选好配强党组织书记,引导党员面对黑恶势力敢于发声、敢于亮剑,成为群众主心骨。在村"两委"换届选举中严格人选把关,坚决把涉黑涉恶不符合村干部条件的人挡在门外。会同政法部门加强政策指导和精准执行,防止出现偏差。对村干部,确属涉黑涉恶的,要依纪依法严肃处理;也要防止把少数村干部的违纪问题、经济犯罪和一般刑事犯罪当成涉黑涉恶犯罪来对待。

(三)在推进乡风文明中加强对群众的教育引导

推动基层党组织把农村道德建设抓在手上,以社会主义核心价值观为引领,发挥道德教化作用,弘扬优秀传统农耕文化,教育引导村民抵制各种陈规陋习,制止各种封建迷信活动,提高乡村社会文明程度,焕发乡村文明新气象。发挥好村级组织活动场所的阵地功能,组织好各类群众性文化活动。推动农村基层党组织增强政治意识、阵地意识和斗争精神,发挥党员先锋模范作用,更加注重补齐群众"精神短板",更加关心关爱老弱病残、留守妇女儿童、困难群众等群体。

(四)进一步强化党组织在乡村治理中的领导作用

习近平总书记强调,以党的领导统揽全局,创新村民自治的有效实现形式,推动社会治理和服务重心向基层下移。进一步理顺领导体制,加强村党组织对其他各类组织的领导,推动村党组织书记通过选举担任村委会主任,推动村党组织书记、党组织班子成员兼任或党员担任集体经济组织、农民合作组织负责人,提高村委会成员、村民代表中党员的比例。加强村党组织对服务群众资源的整合利用,上级提供给农村的公共服务和资金项目,应以村党组织为主渠道落实,好事让基层组织办,好人让基层干部做。

(五)大力推进村党组织带头人队伍整体优化提升

习近平总书记强调,办好农村的事,要靠好的带头人,靠一个好的基层党组织。2018年中央"一号文件"明确要求,实施农村带头人队伍整体优化提升行动。严格标准选人,坚持德才兼备,选那些思想政治素质好、道德品行好、带富能力强、协调能力强、愿意为群众服务的优秀党员担任村党组织书记。拓宽视野选人,注意从大学生村干部、复员退伍军人、村医村教中培养选拔,从外出务工经商人员、本乡本土走出去的大学毕业生中回引,从机关事业单位退二线或退休的公职人员中回请。县委要抓在手上,乡镇党委要"下深水",一个村一个村摸排,看看有哪些人可选、哪里有人可选,要有求贤若渴之心、三顾茅庐之诚,真正把优秀人才使用起来。把人选好后,还要强化教育培训、管理监督、激励保障,确保选得优、用得好、留得住。

(六)推动发展壮大薄弱村空壳村集体经济

2018年中央"一号文件"明确提出,发挥村党组织对集体经济组织的领导核心作用。省(自治区、直辖市)一级要制定发展村级集体经济的规划,组织部门要会同有关部门积极推进,研究支持措施,加强督促指导。以县为单位,一个村一个村分析研究,制定发展村级集体经济的实施方案,统筹整合资源力量,引导支农、扶贫、产业等各类项目资金投向村级集体经济项目,利用招商引资、重点项目等带强村级造血功能。推动村党组织把党员、群众和各方面力量组织起来,因地制宜发展壮大集体经济。同时加强监督管理,确保集体收益合理公开分配,防止"微腐败"问题发生。

三、深入推进抓党建促脱贫攻坚

到2020年如期打赢脱贫攻坚战,是我们党的庄严承诺。习近平总书记指出,这在中华民族几千年历史发展上将是首次整体消除绝对贫困现象,让我们一起来完成这项对中华民族、对整个人类都具有重大意义的伟业。习近平总书记对脱贫攻坚念兹在兹,亲自挂帅、亲自出征,2018年春节前深入四川凉山看望慰问贫困群众,在成都召开座谈会并发表重要讲话,对坚决打好精准脱贫攻坚战再次下达作战令、动员令。要在继续落实抓党建促脱贫攻坚已有文件措施的基础上,坚持问题导向,采取有力举措,精准、具体、有效地为打赢脱贫攻坚战作贡献。

(一)选好配强贫困村党组织书记

习近平总书记强调,打造一支高素质农村基层党组织带头人队伍。从实际情况看,仍然有一些村带头人不强,特别是贫困发生率超过20%的贫困村,配强党组织书记尤为迫切和关键。各地要以县为单位,逐村摸排、分析研判,制定工作方案,坚决撤换不胜任、不合格、不尽职的贫困村党组织书记,本村没有合适人选的,从县乡机关公职人员中派任。省(自治区、直辖市)党委组织部要对县一级的方案审核把关。建立健全回引本土大学生、高校定向培养、县乡统筹招聘机制,为每个贫困村储备1至2名村级后备干部。

（二）充分发挥第一书记的作用

2018年中央"一号文件"明确要求,建立选派第一书记工作长效机制,全面向贫困村、软弱涣散村和集体经济薄弱村党组织派出第一书记。从县以上党政机关选派工作骨干到村任第一书记,省市县党委组织部对本级选派的第一书记备案管理,登记在册、抓到人头。县委组织部和乡镇党委要分别明确专人负责,加强第一书记日常管理;派出单位要加强跟踪管理、定期到村指导,严格落实项目、资金、责任"三个捆绑"的要求;省（自治区、直辖市）党委组织部每年至少开展一次对第一书记履职情况检查。通过开展扶贫领域作风问题专项治理,为第一书记解套松绑,确保其主要精力投入到一线工作中。树立鲜明导向,对优秀的第一书记宣传表彰、提拔使用,对不胜任的第一书记及时"召回"调整。

（三）持续整顿贫困村软弱涣散党组织

2018年中央"一号文件"明确提出,持续整顿贫困村软弱涣散党组织。县乡党委要重点针对带领致富能力不强、组织动员力弱,办事不公、管理混乱,组织生活不正常,宗族宗教宗派和黑恶势力干扰渗透等问题,精准整顿,限期提升。包村部门、第一书记和驻村工作队,要把整顿工作作为一项重要任务,不提升不脱钩。各地要动真格、下狠劲,不断提升贫困村党组织建设水平。

（四）发挥党员先锋模范作用

一方面,推动党员带头致富、带领致富。一些地方通过"红色信贷"、设立党员创业帮扶资金等方式,支持党员创业;还有一些地方通过党员带头成立专业合作社,带动贫困户入股份。要总结推广这些经验,让党员行动起来,把贫困户带动起来。另一方面,把党员培养成致富能手,把致富能手培养成党员。通过党员冬春轮训、实用技术培训等途径,帮助党员提升创业致富能力。每个贫困村每两年至少发展1名年轻党员,不断补充新鲜血液。

（五）加强对脱贫攻坚一线干部的关爱激励

对脱贫攻坚中工作出色、表现优秀的干部,要注重提拔使用。大力选树优秀党组织书记、第一书记、优秀党员、扶贫干部的先进典型,加强表彰和宣传,激励引导广大干部群众跟着学、照着做、比着干。落实好县乡干部津补贴、周转房等政策,改善工作条件。对在脱贫攻坚中因公牺牲的干部和基层党员的家属及时给予抚恤,建立长期帮扶慰问制度并明确专人负责落实。通过真情关心爱护,让有为者有位、吃苦者吃香、流汗流血牺牲者留芳。

四、强化农村基层党建责任落实

习近平总书记指出,党管农村工作是我们的传统,这个传统不能丢。抓实农村基层党建工作,必须扭住基层党建责任制这个"牛鼻子",既要注重省市县乡四级联动,又要强化县委一线指挥部作用和乡镇党委龙头作用,以党委书记带头抓、主动抓、深入抓,一级一级传导动力、一级一级压实责任,推动农村基层党建各项任务落地落实。

(一)强化各级党委责任

省市县党委要把抓好农村基层党建作为分内职责,搞好谋划、加强指导,定期研究有关重要问题,完善组织建设、队伍建设、制度建设、工作保障等方面的政策措施。尤其是县级党委要发挥"一线指挥部"作用,统筹抓好选优配强带头人、整治软弱涣散村党组织、发展壮大薄弱村空壳村集体经济等重点任务的组织实施。各级党委书记要认真落实习近平总书记倡导的"三个走遍",省委书记带头走遍所有县,市委书记走遍全市各乡镇,县委书记走遍各行政村,同时在乡镇层面推行"走村不漏户、户户见干部",乡镇党委书记任期内走遍自然村和困难户。将抓农村基层党建作为市县乡党委书记述职评议考核重点内容,对农村基层党建重视不够、问题突出的地方,上级党组织要及时约谈提醒相关责任人,后果严重的要问责追责。

(二)深入推动抓乡促村

乡镇是最基层的政权组织,乡镇党委是农村基层组织建设的"龙头"。要配强乡镇党委领导班子,特别是选好党委书记。充实乡镇党务力量,乡镇党委组织委员专职专岗专责抓党务,推行设立乡镇党建办公室或党建工作站,配备专职党务工作人员。推动乡镇干部做到岗位在村、阵地在村、责任在村,促使乡镇党委书记和班子成员沉下去、深下去,摸村情、察民意,落实好分片包村、入户走访、在村服务制度,把党的路线方针政策宣传到村,把思想政治工作开展到户,把各项惠民政策落实到人,使乡镇党委"龙头"舞起来。

(三)强化基层基础保障

习近平总书记指出,要建立稳定的村级组织运转和基本公共服务经费保障制度,提高农村基层干部报酬待遇和社会保障水平。督促各地认真落实中共中央组织部、财政部《关于加强村级组织运转经费保障工作的通知》,各级地方财政把村级组织运转经费补助资金列入财政预算,省市两级财政进一步加大资金投入,县级财政抓好落实,建立健全村级组织运转经费保障机制,确保村级组织有效履行职能。督促各省(自治区、直辖市)对村级组织运转经费没有达标的县,按照不低于当地农村居民人均可支配收入两倍标准落实村党组织书记基本报酬,全面落实村办公经费、正常离任村干部生活补贴、村级公共服务维护支出、村民小组长误工补贴,建好管好用好村级组织活动场所。

22

深化村民自治实践

　　推进国家治理体系和治理能力现代化,是决胜全面建成小康社会,实现社会主义现代化和中华民族伟大复兴的重要任务。2018 年中央"一号文件"指出,乡村振兴,治理有效是基础。必须把夯实基层基础作为固本之策,建立健全现代乡村社会治理体制,坚持自治、法治、德治相结合,确保乡村社会充满活力、和谐有序。村民自治制度,是中国特色社会主义民主政治制度的重要组成部分。改革开放后,我国开始了建立新型治理体制机制的长期探索,并成功坚持了党的领导,实行了政社分设,建立起了村民自治机制,在农村基层社会治理中发挥着重要的基础性作用。党的十八大以来,习近平总书记就推进社会主义基层民主政治建设作出一系列重要论述,多次强调要坚持和完善基层群众自治制度,创新村民自治的有效实现形式,丰富基层民主协商的实现形式,发挥村民监督的作用,让农民自己"说事、议事、主事",做到村里的事村民商量着办。

一、进一步加强村民自治机制建设

　　2017 年 6 月印发了《中共中央国务院关于加强和完善城乡社区治理的意见》。2018 年中央"一号文件"要求加强农村群众性自治组织建设,健全和创新村党组织领导的充满活力的村民自治机制。这里需要把握好两个关键:一个是村党组织领导,一个是充满活力。要充分发挥基层党组织领导核心作用,有效发挥基层政府主导作用,注重发挥基层群众性自治组织基础作用,统筹发挥社会力量协同作用,健全完善城乡基层治理体系,推动实现党领导下的政府治理和社会调节、居民自治良性互动。文件还对保障外出务工农民民主权利提出了要求,一方面要保障外出务工农民在流出地即原村民委员会的民主选举权利,另一方面要保障他们在流入地即在城市居住的社区居民委员会的民主选举权利。

只有实现基层群众性自治组织全覆盖,把广大基层群众组织起来,对群众有效实施全员管理服务和无缝隙管理服务,才能适应市场经济体制下健全城乡基层社会治理和公共服务的客观需要。基层群众性自治组织的组建工作要在基层党组织的领导下进行,推动村党组织书记通过选举担任村委会主任,这是基于我国国情和基层工作实际提出的要求。要通过多种方式引导农村居民积极参与到乡村治理的具体实践中来,进一步规范村民委员会民主选举程序,确保法定环节一个不少、规定程序一步不漏。要完善选举监督体系,健全候选人审核机制,依法依规明确资格条件,保障好流动人口民主权利,坚决将"村霸"和宗族恶势力等排除在外,坚决依法查处干扰破坏选举的违法违纪行为,确保选举工作依法有序进行。

二、探索创新村民自治的有效实现 形式,推动乡村治理重心下移

习近平总书记指出,要以党的领导统揽全局,创新村民自治的有效实现形式,推动社会治理和服务重心向基层下移。尽可能把资源、服务、管理放到基层,使基层有职有权有物,更好地为群众提供精准有效的服务和管理。

2016年10月,中共中央办公厅、国务院办公厅印发的《关于以村民小组或自然村为基本单元的村民自治试点方案》明确提出在村民小组或自然村探索村民自治多种有效实现形式,真正实现农村有人管事、有章理

事、有钱办事。2017年,民政部会同中央组织部、中央农办等部门,在全国确认24个村(村民小组、自然村、屯)为以村民小组或自然村为基本单元的村民自治试点单位。2018年中央"一号文件"要求推动乡村治理重心下移,尽可能把资源、服务、管理下放到基层,继续开展以村民小组或自然村为基本单元的村民自治试点工作。下一步,各地要按照中央要求继续开展以村民小组或自然村为基本单元的村民自治试点工作,积极探索以村民会议、村民代表会议、村民小组会议、村民议事会、村民理事会、村民监事会等为载体,创新村民议事形式,重视吸纳利益相关方、社会组织、驻村单位参加协商,完善议事决策主体和程序,落实群众知情权、参与权、表达权、监督权。

协商民主是我国社会主义民主政治的特有形式和独特优势,是党的群众路线在政治领域的重要体现。党的十八届三中全会提出要推进协商民主广泛多层制度化发展。2015年7月,中共中央办公厅、国务院办公厅印发《关于加强城乡社区协商的意见》,提出到2020年,基本形成协商主体广泛、内容丰富、形式多样、程序科学、制度健全、成效显著的城乡社区协商新局面。2015年11月,中共中央办公厅、国务院办公厅印发《深化农村改革综合性实施方案》,对健全议事协商提出明确要求。2018年中央"一号文件"要求,建立健全民事民议、民事民办、民事民管的多层次基层协商格局。要按照协商于民、协商为民的要求,以健全基层党组织领导的充满活力的基层群众自治机制为目标,以扩大有序参与、推进信息公开、加强议事协商、强化权力监督为重点,拓宽协商范围和渠道,丰富协商内容和形式,保障人民群众享有更多更切实的民主权利。

三、全面建立健全村务监督委员会,发挥村规民约、新乡贤等积极作用

村务监督委员会是村民对村务进行民主监督的机构。建立健全村务监督委员会,对从源头上遏制村民群众身边的不正之风和腐败问题、促进

农村和谐稳定具有重要作用。从 2012 年中央纪委、中央组织部、民政部等 12 个部门印发《关于进一步加强村级民主监督工作的意见》以来，我国多数农村都建立了村务监督机构。2017 年 12 月，中共中央办公厅、国务院办公厅印发《关于建立健全村务监督委员会的指导意见》。2018 年中央"一号文件"要求全面建立健全村务监督委员会，推行村级事务阳光工程。同时提出要发挥自治章程、村规民约的积极作用，积极发挥新乡贤作用。各级党委和政府要高度重视建立健全村务监督委员会工作，党委组织部门牵头协调，民政、党委农村工作综合部门等单位共同参与，加强指导。要把健全村务监督机制、推进基层民主管理作为构建乡村治理新体系的重要内容，有效推进村务公开民主管理工作。

习近平总书记指出，要培育富有地方特色和时代精神的新乡贤文化，发挥其在乡村治理中的积极作用。2015 年 11 月，中共中央办公厅、国务院办公厅印发《深化农村改革综合性实施方案》，要求引导和组织农民成立村民议事会、道德评议会、禁赌禁毒会、红白理事会。2017 年 6 月印发的《中共中央国务院关于加强和完善城乡社区治理的意见》提出充分发挥自治章程、村规民约、居民公约在城乡社区治理中的积极作用，弘扬公序良俗。2018 年中央"一号文件"要求，发挥自治章程、村规民约和新乡贤的积极作用。各地要通过制定和完善自治章程、村规民约等，培养农村居民群众的参与意识、公共意识、责任意识、规则意识和合作精神，形成乡村共同价值。要注重弘扬优秀传统文化，注重发挥新乡贤作用，发展睦邻文化，推动自治法治德治良性互动。

四、创新乡村治理的体制机制

2015 年 5 月，中共中央办公厅、国务院办公厅印发《关于深入推进农村社区建设试点工作的指导意见》。2017 年年底，民政部确认了 133 个首批全国农村幸福社区建设示范创建单位，并部署开展全国农村社区治理实验区工作，农村社区建设试点工作不断走向深入。要完善村民自治与多元主体参与有机结合的农村社区共建共享机制,健全村民自我服务与政府公共服务、社会公益服务有效衔接的农村基层综合服务管理平台,打造一批管理有序、服务完善、文明祥和的农村社区建设示范点。

2017 年 6 月印发的《中共中央国务院关于加强和完善城乡社区治理的意见》提出要着力增加农村社区公共服务供给,加快完善农村社区服务体系。2017 年 2 月,中共中央办公厅、国务院办公厅印发的《关于加强乡镇政府服务能力建设的意见》也要求建立乡村公共服务多元供给机制。2018 年中央"一号文件"要求,创新基层管理体制机制,打造"一门式办理""一站式服务"的综合服务平台,在村庄普遍建立网上服务站点,逐步形成完善的乡村便民服务体系。要结合乡村社会特点,大力推动基本公共服务项目向农村社区延伸,优先发展与农村居民切身利益密切相关的服务项目,推进"最多跑一次"改革。要结合信息进村入户和电子商务进村综合示范,积极发展农产品销售等农民致富服务项目。

社会组织是增强基层群众性自治和服务功能、吸纳社会工作人才的重要载体,是乡村治理的重要主体之一。但是当前农村社会组织的发展远远滞后于城市,必须坚持工业反哺农业、城市支持农村的基本方针,采取城市与农村"结对帮亲"等措施,手把手地帮助农村发展社会组织,缩小城乡发展差距。2016 年 8 月,中共中央办公厅、国务院办公厅印发了《关于改革社会组织管理制度促进社会组织健康有序发展的意见》,提出要降低准入门槛,简化登记程序,大力培育发展城乡社区社会组织。2017 年 8 月,国务院发布了《志愿服务条例》。2017 年 12 月,印发的《民政部关于大力培育发展社区社会组织的意见》提出,到 2020 年实现农村社区平均拥有不少于 5 个社区社会组织的目标,并提出再过 5—10 年社区社会组织管理制度更加健全、成为创新基层社会治理有力支撑的发展目标。2016 年 11 月,民政部等 16 部委印发的《城乡社区服务体系建设规划(2016—2020 年)》也提出了相关工作目标。各地要按照党中央、国务院有关决策部署要求,积极鼓励各类社会组织进驻农村,支持社会力量在农村设立社会组织,鼓励和支持各类社会组织在农村提供社会服务、公益慈善服务、基层治理服务、农村专业经济服务,支持社会组织参与农村留守儿童关爱保护、基层民主协商、农村脱贫攻坚,充分发挥社会组织在推进农村基本公共服务均等化、提高农村社会治理水平、服务"三农"方面的积极作用。2018年中央"一号文件"要求,大力培育服务性、公益性、互助性农村社会组织,积极发展农村社会工作和志愿服务。

村级组织工作负担重、负担不合理问题是基层反映最为强烈的问题之一,主要体现在行政事务多、机构牌子多、台账材料多、盖章证明多、考核评比多等。2014年以来,民政部在全国开展了社区减负专项行动,并联合中央组织部下发了《关于进一步开展社区减负工作的通知》。2017年6月印发的《中共中央国务院关于加强和完善城乡社区治理的意见》,把推进城乡社区减负增效作为补齐城乡社区治理短板的重要内容之一。2018年中央"一号文件"要求,集中清理上级对村级组织考核评比多、创建达标多、检查督查多等突出问题。要建立社区工作事项准入制度,应当由基层政府履行的法定职责不得要求基层群众性自治组织承担,依法需要基层群众性自治组织协助的工作事项,应当为其提供经费和必要工作条件。要清理组织机构、精简工作台账、规范村级组织挂牌和印章使用管理。要规范社区考核评比活动。取消无实际意义的考核评比项目,整合精简各部门对村级组织的考核评比事项,探索建立以群众满意度为主要衡量标准的评价体系,使村级组织心无旁骛地投入基层治理和服务工作实践。

$\mathcal{23}$

建设法治乡村

全面依法治国,是新时代坚持和发展中国特色社会主义基本方略的重要内容。法治乡村必须紧跟时代、与时俱进,在推进新时代"三农"工作、实施乡村振兴战略等方面发挥保障和推动作用。

一、充分认识建设法治乡村的重要意义

建设法治乡村是推动全面依法治国的必然要求。"国无常强,无常弱。奉法者强则国强,奉法者弱则国弱。"①在中国特色社会主义新时代,坚持不懈深化依法治国实践,对建设富强民主文明和谐美丽的社会主义现代化国家具有重要意义。建设法治乡村,把乡村各项工作纳入法治化轨道,坚持在法治轨道上统筹社会力量、平衡社会利益、调节社会关系、规范社会行为,是确保乡村既生机勃勃又井然有序的重要保障,是深化全面依法治国的必然要求。

建设法治乡村是实施乡村振兴战略的必然要求。党的十八大以来,以习近平同志为核心的党中央坚持把解决好"三农"问题作为全党工作重中之重,我国农业农村发展取得历史性成就、发生历史性变革。这些成

---

① 中共中央文献研究室:《习近平关于全面依法治国论述摘编》,中央文献出版社2015年版,第11页。

就和变革,不仅为经济社会持续健康发展提供了坚实支撑,也为实施乡村振兴战略奠定了扎实基础。振兴乡村,需要加强法治建设,一方面,需要充分发挥法治的保障作用,及时将实践中行之有效的经验和做法上升为法律制度,以法的明确性、稳定性和强制力更好地规范和促进农业农村发展;另一方面,需要充分发挥法治的引领和推动作用,将法治作为深化改革、促进发展的基本方式和重要举措,通过制度供给、制度创新等方式为农业农村发展提供动力。

建设法治乡村是完善乡村治理的必然要求。乡村治理是国家治理的重要组成部分。与改革初期农村社会各方利益总体一致、冲突不大相比,当前的农村社会利益取向多元、利益冲突增多。面对农村利益格局变化的新形势,法治作为调节利益分配、化解社会矛盾的基本方式,应当加强建设,从制度上理顺各种利益关系、平衡不同利益诉求,以充分发挥法治定纷止争的作用,增加农村社会和谐因素,提高乡村治理水平。

二、准确把握法治乡村的重点任务

农业农村是依法治国的重要领域。改革开放以来,按照中央要求,我国法治乡村建设取得了巨大成就。法律法规日益完善,农业农村法治总体有法可依。依法行政全面推进,各地各部门依法护农兴农的能力不断提高。法治宣传教育深入开展,干部群众依法办事、依法维权的习惯初步形成。在新的历史起点上,农业农村进入依法治理新阶段,法治乡村的地位作用更加重要。

(一)完善法律规范体系,强化法律权威地位

有法可依是法治乡村的前提和基础。党中央、国务院高度重视"三农"立法工作,立法机关将"三农"法律制度建设作为重点工作加以推进,目前基本上建立起了以农业法为基础、以专门农业立法为主干、以相关立法涉农条款为补充的比较完善的法律体系,主要包括:为保障农业在国民经济中的基础地位制定了农业法;为完善农业生产经营体制制定了农村

土地承包法、农民专业合作社法等法律行政法规;为加强农业资源管理和保护制定了土地管理法、森林法、草原法、渔业法、取水许可和水资源费征收管理条例、退耕还林条例等法律行政法规;为促进农业科研成果和实用技术应用制定了农业技术推广法、农业机械化促进法、植物新品种保护条例等法律行政法规;为保障农产品质量安全制定了农产品质量安全法、乳品质量安全监督管理条例等法律行政法规;为加强农业环境保护制定了环境保护法、建设项目环境保护管理条例等法律行政法规;为预防和减少农业灾害,制定了动物防疫法、草原防火条例等法律行政法规;为加强农村治理和有效化解矛盾,制定了村民委员会组织法、农村土地承包经营纠纷调解仲裁法等法律行政法规。除这些规范农业领域的专门法律行政法规外,还有教育法、社会保险法等法律行政法规中的部分条款对"三农"问题作出了规定。

虽然"三农"立法取得了显著成绩,主要领域也基本做到了有法可依,但是与中央对新时代"三农"工作的新要求相比,与农业农村的丰富实践相比,"三农"立法需要进一步修改完善,以增强法律法规的及时性、系统性、针对性、有效性,不断提高法律在维护农民权益、规范市场运行、农业支持保护、生态环境治理、化解农村社会矛盾等方面的权威地位。当前,立法的重点任务是要根据中央精神,做好实施乡村振兴战略的立法工作,对土地管理法、农村土地承包法等进行修改完善。

(二)提高基层干部依法办事能力,完善矛盾预防化解机制

习近平总书记提出,"各级领导干部要提高运用法治思维和法治方式深化改革、推动发展、化解矛盾、维护稳定能力,努力推动形成办事依法、遇事找法、解决问题用法、化解矛盾靠法的良好法治环境,在法治轨道上推动各项工作"。[①] 基层干部直接与人民群众面对面地发生具体行政行为,基层干部能否依法行政、依法办事,直接影响着法律在人民群众中的威信,影响着人民群众对乡村法治建设的信心。目前个别基层干部不

---

① 《习近平谈治国理政》,外文出版社 2014 年版,第 142 页。

学法、不懂法、不用法,甚至徇私枉法的现象还存在。在碰到诸如农村社会治安、土地征收、房屋拆迁、食品安全、民间纠纷等热点难点问题时,还习惯于用"老路子""土办法"去解决,甚至"卖关子""送人情",以权代法、以言代法、以情代法,损害了人民群众利益、导致社会矛盾增加,影响了乡村社会和谐稳定。2018年中央"一号文件"提出,"增强基层干部法治观念、法治为民意识,将政府涉农各项工作纳入法治化轨道"。这是党中央根据乡村法治形势,对基层党组织和党员干部提出的要求,具有很强的指导性和针对性。

基层干部特别是领导干部要充分认识依法办事的重要性,着力强化依法决策、依法行政的意识,真正把依法办事作为行动自觉和行为准则,切实提高依法办事的能力。一是积极培育和树立法律意识和法律信仰。认真学习《中共中央关于全面推进依法治国若干重大问题的决定》《法治政府建设实施纲要(2015—2020年)》等决策部署,学习掌握中国特色社会主义法律体系,自觉运用法治思维和法治方式推进各项工作。二是坚持依法决策、科学决策。在制定出台政策措施、组织实施项目、安排部署工作时,要对是否合法合规进行论证,确保重要决策和改革措施符合法律法规的规定。要加强决策风险评估,创新群众参与方式,充分利用公开征求意见、召开听证会等方式,广泛听取群众意见,集中民智、汇聚民意,增强决策的科学性、可行性、有效性。三是完善农村矛盾纠纷预防化解机制。要加强源头治理、动态管理,建立健全乡村调解、县市仲裁、司法保障的农村土地承包经营纠纷调处机制,提前预防和主动化解矛盾纠纷。拓宽农村社情民意表达渠道,引导农民群众通过合法渠道解决争议和纠纷,力争将纠纷解决在初发阶段、将矛盾化解在基层。四是深入推进公正廉洁执法。切实规范执法行为,强化执法监督,严格落实执法责任,增强执法公信力。

(三)推动综合执法,充实基层执法力量

科学划分执法权限、合理配置执法力量,是完善执法体制、提高监管效能的基础。目前执法队伍多、力量分散、执法重复等问题在一些地方不

同程度地存在,群众戏言"大盖帽漫天飞",重复检查和处罚加重了群众负担。对此,要深入推进综合行政执法改革向基层延伸,推动执法队伍整合,创新监管方式。同时,行政执法是基层政府的基本职责,监管领域多、政策性强、敏感度高,情况复杂难度大,要按照执法重心和执法力量下移的要求,充实加强基层一线执法力量,科学配置人员,保证重点领域执法需要,提高整体执法效能。

(四)加大乡村普法力度,健全法律服务体系

在有亿万农民的发展中大国,实现人人尊法、信法、守法,是一项长期而艰巨的历史任务。在普法方面,目前一些地方存在着"上层培训多、基层培训少""面向干部培训多、面向群众培训少""一般性法律培训多、专业性法律培训少""造势型普法多、深入式普法少"等问题。要按照党的十九大部署,深入开展乡村普法工作,真正把法律交给农民,让法治走进百姓心田。要创新普法工作方式方法,充分利用街区等场所建立法治文化阵地,广泛开展法律进乡村活动,努力提高法治在乡村的社会影响力。要大力宣传基层法治建设中的先进典型,通过各种形式交流好经验、好做法,不断提升农民法治素养。同时,要有效推动法律服务向乡村延伸,健全完善基层法律服务制度,规范基层法律服务执业行为,不断扩大法律援助范围,完善法律援助方式,方便群众获得法律服务和法律援助。

三、切实做好法治乡村建设的各项工作

党中央关于乡村振兴的大政方针已经明确,对各方面工作进行了明确部署。接下来就是要真刀真枪地干起来,把党中央的战略部署落到实处,把宏伟蓝图一步一步变成现实。应当看到,与中央全面推进依法治国的要求相比,与农业农村改革发展稳定的需求相比,建设法治乡村的任务还很重。

要进一步完善法律制度,使法律法规准确反映农业农村经济社会发展要求,更好协调利益关系,立得住、行得通、用得上。深化行政执法体制

改革,加强乡村执法规范化建设。提高党员干部运用法治思维和法治方式深化改革、推动发展、化解矛盾、维护稳定的能力和水平。采取农民群众喜闻乐见的方式开展普法宣传工作,要健全农村公共法律服务体系,不断增强农民群众学法、尊法、守法、用法的意识和能力。

24

提升乡村德治水平

法安天下,德润人心。法律是成文的道德,道德是内心的法律。"为政以德,譬如北辰,居其所,而众星共之。"习近平总书记指出,要加强乡村道德建设,深入挖掘乡村熟人社会蕴含的道德规范,结合时代要求进行创新,强化道德教化作用,引导农民爱党爱国、向上向善、孝老爱亲、重义守信、勤俭持家。要培育富有地方特色和时代精神的新乡贤文化,发挥其在乡村治理中的积极作用。

一、强化道德教化作用

"道之以德,齐之以礼,有耻且格。"立德修身,依礼而行,是群众将社会规则内化于心、外化于形的过程,是构建和谐社会的深层基础。我国的乡村秩序比较稳定,与我国的讲德讲礼的文化传统有着密切关系。把中华传统的特色文化基因用好了,乡村治理就有了人文根基。

改革开放以来,市场意识、竞争意识、创新意识、开放意识、效益观念、科技观念、法治观念、环保观念等现代思想观念日益为农民所接受,对农业农村发展带来的影响越来越深入。与此同时,一些消极、落后的因素也在进入农村,个人主义、自由主义、享乐主义、拜金主义在农村潜移默化,不少地区农村社会的道德明显滑坡。提供乡村德治水平,面临的形势和任务相当艰巨。

要以培育和践行社会主义核心价值观为引领，深入挖掘"修身齐家治国平天下"的德治思想和"以礼为秩"的礼治传统，并与"富强、民主、文明、和谐，自由、平等、公正、法治，爱国、敬业、诚信、友善"的价值观念有机结合和创新，因地因村制宜建立农民群众认同、心口相传和共同遵守的道德规范体系。

道德规范不是摆设，要突出有形具体，增强农民群众的认同感、归属感、责任感和荣誉感。作为村里的"小宪法"，村规民约能够管到"法律够不着，道德管不住"的实际问题。要将社会公德、职业道德、家庭美德、个人品德规范充分体现到村规民约之中，不断强化教育引导作用，不断加强情感认同，不断沉淀公序良俗。充分利用各类爱国主义教育基地和乡村自身道德文化资源，努力通过形象化、可感知的方式，增强道德教化的感染力和吸引力。以相互关爱、服务社会为主题，围绕扶贫济困、应急救援、大型活动、环境保护等方面，围绕空巢老人、留守妇女儿童、困难职工、残疾人等群体，组织开展深化学雷锋志愿服务活动及各类形式的志愿服务活动，形成"我为人人、人人为我"的社会风气。新乡贤与当地农民有着深厚的渊源和紧密联系，他们在乡村德治中具有引领和带动作用。要培育富有地方特色和时代精神的新乡贤文化，发挥其在道德建设中的模范作用。

二、建立道德激励约束机制

推动乡村德治，既要注重正面褒奖，又要强化反面警示，对失德违德者进行惩戒，激励引导农村居民群众见贤思齐、崇德向善。要突出破立并举，在强烈对比中修德弘德。

总结各地成功做法和经验，广泛建设"道德银行""爱心超市"等平台，将道德建设从一般口号落实到可见可感可得实惠的实际操作层面，让树德立德者具有成就感、获得感，让崇德守德者在精神和物质上都得到肯定，充分激发群众参与道德建设的内生动力。通过群众说事、乡贤论理、榜上亮德、帮教转化，让群众评议群众、让群众教育群众，促进群众自我教育、自我管理。推动建立村事家事的评议机制，发挥村民议事会、道德评议会、红白理事会、禁毒禁赌会等群众组织作用，建好用好"红黑榜"平台，对正能量典型予以张榜通报表扬，对违德失德行为予以批评教育。通过评议评选、曝光教育、表彰奖励激发先进、树立典型的形式，形成浓厚的德治氛围。

诚信建设是道德建设的重要促进力量。要以信用户、信用村建设为切入点，丰富信用建设内容，强化农民群众的规则意识、信用意识、责任意识，助推形成淳朴民风、良好家风，助推形成修身律己、诚信守约的道德风尚。

三、弘扬真善美

榜样的力量是无穷的。道德模范和身边好人是推动乡村德治的重要旗帜，是美丽乡村社会风尚的引领者。学习先进典型，弘扬时代精神，身边人、身边事最有说服力，也最有感召力。乡村是中华传统美德的守护地，每天都有大量感人的事件在发生。把这些真实事件挖掘出来，传播开来，就能让真善美弘扬起来。

构建符合各地农村实际的荣誉体系，引导农民群众在学有标杆中修德弘德。开展文明乡村、文明家庭创建活动，选树一批文明村镇和星级文明户。广泛开展好媳妇、好儿女、好公婆等评选表彰活动，开展寻找最美乡村教师、医生、村干部、家庭等活动，通过身边人、身边事弘扬真善美，传播正能量。

25

建设平安乡村

以习近平同志为核心的党中央进一步深化了对平安建设的认识,先进理念、科学态度、专业方法、精细标准加快融入各项工作,社会综合治理的系统化、科学化、智能化、法治化迅速提高,治理效能显著提升。习近平总书记指出,平安是老百姓解决温饱后的第一需求,是极重要的民生,也是最基本的发展环境。要按照 2018 年中央"一号文件"的部署要求,建设平安乡村。

一、完善农村治安防控体系

健全完善农村地区人防、物防、技防结合的立体化社会治安防控体系,已成为建设平安乡村的当务之急。为适应形势需求,2015 年 4 月 13 日,中共中央办公厅、国务院办公厅印发了《关于加强社会治安防控体系建设的意见》,明确提出了要加强乡镇(街道)和村(社区)治安防控网建设,对加强包括"一个中心""一个载体""一项工程""一支队伍"的"四个一"建设作出了具体部署。

"一个中心"就是县乡村三级综治中心。近年来各地按照中央要求纷纷推进县乡村三级综治中心建设,都着眼强化实战功能,注重解决实际问题,通过整合政法、人社、民政等各部门资源各方面力量,有效实现了矛盾纠纷联调、社会治安联防、重点工作联动、治安突出问题联治、服务管理联抓、基层平安联创,综治中心已成为基层平安建设的桥头堡。目前全国县乡村三级综治中心覆盖率已达到96%。为了加强规范化建设与科学管理,2016年9月30日,国家质检总局、国家标准委发布《社会治安综合治理综治中心建设与管理规范》(GB/T 33200—2016),该规范于2017年1月1日正式实施。这是我国社会治安综合治理工作的一项国家标准,将为综治中心的可持续发展提供重要支撑和保障。

"一个载体"就是网格化服务管理。基础不牢、地动山摇。只有夯实基层基础,才能筑牢平安根基。网格化服务管理,是把管理区域按一定范围、人口、户数及楼宇数量,划分为若干网格状单元,相应定员定岗配置服务管理人员(即网格员),每个网格员对自己管理网格内的人、地、物、事、组织等基本治安要素进行动态化管理,依托数字管理信息系统提高效率,并提供精细化、个性化服务,从而做到信息掌握到位、矛盾化解到位、治安防控到位、便民服务到位。实行网格化服务管理后,网格员走访入户常态化,发现村中的不稳定因素,及时录入社区网格化信息服务系统平台上,网格管理员可以通过平台,了解到各个网格里面有什么事情发生,并在第一时间协调解决,解决不了的随时上报,由上一级的综治中心负责解决。各级网格在综治中心的统一指挥下开展工作,及时有效地落实信息收集、矛盾排查化解、治安防范、管理服务等各项综治措施,从而把矛盾真正化解在基层、化解在萌芽状态。推行网格化工作后,网格员成了纠纷调解的"及时雨",在"家门口"解决纠纷,既维护了当事人良好的人际关系,又避免了邻里之间的矛盾扩大,真正体现了"以和为贵",深受群众欢迎。社会治安防控体系建设的重点在基层,难点在基层,希望也在基层。抓住了网格化服务管理这把"金钥匙",社会治理的基础就牢不可破。

"一项工程"就是"雪亮工程",全称为公共视频监控建设联网应用工程。目前,"雪亮工程"建设已纳入国家"十三五"规划和国家安全保障能力建设规划,各地特别是农村的"雪亮工程"建设将迎来一次大发展的机遇。"雪亮工程"不仅是一项科技工程,更是群众性的民安工程、民心工程,不仅为群防群治注入新的内涵,而且能够增强群众对社会治安的认同感和主体责任感,有效解决群众安全感满意度"最后一公里"的问题。随着信息资源深度整合应用,"雪亮工程"乃至整个社会治安防控信息化都将纳入智慧城市建设总体规划,新一代互联网、物联网、大数据、云计算和智能传感、遥感、卫星定位、地理信息系统等新技术将来都会派上用场,广大农村的公共安全管理将逐步实现数字化、网络化和智能化。

"一支队伍"就是社会治安防控队伍。这里既包括以公安为主的专业打击力量,也包括各种群防群治力量。在专业队伍建设方面,近年来各地都在整合职能、优化结构、调整布局,推动警力下沉,着力解决农村警力不足的问题。警力有限、民力无穷。要实现广大农村的平安和谐,必须激发群众的力量,只有群众广泛参与才能为社会治安防控体系建设注入源源不断的动力。各地群防群治的生动实践,让公安机关有了"千里眼""顺风耳",推动着平安建设,也让群众更有安全感。群防群治,已经成为社会治安防控体系建设的法宝。

二、落实综治领导责任制

平安乡村连着千家万户,牵动着民心。但平安不会随着经济发展自然而然地到来,前两年天津港发生特别重大火灾爆炸事故、广东深圳光明新区发生特别重大滑坡事故,这些事故并不是发生在经济欠发达地区,就是一个惨痛教训。所以在发展经济的同时,必须花深功夫、下大力气抓平安建设,否则发展的成果就不稳固,甚至会一夜之间化为乌有。近年来,通过深化平安建设,人民群众的安全感、满意度在不断攀升,但仍有一些地方社会治安状况群众不满意,必须有硬举措。

2016年3月,中共中央办公厅、国务院办公厅出台了《健全落实社会治安综合治理领导责任制规定》,虽然篇幅不长,但最大亮点是具有非常强的科学性、可操作性及约束力。规定中划出了几条硬杠杠,设定了硬程序。特别是分台阶实施通报、约谈、挂牌督办等方式,解决了一票否决权制实施难的问题,用真通报、真约谈、真督办、真问责解决整改落实难的问题。

通过有效落实领导责任制,形成了一级抓一级、层层抓落实的良好局面,推进了社会治安综合治理和平安建设各项措施的落实。各地实践表明,凡是社会治安综合治理领导责任制落实到位的地方,一定是矛盾纠纷少、社会和谐稳定的地方;相反,凡是社会治安综合治理领导责任制落实不到位的地方,往往都是社会治安问题突出、群众有怨言的地方。因此,建设平安乡村,必须始终把综治领导责任制抓在手上,这不是权宜之计,而是治本之策。

三、开展扫黑除恶专项斗争

经过多年的打击整治,黑恶势力近年来得到遏制,但黑恶势力还大量存在,活动逐渐趋于隐蔽,组织形态、攫取利益的方式也在发生改变,很多往往披着合法外衣,隐蔽性更强。2018年1月,中央下发《中共中央国务院关于开展扫黑除恶专项斗争的通知》(以下简称《通知》),决定在全国开展扫黑除恶专项斗争。《通知》强调,专项斗争要把打击黑恶势力犯罪和反腐败、基层"拍蝇"结合起来,把扫黑除恶和加强基层组织建设结合起来,深挖黑恶势力"保护伞"。"对涉黑涉恶问题尤其是群众反映强烈的大案要案,要有坚决的态度,无论涉及谁,都要一查到底,特别是要查清其背后的'保护伞',坚决依法查办,毫不含糊",实现中央政令自上而下的畅通,构建一个自上而下的清明政治生态。

四、深化农村安全隐患治理

广大农村公共安全隐患仍较突出,导致农村安全事故时有发生,主要表现为枯井、河塘等农村公共领域安全事故频发,农村自建房、道路交通、电力能源、冬季取暖安全问题较多,农村自办宴席卫生安全、部分农村饮水安全得不到保障等。农村已成为公共安全风险的重要源头。

本着谁建设、谁管理、谁维护的原则,近年来各地加大了隐患排查力度,组织相关部门深入农村,对危桥、农用机井、村庄坑塘、河道、饮水安全、农村安全用电、农村危房及公共设施等进行全面排查治理,该管的管,该修的修,该废弃停用的就在保证安全的情况下拆除填埋,防止其成为安全隐患。一些地方完善落实安全预防预警措施和突发事件应急预案,健全应急协调机制,一旦发生突发事件和重要紧急情况,迅速启动应急预案妥善应对处置。

五、打击农村非法宗教活动

我国实行宗教信仰自由政策,允许民众有正当的宗教信仰。但近年来,非法宗教活动在农村迅猛发展,开始在许多地区干预村庄公共事务。农村非法宗教活动问题与社会转型导致的农村治理困境、伦理危机、价值失落、精神空虚等一系列问题都有关联。但更重要的是,一些地方的基层组织在农村社会巨大变革过程中,逐渐弱化了服务管理功能,导致非法宗教乘虚而入,影响并支配着农民。

治理农村非法宗教活动,不仅要通过打击整治指标,更重要的是要建立治本的机制,从根本上消除土壤。要加强党在农村的组织建设,增强党在基层的凝聚力和向心力,让农民群众跟着党走。要强化民生保障,加大公共服务的投入,注重解决农民的实际困难,消除他们的心理焦虑,为农民提供一个健康舒适、安居乐业的环境。有了"抗体",才能起到治本的效果。

26

优先发展农村教育事业

让亿万农民生活得更美好,是实施乡村振兴战略的出发点和落脚点。2018年中央"一号文件"专门提出优先发展农村教育事业,放在了各项农村民生保障措施的首位,充分体现了优先发展、优先保障的政策导向。

一、农村教育事业发展成效显著

近年来,党中央、国务院高度重视农村教育事业发展,始终把农村教育作为优先领域,促进公共教育资源向农村倾斜,推进城乡基本公共教育服务均等化,取得了显著成效。

(一)农村学校办学条件显著改善

2013年启动实施了全面改善贫困地区农村义务教育薄弱学校基本办学条件工作,中央财政累计投入专项资金1620亿元,带动地方投入3000多亿元,832个贫困县已提前完成建设任务。连续实施了三期学前教育行动计划,重点建设农村学前教育服务网络,2017年全国学前三年毛入园率达79.6%。

(二)农村教师队伍素质稳步提升

实施乡村教师支持计划,努力造就一支素质优良、甘于奉献、扎根农村的教师队伍。党的十八大以来,"特岗计划"累计招聘35.5万余名特岗教师,覆盖中西部3万多所农村学校。全国28个省份实施地方师范生公费教育政策,每年吸引 4.1 万名高校毕业生到农村中小学任教。

(三)农村学生营养状况保障到位

出台了《国家贫困地区儿童发展规划(2014—2020年)》,对儿童的健康、营养和教育实施全过程的保障和干预。实施了农村义务教育学生营养改善计划,覆盖全国 1596 个县、14 万所农村学校、3700 多万学生,学生营养健康状况得到显著改善,身体素质得到明显提升。

(四)贫困学生资助政策全面覆盖

学前教育对家庭经济困难儿童、孤儿和残疾儿童予以资助,义务教育实施"两免一补"政策,普通高中率先免除建档立卡等家庭经济困难学生学杂费,中等职业教育对所有农村学生、城市涉农专业学生和家庭经济困难学生免除学费,高中阶段教育设立国家助学金,高等教育实施国家奖助学金、国家助学贷款、勤工助学、学费减免等多种资助方式,构建了覆盖全学段的资助政策体系。

(五)面向农村职业教育快速发展

以国家级农村职业教育与成人教育示范县创建、新型职业农民培养培训为抓手,加快推进涉农职业教育教学改革,提升职业院校办学水平,推动涉农职业教育人才培养模式创新。实施职业教育东西协作行动,学历教育和技能培训双管齐下,帮助建档立卡贫困学生实现就业脱贫,2017年跨省招生 30 余万人。

(六)农村学生入学机会稳步增加

2012 年以来陆续启动实施重点高校招收农村和贫困地区学生的国家、地方和高校三个专项计划,年度招生规模从 1 万人逐年增至 2017 年的 9.6 万人,年均增长 57%,累计录取学生 37 万人,初步形成了保障农村和贫困地区学生上重点高校的长效机制。

二、农村教育仍是教育事业发展的薄弱环节

虽然农村教育发展取得了明显进展,但长期以来受城乡二元结构的

影响,我国农村教育仍然相对落后。

（一）基础条件差,教育发展较为薄弱

农村教育欠账多,多项办学条件指标与全国平均水平仍有差距,一些农村学校教学仪器设备、器材和图书没有达到国家标准,寄宿制学校宿舍、食堂、浴室等生活设施不足。

（二）农村教师整体素质不高,成为制约教育质量提升的主要瓶颈

农村教师工作任务较重、生活条件艰苦、培训机会较少,优秀教师"下不去、留不住"。农村教师性别、年龄、学科结构不合理,结构性缺编突出,"教不好"的问题依然存在。

（三）城镇化快速推进,合理布局教育资源难度大

城镇化、工业化引发了大规模人口流动,一些地方出现了农村学校"空心化"和城镇学校"大班额"矛盾叠加的现象。

（四）控辍保学任务重,特殊群体教育保障仍需加强

受办学条件、地理环境、家庭经济状况和思想观念等多种因素影响,农村仍不同程度存在失学辍学现象,流动和留守儿童失学辍学、初中学生辍学等问题仍然较为突出。

三、努力让每个农村孩子都能享有公平而有质量的教育

实施乡村振兴战略,为农村教育带来了新的发展机遇,也提出了新的发展任务。教育关乎乡村振兴的根本,要以习近平新时代中国特色社会主义思想为指导,按照产业兴旺、生态宜居、乡风文明、治理有效、生活富裕的总体要求,紧紧围绕振兴乡村教育和教育振兴乡村两方面任务,切实把握乡村教育振兴的全面性、长远性和差异性。要针对当前农村教育发展的关键领域和薄弱环节,加大城乡教育资源均衡配置力度,继续把教育发展的重点放在农村,逐步建立健全全民覆盖、普惠共享、城乡一体的基本公

共教育服务体系,努力让每个农村孩子都能享有公平而有质量的教育。

(一)兜底线,保障每一个农村孩子都有学上

实现每个农村孩子"幼有所育""学有所教"是我们的工作目标,要不断提高各级各类教育的普及程度,给农村孩子提供更便利、更多样、更高层次的教育机会。推动建立以城带乡、整体推进、城乡一体、均衡发展的义务教育发展机制。建立健全农村留守儿童关爱服务体系,全面改善农村寄宿制学校条件,加强寄宿制学校管理,解决留守儿童教育支持、亲情关怀、生活照顾、家庭教育和安全保护等方面的问题。实施特殊教育提升计划,通过扩大特殊教育学校招生规模、加大普通学校随班就读和特教班工作力度、组织开展送教上门服务等多种形式,提高残疾儿童少年义务教育普及水平。实施高中阶段教育普及攻坚计划,加强教育基础薄弱县普通高中建设,提高高中阶段教育普及水平。大力发展面向农村的职业教育,使未能升入普通高中的农村初中毕业生都能接受中等职业教育。加强东西职业教育协作,加大城市支援农村力度,使中西部农村青少年到东部或城市接受职业教育,提高就业创业能力。

(二)保基本,使每一所农村学校都达到基本办学条件

农村教育在我国整个教育事业中占有较大的比重。只有尽快提高农村教育水平,才能促进教育整体水平提升,为每个人的健康成长奠定基础。要配齐教学设施,保证教室符合抗震、消防安全要求,每名学生有合格的课桌椅,配备必要的教学仪器和图书,因地制宜建设运动场,保障学生锻炼和活动空间。要配齐生活设施,每名寄宿学生有一个标准床位,配备必要的洗浴设施、食堂或伙房满足学生就餐需要,确保学生饮水安全,北方和高寒地区学校有冬季取暖设施。要加强乡村小规模学校建设,对学生规模不足100人的村小学和教学点,按100人的标准核定公用经费,配备相应的教学生活设施,确保正常运转。要加快发展农村学前教育,完善乡村学前教育公共服务网络,提高幼儿园保育教育质量。要加强乡村教师队伍建设,加快培养符合乡镇以下学校实际需要的小学"全科教师"和初中一专多能教师,优先安排公费师范生和"特岗"教师到教学点任

教。深入实施义务教育教师"县管校聘"改革,统筹城乡师资配置并向乡村学校倾斜,切实解决乡村教师结构性缺员问题。统筹配置城乡教师资源,通过稳步提高待遇等措施,增强乡村教师岗位吸引力和自豪感。

(三)上水平,扩大优质教育资源覆盖面

不仅要给农村孩子提供上学的机会,还要为他们提供更加优质的教育,让每一个学生都能学有所成。要推进义务教育均衡发展,发挥优质学校的辐射带动作用,通过组建教育集团、托管、培训和结对子等形式,支持带动农村薄弱学校。推动扩大教师交流的范围,鼓励优秀的校长和教师到农村薄弱学校任职任教。加强督导评估,以解决城乡义务教育学校校际差距为重点,督促和引导各地推进义务教育学校标准化建设,均衡配置教育资源。要加快推进教育信息化,以较低的成本,将优质教育资源数字化,便捷高效地向农村和边远地区扩散。加强乡村学校信息化基础设施建设,推进"同步课堂""专递课堂"和全国及区域性优质数字教育资源共享平台的普及开放等服务,让乡村的每一所学校都能共享优质教育资源,让农村孩子也和城市的孩子一样,能够听到最优秀的老师讲课,能够学到最先进的知识。继续实施支援中西部地区招生协作计划和农村贫困地区定向招生专项计划,将更多优质高等教育资源惠及农村学生。

(四)强保障,为人人成才创造良好条件

坚持因人施策,为每一个农村孩子提供适宜的教育和发展道路,采取各种资助措施帮助家庭经济困难学生完成学业,让每个孩子都能成长成才。要优化教育支出结构,加大农村教育投入,提高经费使用效益,逐步实现城乡基本公共教育服务均等化。要不断完善学生资助政策,形成覆盖学前教育到研究生教育家庭经济困难学生资助体系,努力保障教育机会平等。要把扶持农村最贫困地区和最困难群体作为优先任务,把合理配置教育资源作为根本措施,补齐短板、提高水平、完善制度,加快缩小城乡、区域、校际、群体教育发展差距,努力实现更高水平的普及教育,提供更加丰富的优质教育。要鼓励社会力量多种形式进入农村教育领域,多种途径扩大农村教育资源,满足农民群众差异化、个性化教育需求。

27

促进农村劳动力转移就业和农民增收

小康不小康,关键看老乡。中国要富,农民必须富。增加农民收入是"三农"工作的中心任务,检验农村工作实效的一个重要尺度就是看农民的钱袋子鼓起来没有。习近平总书记明确要求:"增加农民收入,要构建长效政策机制,通过发展农村经济、组织农民外出务工经商、增加农民财产性收入等多种途径,不断缩小城乡居民收入差距,让广大农民尽快富裕起来。"党的十九大报告将生活富裕作为乡村振兴的总体要求之一,2018年中央"一号文件"根据农民就业、增收面临的新形势,提出了具体的要求和任务。

一、党的十八大以来农民收入
保持持续增长的好势头

党的十八大以来,党中央始终把千方百计促进农民持续增收作为农业农村的中心工作之一,推动农民收入持续较快增长。2012—2017年,农民人均可支配收入从 8389 元增加到 13432 元,年均实际增长 8.0%,快于城镇居民人均可支配收入增速 1.5 个百分点;城乡居民收入比值由2.88∶1 缩小到 2.71∶1。

一是经营性收入仍是重要来源,但比重下降。经营性净收入占农民人均可支配收入的比重,由 2012 年的 44.6% 下降到 2017 年的 37.43%。

二是工资性收入是农村居民家庭的"顶梁柱",不仅在农民收入结构中占比最大,也是农民收入增长的最大贡献因素。近年来,党和政府千方百计引导农民外出务工、就地就近就业和返乡创业,增加工资性收入。2012—2017年,全部农民工数量从2.62亿人增加到2.87亿人。其中,外出农民工从1.63亿人增加到1.72亿人。农民工收入水平持续提高,2012—2017年,农民工月均收入从2290元增加到3485元。2017年,工资性收入占农民人均可支配收入的比重达到40.9%,对农民增收的贡献率达到44.6%,均超过经营性收入。

三是转移性收入比重不断提高。在国家持续强农惠农政策支持下,农民获得的补贴等转移性收入持续增长,转移性净收入占农民人均可支配收入的比重由2012年的8.7%上升到2017年的19.38%,比2012年提高了10.7个百分点。

二、农民持续增收面临的挑战

当前,城乡发展不平衡是我国最大的发展不平衡,农村发展不充分是最大的不充分,突出表现在城乡居民收入差距上面。从绝对数来看,城乡居民收入差距仍然较大,2017年的比值仍高达2.71。农民工工资收入水平总体仍然很低,仅为城镇在岗职工平均工资的50%左右。

从结构看,农民的工资性收入增长放缓。外出务工是农民收入增长的最主要来源,但近几年,新增民工数量增幅和农民工工资增速都出现下降,直接影响到农民的工资性收入增长。2011—2017年,外出农民工增速呈逐年回落趋势,增速分别为3.4%、3%、1.7%、1.3%、0.4%、0.3%、1.48%。农民工月工资收入增速也从2011年起逐年下降,名义增速从2011年的21.2%下降到2017年的6.4%,从2014年起就降至个位数。农民工工资增速下降,与近年来我国经济增速下滑、产业结构调整、用工需求下降有关。农民工工资水平普遍较低,则与其就业技能不高有关,大多数农民工的教育程度为初中,仍处于较低的水平,农民工接受技能培训的比例仍然较低,大多数农民工无法胜任高技能的工作,制约了农民工就业能力的提升,进而也制约了其工资收入的持续增长。

农业劳动生产率低,农民经营性收入增长难。劳动生产率水平是决定工资水平的根本性因素。目前,我国农业产业就业人员占比仍接近30%,但增加值占比已降到10%以下。农业的比较劳动生产率和城乡居民收入差距基本上是对应的,这从根本上决定了农业就业人员的收入无法达到全社会平均水平。

另外,农民的收入来源中,财产性收入比重较低,2017年仅为2.3%。在多数地区,农村集体经济不发达,农村集体资产、农村经营性建设用地、农民宅基地等仍是"沉睡的资产",给农民带来的收益较少。

三、促进农村劳动力转移就业和
农民增收的政策举措

乡村振兴的出发点和落脚点,是为了让亿万农民生活得更美好,在共同富裕的道路上赶上来、不掉队,在共建共享发展中有更多获得感。2018年中央"一号文件"提出,要拓宽农民增收渠道,鼓励农民勤劳守法致富,增加农村低收入者收入,扩大农村中等收入群体,保持农村居民收入增速快于城镇居民。

(一)促进农民工多渠道转移就业,提高就业质量

2018年中央"一号文件"提出,要健全覆盖城乡的公共就业服务体系,大规模开展职业技能培训,促进农民工多渠道转移就业,提高就业质量。落实这些要求,必须根据经济结构调整和劳动力市场出现的新变化,把提升农村劳动力技能作为关键,继续多渠道促进农村劳动力向非农产业和城镇转移就业。

一是稳定和扩大农村转移劳动力就业创业。实施就业优先战略和更加积极的就业政策,优化就业创业环境。着力坚持统筹城乡就业,实行城乡劳动者平等的就业制度,消除对农村劳动力转移就业的政策障碍,不断

改善农村劳动者进城务工环境。注重做好新生代农民工和农村贫困人口的就业工作。

二是强化公共就业服务。建立健全覆盖城乡的公共就业服务体系，完善就业失业登记制度，为包括农村转移劳动力在内的所有劳动者免费提供政策咨询、岗位信息、职业指导、职业介绍等服务。着力推进公共就业创业服务专业化、信息化。大规模开展职业技能培训，以促进转移就业为目标，加大对农村富余劳动力、"两后生"和在岗农民工的技能培训投入力度，通过培训提高技能，进而提高工资收入水平。

三是加强扶持引导服务，实施乡村就业创业促进行动，鼓励农民工返乡创业。要像当年抓乡镇企业发展一样抓"归雁经济"，像吸引外商侨商一样培育"返乡创客"，像抓城市招商引资一样抓农村"招商引智"，大力推进农民工返乡创业，以创业带动就业。下一步，要落实税费减免、担保贷款贴息等创业扶持政策，加强创业培训，为有创业意愿和服务需求的劳动者提供信息咨询、开业指导、创业孵化、跟踪辅导等"一条龙"创业服务，提高创业成功率。国家将推进实施《鼓励农民工等人员返乡创业三年行动计划纲要（2015—2017 年）》，各地各部门要细化具体政策措施，开展好支持农民工等人员返乡创业试点工作。

（二）持续推进农业转移人口市民化，提高农业劳动生产率

2018 年中央"一号文件"提出，要深化户籍制度改革，促进有条件、有意愿、在城镇有稳定就业和住所的农业转移人口在城镇有序落户，依法平等享受城镇公共服务。推进农业转移人口在城镇落户定居，要从以下几个方面入手：

一是适应农民工省内就业比重不断提高的趋势，加快推进农业转移人口在省内落户定居。目前，农业转移人口在省内就业的比重已达到72.8%，并以每年近 1 个百分点的速度上升。近年新增的农民工中，省内就业的比重也超过60%。未来，数千万第一代外出农民工将逐步退出城市劳动力市场，其中的相当一部分将回到家乡的城镇定居。同时，还有一部分新生代农民工要回省就业或创业。要适应这一趋势，大力发展中小

城市和县域经济,进一步放宽省内落户定居的限制,引导农民工在家乡城市(城镇)落户定居,使存量农民工中的80%以上在省内实现市民化。

二是以举家外出人群为重点,推进跨省转移的农民工及其家属在流入地落户定居。中小城市和城镇要加快取消落户门槛,把有意愿的跨省农业转移人口转为市民;大城市和特大城市也要制定差异化的落户政策,分区域合理设置门槛,通过积分落户等方式完善居住证制度和落户政策之间的衔接机制,让跨省农业转移人口落户,并优先解决举家外出跨省农业转移人口的落户问题。

三是加快推进公共服务均等化,实现基本公共服务向农业转移人口全覆盖。对暂不符合落户条件或没有落户意愿又有常住需求的农民工及其家属、特别是新生代农民工,根据权利和义务对等原则,通过居住证制度梯度赋权,优先解决子女教育、公共卫生、住房保障等基本民生问题,使他们在流入地居住期间享受与户籍居民同等的基本公共服务,并随社会贡献的增加享受到更多的市民权利。

(三)促进乡村经济多元化,挖掘农业农村内部就业增收潜力

2018年中央"一号文件"特别强调,要立足农村内部,拓展农民增收渠道,并首次提出了"乡村经济多元化"的要求。

一是要持续增加农民家庭经营性收入。加快发展现代高效农业,推进农业绿色化、优质化、特色化、品牌化,延长农业产业链、提升价值链、完善利益链,扩大高附加值农产品出口,健全农产品产销稳定衔接机制,通过农产品质量提升、品牌溢价增加农民收入。要以"三权分置"改革促进农用地流转与集中,加快农业适度规模经营发展步伐,加快发展农业社会化服务体系,通过规模经营降低农业生产经营成本,增加净收入。特别是要始终把提高粮食生产效益、增加种粮农民收入作为一项重大政策,不断完善粮食价格形成机制和收储制度,构建符合我国国情的农业支持保护体系,不让种粮农民在经济上吃亏。

二是充分发挥农村的独特资源和优势,开辟农民收入增长的新空间。一方面,要深度挖掘农业的多种功能,大力培育壮大农村新产业新业态,

推动农村一二三产业融合发展,让农民共享产业升级和融合发展的增值收益。另一方面,要大力发展文化、科技、旅游、生态等乡村特色产业,振兴传统工艺,培育一批家庭工场、手工作坊、乡村车间,鼓励在乡村地区兴办环境友好型企业,通过乡村经济多元化为农民提供更多就业岗位,不断拓展农民增收新领域。

（四）通过改革激活农村"沉睡的资产",增加农民财产性收入

财产性收入,是近年来农民收入增长的新动力,未来也有较大发展空间。增加农民财产性收入,不仅要深化农村土地制度改革,让农民更多分享承包地、宅基地的财产性收入,更要壮大集体经济。集体经济是促进农民增收实现共同富裕的有效载体,要创新集体经济发展思路,拓宽集体经济发展途径,建立符合市场经济要求的集体经济运行机制,确保集体资产保值增值。特别是要深入推进农村集体产权制度改革,推动资源变资产、资金变股金、农民变股东,盘活农村资源资产,探索农村集体经济新的实现形式和运行机制,确保农民受益。

$$28$$

推动农村基础设施提挡升级

2018 年中央"一号文件"将提高农村民生保障水平,塑造美丽乡村新风貌作为乡村振兴的重要内容,明确提出要推动农村基础设施提挡升级,这既是实现乡村全面振兴、加快补齐农村民生短板、提高农村美好生活保障水平的坚实基础,也是坚持农业农村优先发展、促进农业农村现代化工作的必然要求。

一、推动农村基础设施提挡升级具备良好条件

(一)"四好农村公路"建设取得了实实在在的成效

党的十八大以来,习近平总书记先后三次作出重要指示,要求建好、管好、护好、运营好农村公路。到 2017 年年底,全国农村公路总里程达400 万公里,99.24%的乡镇和98.34%的建制村通上了沥青路、水泥路。"晴天一身土,雨天一身泥"正成为历史;乡镇和建制村通客车率分别达到99.1%和96.5%,6 亿农民"出门硬化路,抬脚上客车"的梦想正变为现实。五年来,全国新建改建农村公路127.5 万公里,每年新增通客车的建制村5000 个以上,农村"穷在天,困在路"的局面改变了,城乡距离拉近了,"出行难"问题得到有效解决,交通扶贫精准化水平不断提高,农村物流网络不断完善。

（二）农村水利基础设施网络体系不断完善

五年来,节水供水重大水利工程建设全面提速,国务院确定的172项重大水利工程已累计开工122项,甘肃引洮供水、四川武引二期灌区等重大项目陆续开工建设,青海湟水北干渠扶贫灌溉等一批工程相继建成并发挥效益;农村饮水安全工作有序推进,在全面完成"十二五"农村饮水安全工程规划任务、解决3.04亿农村居民和4133万农村学校师生饮水安全问题的基础上,"十三五"开始实施农村饮水安全巩固提升工程,聚焦全面解决贫困地区饮水安全问题,两年实施工程覆盖受益人口9000多万人。截至2017年年底,我国农村集中供水率达85%,自来水普及率达80%。

（三）农村公共基础设施持续改善

五年来,农村公共基础设施建设不断加强,农村人居环境整治加快推进,新一轮农村电网改造升级工程顺利实施,平原地区农田机井实现"井井通电",6.6万个小城镇（中心村）电网改造升级实现全覆盖,7.8万个自然村新通动力电,受益人口达到1.56亿,农村供电稳定性明显增强;90%以上的行政村通上了宽带互联网,农村电商蓬勃发展,农业产业链有效延长、价值链迅速提升、增收链不断拓宽,"互联网+"模式深入人心,农村教育信息化程度大幅提高,远程医疗网络持续向村镇延伸,城乡基本公共服务均等化水平稳步攀升,农民生产生活条件明显改善。

二、深刻认识推动农村基础设施
提挡升级的内涵要义

尽管农业农村发展取得历史性成就,我们还应清楚地看到,目前农业农村基础差、底子薄、发展滞后的状况尚未根本改变,还面临不少困难和问题。农村基础设施仍然是发展的明显短板,如农村公路道路等级低、通行能力弱、与外界连通性差等问题比较突出;农村水利基础设施还不完善,标准偏低,质量不高问题比较普遍;农村环境和生态问题不容忽视,农业面源污染、白色污染严重,多数村庄没有污水、垃圾处理设施等。

现阶段,城乡差距最直观的是基础设施和公共服务差距大。农业农村优先发展,要体现在公共资源配置上。要把公共基础设施建设的重点放在农村,推进城乡基础设施共建共享、互联互通,推动农村基础设施提挡升级,特别是加快道路、农田水利、水利设施建设,完善管护运行机制。2018年中央"一号文件"明确提出"继续把基础设施建设重点放在农村,加快农村公路、供水、供气、环保、电网、物流、信息、广播电视等基础设施建设,推动城乡基础设施互联互通""抓紧研究提出深化农村公共基础设施管护体制改革指导意见",这些都为农村基础设施建设工作明确了重点、指明了方向。

推动农村基础设施提挡升级,一方面大力加强农村建设,继续把公共基础设施建设的重点放在农村,瞄准农民群众最期盼、农村生产生活最需要的设施精准投入、精准建设,补齐农村基础设施建设短板;另一方面,要推进城镇基础设施和公共服务向农村延伸,逐步建立城乡一体、普惠共享的基本公共服务体系,促进城乡基本公共服务均等化,推动农业全面升级、农村全面进步、农民全面发展。

三、农村基础设施提挡升级要实现重点突破

针对落实乡村振兴战略的新部署新任务新要求,要在交通物流、农村水利、能源、通信、环保等基础设施建设领域形成重点突破,形成典型带动作用,推动农村基础设施建设全面提挡升级。

(一)以示范县为载体全面推进"四好农村路"建设,推动农村公路向高质量发展

除少数不具备条件的乡镇、建制村外,要在2019年年底前全部实现通硬化路。加快实施通村组硬化路建设,推进农村公路向进村入户倾斜。扎实推进特色致富路,加快资源路、旅游路、产业路建设。全力打造平安放心路,加强危桥和窄路加宽改造。实施农村公路安全生命防护工程,

2020年完成乡道及以上公路安全隐患治理。深化农村公路管理养护体制改革,加快完善组织保障、资金保障和绩效考核体系。大力推进城乡交通运输服务一体化,确保2020年实现具备条件的建制村全部通客车。加快县乡村三级物流网络体系建设步伐,按照"多站合一,资源共享"的原则,加快推进商贸、邮政、供销、运输等农村物流设施网络布局,推动县级仓储配送中心、乡镇农村物流服务站、村级农村物流服务点、农村物流快递公共取送点等建设,打通农村物流"最后一公里"。

(二)推进节水供水重大水利工程建设,实施农村饮水安全巩固提升工程

按照习近平总书记提出的"确有需要、生态安全、可以持续"的原则,科学有序推进重大水利工程建设,进一步做好新建项目前期工作,严格工程方案、环境影响、资金落实等建设条件和标准审核,成熟一项,实施一项,见效一项。抓重点、补短板、强弱项、建机制,着力构建大中小微结合、功能配套完善、长期发挥效益的农村水利基础设施网络,加快农村灌溉排水骨干工程建设改造,开展小型农田水利设施达标提质。加强中小河流治理、重点区域排涝能力、病险水库水闸除险加固、山洪灾害防治、农村基层防汛预报预警体系建设,统筹推进中小型水源工程和抗旱应急能力建设。继续实施农村饮水安全巩固提升工程,推进城乡供水一体化和农村饮水安全工程规模化标准化建设,加强水源保护,强化水质保障,完善工程良性运行机制,进一步提高农村集中供水率、自来水普及率、供水保证率和水质达标率。

(三)加快新一轮农村电网改造升级,推进农村可再生能源开发利用

完善农村能源基础设施网络,加快新一轮农村电网升级改造,制定农村通动力电规划,推动供气设施向农村延伸,形成以电网为基础,与燃气管网、热力管网、交通网络等互补衔接、协同转化的设施网络体系。深入推进农村能源生产和消费革命,构建清洁低碳、安全高效的现代农村能源体系。优化农村能源供给结构,因地制宜建设农村分布式清洁能源网络,大力发展太阳能、浅层地热能、生物质能等,因地制宜开展水能、风能评估和利用,实现供能方式多元化。推进农村能源消费升级,大幅提高电能在农村能源消费中的比重,积极稳妥推进北方地区散煤替代和清洁利用,在气源落实条件下有规划地推进煤改气。大力发展"互联网+"智慧能源,全面提升农村能源消费智能化、高效化水平。

(四)实施数字乡村战略

加快农村地区宽带网络和第四代移动通信网络覆盖步伐,实施新一代信息基础设施建设工程,推进接入能力低的行政村进行光纤升级改造,在部分地区推进"百兆乡村"示范及配套支撑工程,改造提升乡镇及以下区域光纤宽带渗透率和接入能力,开展城域网扩容改造。做好数字乡村战略整体规划设计,推进农村基层政务信息化应用,推广远程教育、远程医疗、金融服务进村等信息服务,建立空间化、智能化的新型农村统计信息系统,弥合城乡数字鸿沟。在乡村信息化基础设施建设过程中同步规划、同步建设、同步实施网络安全工作,确保信息系统网络运行安全、重要数据安全和公民个人信息安全。

(五)加强农村防灾减灾救灾能力建设

坚持以防为主、防抗救相结合,坚持常态减灾与非常态救灾相统一,全面提高抵御气象、旱涝、地震、地质、海洋、森林草原、火灾等灾害综合防范能力。加强农村自然灾害监测预报预警,实施国家突发事件预警信息发布能力提升工程,解决农村预警信息发布"最后一公里"问题。加强防汛抗旱、防震减灾、防风抗潮等防灾减灾工程建设。推进实施自然灾害高风险区农村困难群众危房改造,提升农村住房设防水平和抗灾能力。全面深化森林、草原火灾防控治理。大力推进农村公共消防设施、消防力量和消防安全管理组织建设,改善农村消防安全条件,提高防控火灾和应急救援能力。推进自然灾害救助物资储备体系建设,在有条件的多灾易灾乡村设置救灾物资储存室。开展灾害救助应急预案编制和演练,加强社区救灾应急物资储备和志愿者队伍建设。完善应对灾害的政策支持体系和灾后重建工作机制。在农村广泛开展防灾减灾宣传教育。

四、着力强化农村基础设施提挡升级政策保障

(一)加大资金投入支持力度

强化农村基础设施提挡升级,投入是关键,必须健全投入保障制度,创新投融资体制机制,加快形成财政优先保障、金融重点支持、社会积极参与的多元投入格局。加大政府投资对农业绿色生产、可持续发展、农村人居环境、基本公共服务等重点领域和薄弱环节支持力度,充分发挥投资对优化供给结构的关键性作用。规范地方政府举债融资机制,支持地方政府发行一般债券用于支持乡村振兴领域公益性项目。有效拓宽农村基础设施提挡升级资金筹措渠道,加强金融机构对农村基础设施建设的服务支持,加大农村基础设施和公用事业领域开放力度,充分发挥政府投资的引导作用,吸引金融和社会资本更多投向农村基础设施建设。

(二)创新农村基础设施建管机制

农村基础设施三分靠建,七分靠管。要创新农村基础设施建管机制,坚持先建机制、后建工程,健全完善工程管理体制,鼓励将城市周边农村、规模较大中心镇纳入城镇基础设施建设规划,由市政部门统一建设、统一运营维护。对农村集中供水、污水垃圾集中处理等设施建设和运营,鼓励推行代建制、特许或委托经营等模式。对点多面广、布局分散的小型农村基础设施,鼓励通过政府购买服务、村民自建自管等方式建设和运行。要完善农村基础设施产权制度,明确所有权,根据农村基础设施的性质和层级,合理确定建设和管护责任主体,落实地方政府、村集体、企业、农民等主体责任,落实工程管理主体与责任。要建立合理的水价制度,加强水费征收,落实地方财政补贴机制,确保工程可持续运行。要持续加强农村基础设施管护体制改革,加大成品油消费税转移支付资金用于农村公路养护力度,抓紧研究出台深化农村公共基础设施管护体制改革指导意见。

29

加强农村社会保障体系建设

党的十八大以来,中央把建立农村社会保障体系作为保障和改善民生的重要内容,采取了一系列行之有效的政策措施,推进建立统一的城乡居民基本养老保险、基本医疗保险等制度,城乡社会保障走向并轨,标志着农村社会保障体系建设迈入了新的阶段,开创了新的局面。由于长期存在资金投入不足、覆盖范围较窄、保障水平偏低、经办力量薄弱等突出问题,我国农村社会保障尚不能满足广大农村居民日益增长的需求。党的十九大报告中强调,全面建成覆盖全民、城乡统筹、权责清晰、保障适度、可持续的多层次社会保障体系。按照这一决策部署,2018 年中央"一号文件"就加强农村社会保障体系建设专门进行了部署。

一、完善城乡居民基本养老保险制度

老有所养是农民群众的最大期盼之一。2014 年 2 月,国务院出台《关于建立统一的城乡居民基本养老保险制度的意见》。截至 2017 年 12 月底,城乡居民养老保险参保人数 51255 万人,其中,实际领取待遇人数 15598 万人。总体来看,农村养老保险保障水平较低,养老金标准平均仅为 125 元,农村居民的养老保障水平仅为城镇居民的 1/20。目前,仍有 1.5 亿农民游离于城乡居民基本养老保险之外。针对这些问题,2018 年中央"一号文件"强调完善城乡居民基本养老保险制度,推动建立城乡居民基本养老保险待遇确定和基础养老金标准正常调整机制。

目前,人力资源和社会保障部、财政部已经印发《关于建立城乡居民基本养老保险待遇确定和基础养老金正常调整机制的指导意见》。主要内容包括:一是完善待遇确定机制,中央根据全国城乡居民人均可支配收入和财力状况等因素,确定全国基础养老金最低标准;地方根据当地实际提高基础养老金标准。二是建立基础养老金正常调整机制,参考城乡居民收入增长、物价变动和职工基本养老保险等标准,适时提出调整方案。三是建立个人缴费档次标准调整机制,最高缴费档次标准原则上不超过当地灵活就业人员参加职工基本养老保险的年缴费额;对重度残疾人等缴费困难群体,可保留现行最低缴费档次标准。四是建立缴费补贴调整机制,引导城乡居民选择高档次标准缴费;鼓励集体经济组织提高缴费补助,鼓励其他社会组织、公益慈善组织、个人为参保人缴费加大资助。五是实现个人账户基金保值增值,提高个人账户养老金水平和基金支付能力。

二、完善医疗保障体系

"健康"是每个人心中的梦想。对于医疗卫生水平远落后于城市的农村居民来说,更是渴望有一个重公平、可持续的医保制度来帮助他们实现"健康"梦。

(一)整合城乡居民基本医疗保险制度和大病保险制度

我国的基本医疗保险体系包括职工基本医疗保险、城镇居民基本医疗保险和新型农村合作医疗保险三项制度,分别针对城镇就业人口、城镇非就业人口和农村人口于不同时期逐步建立。但随着我国经济社会发展特别是城镇化进程加速,这种制度分设、城乡分割、体制分散的弊端日趋突出。党的十八大明确提出"整合城乡居民基本医疗保险制度"的要求,并作为重点改革任务。2016 年 1 月,国务院印发了《关于整合城乡居民基本医疗保险制度的意见》,重点从整合制度政策、理顺管理体制、提高服务效能三个层面,对整合城镇居民医保与新农合两项制度提出了意见,并着重实现"六统一"(统一覆盖范围、统一筹资政策、统一保障待遇、统一医保目录、统一定点管理、统一基金管理)。近两年来,各地逐步展开城乡居民基本医保并轨改革。截至目前,全国 32 个省、自治区、直辖市(含兵团)除西藏外,均已开始推进整合城乡居民基本医疗保险制度工作;全国 334 个地市中,有 80% 以上地市出台具体实施方案并基本启动运行。

制度整合以来,城乡居民特别是农村居民保障水平和医疗服务利用水平均有提高,医保基金互助共济能力增强,城乡一体化管理服务的加快推行,管理水平明显提高。今后将在总结各地经验的基础上,推动整合城乡居民基本医疗保险和大病保险制度,并不断提升整合质量、完善机制、提升服务,促进深度融合。

(二)提高医疗保障水平

各地不断巩固完善有关政策,增强保障能力,对建档立卡贫困人口等实施降低起付线、提高报销比例和封顶线等倾斜性支付政策,进一步提高贫困人口医疗保障水平,助力脱贫攻坚。今后将继续扩大医疗救助人群范围和重大疾病保障病种范围,提高医疗服务水平。

(三)巩固城乡居民医保全国异地就医联网直接结算

跨省异地就医直接结算不仅极大方便了广大参保人员,减轻了费用垫付的压力,还有效避免了不法分子利用虚假医疗票据欺诈骗取医保基金的现象,并为建立全国统一的社会保险公共服务平台探索了现实路径。坚持高起点、全兼容、广覆盖,联通部、省、市、县四级经办机构的国家异地就医结算系统已全面建成,超过 80% 以上的县区至少开通一家定点医疗机构。建立了异地就医进展定期发布机制,通过人社部门户网站和部政务微信平台进行权威发布,开通跨省异地就医网上查询系统。按照 2018 年中央"一号文件"要求,要进一步深化支付方式改革,不断优化完善异地就医直接结算运行机制,进一步拓展异地就医结算系统功能。

（四）提高管理水平

建立完善适应不同人群、疾病、服务特点的多元复合支付方式,针对不同医疗服务特点,推进医保支付方式分类改革。重点推行按病种付费,做好按病种收费、付费政策衔接,合理确定收费、付费标准,实现全国范围内医疗服务项目名称和内涵的统一。开展按疾病诊断相关分组付费试点,探索建立按疾病诊断相关分组付费体系。完善按人头付费、按床日付费等支付方式。强化对医疗行为的监管,将监管重点从医疗费用控制转向医疗费用和医疗质量双控制。

坚持统筹协调,统一规范政策和经办流程,简化办事程序,提高经办能力。全面落实就医地管理责任,实行"就医地目录范围、参保地待遇标准""就医地管理""先预付、后清算"等管理办法,推行电话备案、网上备案,取消所有需要就医地提供的证明和盖章。落实分级诊疗要求,指导各地制定规范的异地转诊规定。

三、统筹城乡社会救助体系

社会救助是社会保障的最后一道防护线和安全网,是维护社会安定的重要保证。我国逐步建立了以城乡低保、农村五保供养为核心,以专项救助为辅助,覆盖城乡的社会救助体系,初步实现了社会救助制度的定型化、规范化和体系化。

党的十八大以来,随着党和国家逐渐加大保障和改善民生的工作力度,社会救助体系不断完善,覆盖范围持续扩大,救助水平稳步提高,社会救助体系建设取得显著成效。2017年,中央财政安排低保、特困、临时救助、孤儿基本生活保障、流浪乞讨人员救助的困难群众基本生活救助补助资金为1331亿元。2017年,全国共有城乡低保对象5311万人,城市、农村低保平均标准分别为541元/人/月、4302元/人/年,全年支出城乡低保资金1624.9亿元。全国共有城乡特困人员492万人,其中城市、农村分别为25万人、467万人,基本生活平均标准分别为8292元/人/年、6323

元/人/年,全年支出救济供养资金 258.49 亿元。各项专项救济工作稳步推进。全国共支出医疗救助资金 320.59 亿元(中央安排 155 亿元)实施医疗救济 8738 万人次,其中直接救助 3535 万人次、资助困难群众参加基本医疗保险 5203 万人次。中央财政投入 266.9 亿元,集中支持 190.6 万户农村建档立卡贫困户等四类重点对象实施农村危房改造。全国共实施临时救助 893 万人次,累计支出资金 141.34 亿元。此外,针对垦区受灾人员、困难职工子女、农民工、残疾人、老人等救助工作稳步推进,社会力量参与社会救助得到深化。

针对社会救助工作仍然存在的部分地方救助标准低、对象认定不够精准、部门地方协调性不够、财政压力大、资源统筹不够、救助管理不规范等问题,2018 年中央"一号文件"要求,进一步完善最低生活保障制度,保障妇女儿童合法权益,完善社会救助、社会福利、慈善事业、优抚安置等制度,健全农村留守儿童和妇女、老年人关爱服务体系,加强残疾康复服务。在此基础上,还提出了救助政策上的三项新举措:一是在具体救助对象上,从农村实际出发,专门增加了困境儿童,主要救助因家庭贫困导致生活、就医、就学等困难的儿童,因自身残疾导致康复、照料、护理和社会融入等困难的儿童,以及因家庭监护缺失或监护不当遭受虐待、遗弃、意外伤害、不法侵害等导致人身安全受到威胁或侵害的儿童;二是将进城落户农业转移人口全部纳入城镇住房保障体系,解决进城务工困难农民工住房保障问题;三是创新农村养老多元化照料服务模式,解决新形势下农村家庭养老弱化、对社会养老需求增加的问题。

30

推进健康乡村建设

一、强化农村公共卫生服务

党的十八大以来,国家高度重视农村公共卫生工作,形成政府主导、部门协同、社会参与的疾病防控工作机制,建立起以疾病预防控制机构为主体、医疗卫生机构参与的疾病防控体系,人民健康水平显著提高。

重大疾病是指严重危害公众健康和生命安全、严重影响国民经济和社会发展、严重损害国家安全和国际形象的一类疾病。目前主要包括以传染病(艾滋病、结核病、乙肝、血吸虫病、疟疾、鼠疫、霍乱、包虫病、布鲁菌病)、慢性非传染性疾病(高血压、脑卒中、糖尿病、肺癌、肝癌)、精神疾病(严重精神障碍)、地方病(碘缺乏病、大骨节病)、职业病(尘肺)为代表的 5 大类 18 种重大疾病。当前,我国传染病防控形势仍然严峻,现有艾滋病病毒感染者、结核病患者人数居世界第二位,乙型肝炎病毒携带者约占世界的 1/3。同时,慢性病患者人数快速增加,慢性病已成为居民最主要的死因,占到 85%。

2016 年 10 月,中共中央、国务院召开全国卫生与健康大会,将健康中国建设上升为国家战略,印发实施《"健康中国建设 2030"规划纲要》,从广泛的健康影响因素入手,以普及健康生活、优化健康服务、完善健康保障、建设健康环境、发展健康产业为重点,把健康融入所有政策,全方位、全周期保障人民健康。加强慢性病综合防控,大力推进农村地区精神疾病、职业病和重大传染病防治,提高重点疾病筛查率和早诊早治率。完善重大疾病防治体系,启动新一轮公共卫生机构建设。加强临床医学与公共卫生整合,优先建设地市级综合医院精神卫生专科和县级精神卫生等专业机构,重点加强县级以上综合医院肿瘤防治专科和肿瘤防治专科医院建设。加强重大疾病监测预警能力和分析评估系统建设。

二、完善基本公共卫生服务项目补助政策

我国疾病谱呈现双重疾病负担,一方面慢性非传染性疾病成为主要的健康问题,另一方面重大传染病防控形势仍然比较严峻,同时人口老龄化进程不断加快,卫生服务发展不平衡、不充分问题依然比较突出。在上述背景下,2009 年,政府启动实施国家基本公共卫生服务项目,目的是对城乡居民健康问题实施干预措施,减少主要健康危险因素,有效预防和控制主要传染病和慢性病,提高公共卫生服务和突发公共卫生事件应急处置能力,使城乡居民逐步享有均等化的基本公共卫生服务。基本公共卫生服务项目根据经济社会发展状况、主要公共卫生问题和干预措施效果确定,并随着经济社会发展、公共卫生服务需要和财政承受能力适时调整,所需经费纳入政府预算。项目实施主体为基层医疗卫生机构,在农村地区为乡镇卫生院、村卫生室等。

2009—2017 年,人均基本公共卫生服务经费补助标准从 15 元提高到 50 元,服务内容从 9 类扩展至 14 类,包括建立居民健康档案、健康教育、预防接种和 0—6 岁儿童、孕产妇、65 岁及以上老年人、高血压和糖尿病患者、严重精神障碍患者、肺结核患者、中医药健康管理以及传染病和突发公共卫生事件报告和处理、卫生计生监督协管、免费提供避孕药具、健康素养促进。全周期全人群免费的基本公共卫生服务链条初步形成,如 0—6 岁儿童可获得新生儿家庭访视、生长发育监测评估、预防接种等服务;孕产妇可获得建立母子健康手册、孕早期产前检查、产后访视等服务;65 岁及以上老年人每年可获得 1 次健康体检服务,包括血尿常规、肝肾功能、血糖血脂、B 超心电图检查等;高血压、糖尿病、严重精神障碍和

肺结核等患者,可获得测量血压血糖、定期随访和用药指导等服务;健康人群可获得建立健康档案、健康教育等服务。

三、加强基层医疗卫生服务体系建设

广义上来讲,基层医疗卫生机构在农村地区包括县乡村三级医疗卫生服务网,即县级医院、乡镇卫生院和村卫生室。2012—2017 年,国家投入 476 亿元,支持 2057 个县医院项目建设,至 2017 年年底,全国有县和县级市医院 1.36 万个,普遍达到二级以上水平,在解决群众看病就医和实现"大病不出县"方面发挥了重要作用。乡镇卫生院和村卫生室是我国农村地区医疗卫生服务的网点,为老百姓提供常见病、多发病的诊治等基本医疗服务和基本公共卫生服务。乡镇卫生院和村卫生室数量多、分布广、与百姓最贴近,目前,全国有乡镇卫生院 3.65 万个,村卫生室 63.2 万个,基本实现乡乡有卫生院、村村有卫生室。2012—2017 年,国家投入 254 亿元,支持建设乡镇卫生院 1.9 万个,村卫生室 9.4 万个;投入 21.6 亿元,用于为村卫生室配备健康一体机,推动基层设施设备提挡升级,至 2017 年,全国乡镇卫生院标准化建设达标率达到 80.2%,基层医疗卫生机构就医环境明显改善。

国家将继续加强基层医疗卫生服务体系建设,支持 500 家县医院建设成三级医院,支持中西部地区基层医疗卫生机构标准化建设和设备提挡升级,每个乡镇卫生院都有全科医生。同时加强乡村医生队伍建设,全面开展乡村医生申请执业(助理)医师资格考试,拓展乡村医生职业发展空间。开展乡镇卫生院服务能力评价,加强基层医疗卫生服务能力建设,持续改进医疗服务质量,提升基层就诊率和群众满意度。

四、开展和规范家庭医生签约服务

现阶段,我国家庭医生主要包括基层医疗卫生机构注册全科医生,以及具备能力的乡镇卫生院医师和乡村医生等。家庭医生为群众提供全生命周期、全流程的连续性、综合性健康服务,包括基本医疗服务、公共卫生服务和约定的健康管理服务。基本医疗服务包括常见病、多发病的中西医诊治、合理用药、就医路径指导和转诊预约等。健康管理服务主要是针对居民健康状况和需求,制订不同类型的个性化服务内容,包括健康评估、康复指导、家庭病床服务、家庭护理、中医药"治未病"服务、远程健康监测等。通过开展家庭医生签约服务,将间断性服务变为连续性服务,将单一的疾病治疗变为综合的健康管理。建立家庭医生签约服务制度,让群众患病后第一时间问诊自己的家庭医生,有利于形成基层首诊、双向转诊、急慢分治、上下联动的有序就医格局,促进分级诊疗制度的形成。

国家将继续大力推动和规范家庭医生签约服务工作,在稳定签约数量、巩固覆盖面的基础上,把工作重点放在提质增效上,签约一人、履约一人、做实一人。优先做好老年人、孕产妇、儿童以及高血压、糖尿病、结核病等慢性病和严重精神障碍患者等重点人群签约服务,落实健康扶贫要求,优先推进贫困人口签约。做实做细签约服务各项任务,统筹做好基本医疗和基本公共卫生服务,提高常见病多发病诊疗服务能力,推广预约诊疗服务,做好转诊服务,保障签约居民基本用药,推广实施慢病长处方用药政策,开展个性化签约服务。重点解决好签约居民的看病就医问题,鼓励发展个性化签约服务,满足居民多样的健康服务需求。

五、加强乡村中医药服务

中医药服务具有"简、便、验、廉"的特点,具有广泛的群众基础,充分发挥其在"治未病"中的主导作用、在重大疾病治疗中的协同作用、在疾病康复中的核心作用,是为广大农村居民提供全生命周期健康保障、建设健康乡村、助力健康扶贫、实现乡村振兴的重要组成部分。为有效解决人民群众就近看中医、方便看中医的问题,2012 年以来,国家实施了基层中医药服务能力提升工程及其"十三五"行动计划。下一步将继续做好基层中医药服务能力提升工作，从加强乡镇卫生院和村卫生室条件建设、强化乡村中医药人才培养、发挥中医药特色优势、推广中医适宜技术等方面，不断扩大乡村中医药服务覆盖面，让更多的乡镇卫生院、村卫生室能够提供中医药服务，使中医医疗和养生保健延伸到更多的乡村和家庭，方便广大农村居民就近就医。不断丰富乡村中医药服务内涵，在乡镇卫生院建设更多的中医馆、国医堂，改善村卫生室中医药服务环境，让农村居民能够享受到集医疗、预防、保健、养生、康复于一体、全链条的中医药综合服务，有效提升农村居民中医药健康文化素养。不断提高乡村中医药服务水平，推动中医药服务从"有没有"到"好不好"再到"强不强"的转变和发展，筑牢健康乡村的服务网点，使中医药服务在广大农村更可及、更可得、更方便、更有效。

六、倡导优生优育

妇幼健康是优生优育的基础。结合新形势新需要，启动实施母婴安全行动计划，倡导优生优育，继续实施住院分娩补助政策，向孕产妇免费提供生育全过程的基本医疗保健服务，提高妇女常见病筛查率和早诊早治率，满足妇女儿童多样化、多层次的健康需要，让她们的获得感更加充实。实施健康儿童行动计划，加强儿童早期发展，加强儿科建设，加大儿童重点疾病防治力度，扩大新生儿疾病筛查，继续开展重点地区儿童营养改善等项目，让孩子们出生得平安、成长得健康，为经济社会发展提供源源不断的健康人力资源。加强出生缺陷综合防治，构建涵盖孕前、孕期、新生儿各阶段的出生缺陷防治体系，预防和减少残疾，提高国民整体素质，推动中华民族永续发展。推动新时期计划生育技术服务转型，鼓励广大育龄妇女按照政策生育，促进人口长期均衡发展。实施妇幼健康和计划生育服务保障工程，提升孕产妇和新生儿危急重症救治能力，更好地保障妇女儿童健康。

七、深入开展乡村爱国卫生运动

爱国卫生运动是党和政府把群众路线运用于卫生防病工作的伟大创举和成功实践。1952年我国成立了中央防疫委员会,9个月后更名为中央爱国卫生运动委员会,领导全国军民开展以消灭病媒虫害、预防控制传染病为主的卫生运动,揭开了我国爱国卫生运动的序幕。时至今日,全国爱国卫生运动已经走过66年的历程,66年来,爱国卫生运动始终以解决人民生产生活中的突出卫生问题为主要内容,紧紧围绕不同时期的工作重点,先后开展了除"四害"、讲卫生、改水改厕、"五讲四美"、环境整治、卫生创建、健康宣传教育、健康城市健康村镇建设等一系列富有成效的工作,为改善城乡环境、预防和控制疾病、提升群众文明卫生素质、促进人民健康发挥了不可替代的作用。实践证明,爱国卫生运动是中国特色社会主义事业的重要组成部分,也是一项得民心、顺民意的重大民生工程。

从20世纪80年代开始,为了改善城市环境脏、乱、差的面貌,我国启动了卫生城市创建工作。目前,国家已经命名卫生城市259个,占全国城市数的36%。随着城镇化进程的加快,人口老龄化、慢性病和精神疾病高发、居民日益增长的健康需求等,都要求提升卫生城市创建水平。2014年,我国明确提出探索开展健康城市建设,努力打造卫生城镇升级版。2016年7月,全国爱国卫生运动委员会印发《关于开展健康城市健康村镇建设的指导意见》,建设集中在营造健康环境、构建健康社会、优化健康服务、培育健康人群、发展健康文化5个方面。到2030年,将建设一批健康城市、健康村镇示范市和示范村镇。

31

持续改善农村人居环境

一、农村人居环境建设取得突出进展

党中央、国务院高度重视改善农村人居环境。2013年5月,习近平总书记对农村人居环境工作作出重要批示,认真总结浙江省开展"千村示范万村整治"工程的经验并加以推广。各地开展新农村建设,应坚持因地制宜、分类指导,规划先行、完善机制,突出重点、统筹协调,通过长期艰苦努力,全面改善农村生产生活条件。此后,习近平总书记多次在不同场合强调这项工作。李克强总理也作出专门批示。各地区、各部门贯彻习近平总书记的系列重要指示精神,落实国务院决策部署,持续推进改善农村人居环境工作,取得了一定进展。

(一)形成中央统筹指导、地方狠抓落实的推进机制

自2013年起,建立了部门协调推动、地方抓落实的改善农村人居环境联合工作机制。每两年召开一次全国改善农村人居环境工作会议,迄今已召开三次。自2014年起,启动每年一次覆盖所有行政村的农村人居环境普查,普查内容涵盖垃圾、污水、村内道路等30多项指标,掌握了全国农村人居环境发展变化情况。目前,各省(自治区、直辖市)将改善农村人居环境工作纳入党委、政府重要议事日程,成立了专门的领导小组,制定了相关文件或规划,启动了专项工程,加大了资金投入力度,建立了对改善农村人居环境工作的考核机制。

（二）确立因地制宜、分类指导的工作思路

按照习近平总书记重要指示精神，在总结浙江等地区实践经验基础上，住房和城乡建设部会同有关部门提出乡村建设"保障基本生活条件、整治村庄环境、建设美丽乡村"三个阶段任务。《国务院办公厅关于改善农村人居环境的指导意见》（国办发〔2014〕25号），进一步明确了三阶段目标和任务安排。各地按照这一思路，结合实际制定改善农村人居环境规划或实施方案，分类、分阶段设定目标和重点任务。

（三）农村生活垃圾污水治理取得突破

按照中央部署，自2014年起，住房和城乡建设部等部门大力推进农村生活垃圾治理专项行动，到2017年年底，全国农村生活垃圾得到处理的行政村比例达70%以上，较2014年提高26个百分点。难度较大的农村生活污水治理也取得了突破，2015年，住房和城乡建设部启动农村生活污水治理百县示范，目前全国有290多个县的农村生活污水治理全面推进。截至目前，村庄人居环境得到整治的行政村比例超过60%，这是新中国成立以来我国农村人居环境建设取得的标志性成就。

二、部署开展农村人居环境整治三年行动

经过4年多的努力，我国农村人居环境状况有了相当大的改观，但是农村脏乱差问题依然十分严重。全国有1/3村庄的生活垃圾没有得到收集和处理，80%的行政村生活污水没有得到治理，30%的行政村村内道路没有实现硬化，不少农村居民还在使用不卫生的厕所。可以这么说，农村是全面建成小康社会的短板，农村的人居环境又是短板中的短板。我们必须下定决心整治农村人居环境，补齐农村地区全面建成小康社会的这块短板，决不能把脏乱差带到小康社会。

习近平总书记亲自关心、亲自部署农村人居环境整治这项重大工作。2017年10月18日，习近平总书记在党的十九大报告中明确提出开展农村人居环境整治行动。2017年11月20日，习近平总书记主持召开第十

九届中央全面深化改革领导小组第一次会议,审议通过了《农村人居环境整治三年行动方案》。2017年12月28日,习近平总书记在中央农村工作会议上作出重要讲话,就实施好农村人居环境整治三年行动方案专门作出部署。习近平总书记关于农村人居环境的重要指示和系列重要讲话精神,是今后农村人居环境整治工作的总方向、总要求,是我们做好农村人居环境整治工作的根本遵循。

按照中央关于实施乡村振兴战略的部署安排,到2020年,农村人居环境明显改善,美丽宜居乡村建设扎实推进;到2035年,农村生态环境根本好转,美丽宜居乡村基本实现;到2050年,乡村全面振兴,农业强、农村美、农民富全面实现。落实乡村振兴战略目标要求,实现乡村全面振兴、全面建成美丽宜居乡村,一个重要抓手就是实施农村人居环境整治行动。

2018年年初,中共中央办公厅、国务院办公厅印发了《农村人居环境整治三年行动方案》,提出以建设美丽宜居村庄为导向,以农村垃圾、污水治理和村容村貌提升为主攻方向,加快补齐农村人居环境突出短板,明确了全面推进农村生活垃圾治理、开展厕所粪污治理、梯次推进农村生活污水治理、提升村容村貌、加强村庄规划管理、完善建设和管护机制等6项重点任务,到2020年实现农村人居环境明显改善,村庄环境基本干净整洁有序,为如期实现全面建成小康社会目标打下坚实基础。

三、以农村垃圾污水治理和村容村貌提升为主攻方向,深入推进农村人居环境整治

(一)全面推进农村生活垃圾治理

2015年,经国务院同意,印发了《住房城乡建设部等部门关于全面推进农村垃圾治理的指导意见》,建立了农村生活垃圾全面治理逐省验收制度。目前,已有8个省份通过验收,其他省(自治区、直辖市)也提出了到2020年申请验收的计划安排。截至2017年年底,全国农村生活垃圾得到处理的行政村比例从2013年的36.6%已提高到74%,近3年年均提

高8.7个百分点。下一步住房和城乡建设部将会同部门继续推进逐省验收工作,建立治理工作进展定期检查和通报机制,对工作落后的省份进行专项督查,对通过验收的省份组织开展回头看,到2020年基本实现90%的治理目标,这将是农村人居环境整治三年行动的标志性成果。同时,继续推进农村生活垃圾分类和资源化利用,力争每年公布一批分类工作较好的县(市、区)名单,总结并推广成熟经验,供各地学习借鉴。全面启动非正规垃圾堆放点整治,督促地方分类确定整治方案,建立滚动销号制度,力争到2020年基本完成整治任务。

(二)开展厕所粪污治理

厕所污水占生活污水比例不大,但污染程度占生活污水污染的90%左右,农村不少传染疾病是由厕所粪便污染和不安全饮水引起的。最近几年,习近平总书记多次就农村改厕作出重要指示。现阶段要大力推进厕所革命,对东部地区、中西部城市近郊区等有基础、有条件的地区,要加快推进户用卫生厕所建设和改造,到2020年基本完成无害化改造,对其他地区要普及不同水平的卫生厕所,卫生厕所普及率达到85%左右。对人口规模较大且有需求的村庄,配套建设公共厕所。但无论建设或改造何种卫生厕所,必须同步对厕所粪污进行处理或资源化利用,不能厕所改了,但粪污仍然直接排放。

(三)梯次推进农村生活污水治理

从各地实践看,开展农村生活污水治理,采取纳入城市管网、建村集中污水处理站、建分户污水处理设施任何一种处理方式,平均每户农户的建设费用是1万元。相对改厕而言,这项工作的投资量更加巨大,且现阶段运行管理能力也跟不上。今后将以县为单位开展农村生活污水统筹治理示范,总结并推广示范县经验,扩大示范县数量,在有条件的地区推动城镇污水管网向周边农村延伸覆盖。继续实施农村环境综合整治项目,支持重点地区的村庄治理生活污水。制定农村生活污水处理排放标准。到2020年实现东部地区、中西部城市近郊区等有基础、有条件的地区,农村生活污水治理率明显提高,中西部有较好基础、基本具备条件的地区,生活污水乱排乱放得到管控。同时指导地方开展农户房前屋后的坑塘沟渠疏浚,逐步消除农村黑臭水体,并将农村水环境治理纳入河长制、湖长制管理。

(四)提升村容村貌

总体上,我国的村容村貌比较落后,其中最影响农村风貌的是农房的风貌。我国大多数农房缺乏设计、外观呆板。今后将从以下几个方面加强对农房风貌的管理:一是探索将农房建筑风貌纳入乡村建设规划许可进行管理;二是推广现代生土建筑等改良型传统民居,开展田园建筑示范;三是引导建筑师下乡帮助地方开展农房设计,推动建设体现地域特点、民族特色和时代特征的现代农房;四是组织开展农村建筑工匠培训,让工匠成为提升农村建筑风貌的一支主体力量。同时,大力推进村庄绿化,充分利用闲置土地开展植树造林等活动,建设绿色生态村庄。

经过多年的努力,全国约8%的行政村建成了美丽乡村,各部门也支持发展了一批特色村、旅游村,但整体上看,全国还没有进入美丽乡村建设阶段。今后,我们要建立一个长远的目标导向,以建设美丽乡村作为全国农村人居环境改善的最高标准,力争通过一二十年的努力,综合推进乡村规划管控、农民生产生活改善、村庄环境整治、风貌提升等工作,使农村山水林田路房整体改善,充分展现美丽乡村的魅力和经济、社会、教育、文化等多方面的价值,实现农村人居环境全面提升。

32

瞄准贫困人口精准帮扶

乡村振兴,摆脱贫困是前提。党的十八大以来,以习近平同志为核心的党中央把脱贫攻坚工作纳入"五位一体"总体布局和"四个全面"战略布局,作为实现第一个百年目标的重点任务,作出一系列重大部署和战略安排,以前所未有的政策力度向贫困宣战,脱贫攻坚取得了举世瞩目的伟大成就,谱写了人类反贫困历史新的壮丽篇章。从 2012 年到 2017 年年底的 5 年里,农村贫困人口减少了 6853 万人,年均减少 1370 万人。当前,我国农村贫困人口还剩 3046 万人,贫困地区面貌显著变化,但脱贫攻坚任务依然十分艰巨,剩下的贫困人口都是贫中之贫、坚中之坚,能否如期全面建成小康社会,让贫困人口同全国人民一道迈入小康社会,关键是剩下的这些贫困人口实现脱贫。要瞄准贫困人口精准帮扶,对症下药、精准施策,确保如期实现脱贫。

一、对有劳动能力的贫困人口,强化产业和就业扶持,着力做好产销衔接、劳务对接,实现稳定脱贫

习近平总书记指出,扶贫不是慈善救济,而是要引导和支持所有有劳动能力的人,依靠自己的双手开创美好明天。要立足当地资源,宜农则农、宜林则林、宜牧则牧、宜商则商、宜游则游,通过发展特色产业,实现就

地脱贫。强化产业和就业扶持是提高贫困人口自我发展能力的根本举措。

(一)加大产业扶贫力度

产业扶贫,选好产业是基础。要立足当地资源禀赋,紧密围绕市场需求,发展贫困人口参与度高的扶贫特色产业。要主动适应消费需求转型升级情况,在绿色生态上做足文章,让扶贫产业成为兴村富民的发展平台。产业扶贫,龙头带动是关键。要注重培育壮大贫困地区龙头企业、种养大户等新型经营主体,鼓励他们与贫困户建立稳定的利益联结机制,通过发展生产性服务业、建立稳定产销关系等,增强在产前环节、产中环节、产后环节的服务能力,切实提高扶贫产业增值能力和吸纳贫困劳动力就业能力。产业扶贫,价值提升是核心。要积极发展特色产品产地初加工,提升加工产品副产物综合利用水平,推动精深加工发展。引导特色产品加工业向县城、重点乡镇和产业园区集中,打造产业集群,形成加工引导生产、加工促进消费的格局。依托自然资源、农事景观和特色产品,积极拓展产业多种功能,大力发展休闲农业、乡村旅游和森林旅游康养,推进特色产业与旅游、教育、文化、健康养老等产业深度融合,拓宽贫困户就业增收渠道。产业扶贫,产品既要产得好,还要卖得好。要加大对贫困地区产业扶贫流通渠道建设方面的支持力度,推动批发市场、电商企业、大型超市等市场主体与贫困村、贫困户建立长期稳定的产销关系,供销、邮政及各类企业把服务网点延伸到贫困村,推广以购代捐的服务及产品购买式扶贫形式,让产业扶贫的产品既产得好也卖得出价钱,助力贫困户增收脱贫。

(二)全力推进就业扶持

现阶段,工资性收入仍旧是农民增收的重要途径。为此,要大力推进就业扶持,让有劳动能力的贫困人口通过就业实现增收。一要加强就业服务平台建设。设立劳动就业和社会保障基层服务平台,建好建档立卡贫困户人力资源基础台账,精准施策做好就业需求汇总、就业咨询指导等服务,帮助其就地就近实现就业。二要有针对性地加大贫困地区劳务输出培训力度。在贫困县建立劳务输出服务站,做好劳务输出培训,发展具有本地特色的劳务品牌,提高输出质量,促进输出输入地劳务对接。完善劳务输出市场网络,强化贫困家庭劳动力劳动权益保障,健全职业培训、就业服务、劳动维权"三位一体"的工作机制,提高贫困劳动力就业质量。三要加大对贫困大学生就业创业的支持。要通过完善职业培训补贴、技工院校资助等政策,支持农村贫困家庭学生接受职业教育和职业培训,鼓励贫困大学生返乡下乡创业,实现多渠道就业创业。

二、有序推进易地扶贫搬迁,让搬迁群众搬得出、稳得住、能致富

习近平总书记指出,要因地制宜研究实施扶贫攻坚行动计划,并要求对居住在"一方水土养不起一方人"地方的贫困人口实施易地搬迁。易地扶贫搬迁是从根本上解决环境恶劣、灾害频发地区贫困人口生活条件的重要举措,是补齐全面建成小康社会短板的迫切需要。要坚持群众自愿、积极稳妥的原则,因地制宜选择搬迁安置方式,合理确定住房建设标准,完善搬迁后续扶持政策,确保搬迁对象有业可就、稳定脱贫,做到搬得出、稳得住、能致富。

(一)切实强化规划引领

全面落实国家易地扶贫搬迁政策要求和规范标准,结合推进新型城镇化,做好各项规划衔接,切实以规划引领搬迁安置、指引配套基础设施建设和公共服务配置,进一步提高集中安置比例,稳妥推进分散安置,因地制宜选择安置模式和安置区域,将集中安置与分散安置相结合,有土安置和无土安置相结合,积极引导贫困群众逐步向城镇有序搬迁,实现梯次转移。合理确定补助标准,严格控制建设标准,防止贫困人口因搬迁加重负担、因搬迁影响脱贫。

(二)坚持精准施策压茬推进

要坚持精准、精准、再精准,严格按程序做好搬迁对象审查、审核、公

示、认定等工作,确保每一个搬迁对象都是最迫切需要搬的贫困人口,让各类资金资源都用到符合搬迁条件的贫困户身上。集中力量完成"十三五"规划框定的建档立卡贫困人口搬迁任务,确保具备搬迁安置条件的贫困人口应搬尽搬,逐步实施同步搬迁。对目前不具备搬迁安置条件的贫困人口,要优先解决其"两不愁、三保障"问题,今后可结合实施乡村振兴战略压茬推进。

(三)高度重视搬迁后的产业发展和就业问题

要按照以岗定搬、以业定迁原则,统筹各项扶贫和保障措施,做细安置区选址论证工作,在抓好项目建设的同时更加注重搬迁群众后续脱贫发展,制定搬迁安置方案和后续产业发展、就业方案,做到安居与乐业并重、搬迁与脱贫同步。产业扶贫、转移就业扶贫、旅游扶贫、光伏扶贫、生态扶贫等项目,向易地扶贫搬迁安置区和搬迁群众倾斜配置。加大扶贫资金对搬迁后续产业和就业的支持力度,确保实现搬迁一户、稳定脱贫一户,让群众在安置地有业可就、有事可做、有钱可赚,有更好的发展前景。

三、对完全或部分丧失劳动能力的特殊贫困人口, 综合实施保障性扶贫政策,确保病有所医、 残有所助、生活有兜底

习近平总书记指出,没有全民健康就没有全面小康。因病致贫、因病返贫是建档立卡贫困家庭最重要的致贫因素,是脱贫攻坚亟须攻克的硬骨头。要坚持开发性和保障性扶贫并重,织密筑牢民生保障安全网,把没有劳动能力的老弱病残等特殊人口的基本生活兜起来,强化保障性扶贫,开展医疗保险和医疗救助脱贫,实施健康扶贫工程,确保农村贫困人口病有所医、残有所助、生活有兜底。

(一)健全医疗卫生保障体系,让贫困人口"看得上病"

当前,建档立卡贫困人口中,因病、因残致贫比例分别高达40%和14%,因病致贫返贫已成为打好精准脱贫攻坚战亟待攻克的一大痛点和

难点。要优化医疗资源布局,在贫困地区加快推进以县级医院为龙头、乡镇卫生院为核心、村卫生室为支撑的三级卫生服务网络标准化建设,健全医疗卫生保障体系,改善医疗卫生机构条件,提升贫困地区医疗卫生服务能力,力争实现"小病不出乡,大病不出县"。要建立信息管理系统,对因病致贫返贫情况实行动态管理,优先为农村贫困人口建立动态管理的电子健康档案和功能完善的健康卡,推动基层医疗卫生机构医务人员为贫困家庭提供基本医疗、公共卫生和健康管理等签约服务,建立健全覆盖贫困地区贫困人口的医疗服务体系,切实提升贫困人口享受医疗卫生服务的可及性,让贫困人口"看得上病"。

(二)着力提高医疗保障水平,让贫困人口"看得好病"

"看得好病"是切实拔掉因病致贫返贫这个贫困病根的治本之策。要深入实施医院对口帮扶,通过在贫困地区开展医疗人才综合培养,倾斜实施农村订单定向医学生免费培养、住院医师规范化培训、助理全科医生培训等项目,强化贫困地区医疗人才队伍建设,提升贫困地区医疗卫生保障水平。对贫困大病患者实行分类救治,一次性能治愈的,组织专家集中力量进行治疗;需要住院维持治疗的,在就近有治疗能力的医疗机构进行治疗;需要长期康复治疗的,由基层医疗卫生机构在上级医疗机构的指导下进行定期治疗和康复管理。加大贫困地区传染病、地方病、常见病防治力度,开展重点人群结核病主动筛查,规范结核病诊疗和全程管理,加大艾滋病防治力度和白内障复明力度,努力实现贫困地区贫困群众看病从有到好的转变。

(三)加强疾病防控,做好重点人群健康服务,让贫困人口"远离疾病"

疾病防控,预防是关键。提高贫困人口健康水平,要做好疾病防控工作,主动推动关口前移,把因病致贫返贫问题在源头阶段解决。要做实做深做细家庭医生(乡村医生)签约服务工作,建立有效机制,推动家庭医生签约团队优先为妇幼、老人、残疾人等重点人群提供慢性病防控和健康管理。实施扶贫医疗补助,着力完善基本医疗保险、大病保险、医疗救助等制度,新农合政策范围内住院费用报销比例提高 5 个百分点以上,大病保险起付线降低 50%,通过健康扶贫补充保险和财政兜底,将贫困人口医疗费用报销比例提高至 80% 以上。推动解决因残致贫,加大对符合条件的农村贫困重度残疾人医疗救助力度,全面落实困难残疾人生活补贴和重度残疾人护理补贴制度,做好与长期护理保险试点的衔接,推进因残致贫家庭更好地享受资产收益扶贫政策。

四、做好农村最低生活保障工作的动态化 精细化管理,把符合条件的贫困人口 全部纳入保障范围

习近平总书记指出,在扶贫的路上,不能落下一个贫困家庭,丢下一个困难群众。打好脱贫攻坚战,实现全面小康,未来三年还将有 1000 万左右完全或部分丧失劳动能力的贫困人口需要社会保障来兜底。接下来三年时间里,要把农村最低生活保障工作落细作实,做好脱贫攻坚和农村低保政策的有效衔接,为脱贫攻坚织密筑牢社会保障网。

(一)加强农村低保规范化管理,不断完善低保制度

一是要加快完善农村住户调查和建档立卡贫困人口信息系统建设,健全农村低保申请家庭贫困状况评估指标体系,丰富完善社会救助家庭经济状况核对内容,将评估结果与家庭经济状况信息核对、入户调查、邻里访问、民主评议等方法相结合,完善社会救助家庭经济状况评价机制,精准认定农村低保对象,做到应保尽保。二是要进一步健全特困人员救助供养制度。这方面,要落实好中央财政特困人员救助供养补助政策,地方各级财政应加大资金投入,逐步将供养服务机构运转费用列入财政支持范围。要参照经济社会发展状况,强化对特困人员救助供养标准的指导,条件允许的地方可以逐步提高农村低保供养水平。因地制宜推广农村分散供养照料服务,通过政府购买服务,委托近邻、亲属给予照料等方式,将事实无人供养的贫困人员纳入供养照料体系。发挥好临时救助制

度的托底功能,增强救助时效性,提高救助水平,加快形成政府托底和社会参与相结合的强大社会救助合力,实现"应救尽救、托底救助"。受制于财力不足、社会发展滞后,贫困地区、特困地区社会救助方面力量往往有限,但贫困人口这方面需求更大,因而临时救助制度体系建设要切实向贫困地区、特困地区加大倾斜力度。

(二)推进低保制度与扶贫开发政策有效衔接

这方面,总的政策思路是,将符合农村低保条件的建档立卡贫困家庭,按规定程序纳入低保范围,落实有关低保政策;将符合条件的农村低保家庭,按规定程序纳入建档立卡范围,并予以精准帮扶。具体做法上,一是要强化两项政策的标准衔接。加大农村低保升级统筹力度,制定动态调整农村低保标准的具体方案,确保所有地方农村低保标准都能逐步达到国家扶贫标准,农村低保标准地域国家扶贫标准的地区,按照国家扶贫标准综合确定农村低保的最低指导标准。农村低保标准已经达到国家扶贫标准的地区,按照量化调整机制科学调整,确保农村低保标准不低于按年度动态调整后的国家扶贫标准。二是要强化两项政策的管理衔接。要不断提高低保、扶贫工作信息化水平,加快形成农村低保和扶贫开发的数据互通、资源共享信息的工作平台和机制,及时更新低保和建档立卡数据台账,提高大数据的政策保障效能,确保两项政策有效衔接。

33

聚焦深度贫困地区集中发力

深度贫困主要指的是以下几种地区:一是指连片的深度贫困地区,如西藏和四省藏区、南疆四地州、四川凉山州、云南怒江州、甘肃临夏州等地区,就是经常说的"三区三州"。这些地区生存环境恶劣,致贫原因复杂,基础设施和公共服务缺口大,贫困发生率普遍在 20%左右。二是指占全国最困难的 20%深度贫困县。这些深度贫困县贫困发生率平均在 23%,县均贫困人口近 3 万人,分布在 14 个省区。三是贫困村,全国 12.8 万个建档立卡贫困村居住着 60%的贫困人口,基础设施和公共服务严重滞后,村两委班子能力普遍不强,四分之三的村无合作经济组织,三分之二的村无集体经济,无人管事、无人干事、无钱办事现象突出。深度贫困地区大多集革命老区、民族地区、边疆地区于一体,基础设施和社会事业发展滞后,社会发育滞后,社会文明程度低,生态环境脆弱,自然灾害频发,经济发展滞后,人穷村也穷,抗风险能力不足。深度贫困的特征是贫困人口占比高、贫困发生率高、人均可支配收入低、基础设施和住房差、低保五保贫困人口脱贫任务重、因病致贫返贫人口脱贫任务重、贫困老人脱贫任务重。深度贫困县贫困人口中低保、五保贫困户占比高达 60%,因病致贫、患慢性病、患大病、因残致贫占比达 80%以上,60 岁以上贫困人口占比超过 45%。截至 2017 年年底,我国贫困发生率超过 18%的县还有 110个,贫困发生率超过 20%的村还有 16000 多个。

党的十八大以来,以习近平同志为核心的党中央把扶贫开发工作纳入"五位一体"总体布局、"四个全面"战略布局,作为实现第一个百年奋斗目标的重点任务,作出一系列重大部署和安排,全面打响脱贫攻坚战。习近平总书记尤其重视深度贫困地区脱贫攻坚工作,2017年6月23日还亲自主持召开深度贫困地区脱贫攻坚座谈会,研究部署做好深度贫困地区脱贫攻坚工作。习近平总书记强调,"脱贫攻坚本来就是一场硬仗,而深度贫困地区脱贫攻坚更是这场硬仗中的硬仗""攻克深度贫困堡垒,是打赢脱贫攻坚战必须完成的任务"。他还指出,"今后几年,我国脱贫攻坚面临着十分艰巨的任务。要把深度贫困地区作为区域攻坚重点,确保在既定时间节点完成脱贫攻坚任务"。

深度贫困地区脱贫攻坚座谈会之后,中央各部门迅速制定支持深度贫困地区脱贫攻坚的政策措施,落实习近平总书记讲话精神。2017年9月,中共中央办公厅、国务院办公厅印发了《关于支持深度贫困地区脱贫攻坚的实施意见》,要求各地区各部门要深刻认识深度贫困地区如期完成脱贫攻坚任务的艰巨性、重要性、紧迫性,坚持精准扶贫、精准脱贫基本方略,坚持中央统筹、省负总责、市县抓落实的管理体制,坚持专项扶贫、行业扶贫、社会扶贫"三位一体"大扶贫格局,以解决突出制约问题为重点,以重大扶贫工程和到村到户帮扶措施为抓手,以补短板为突破口,以抓党建促脱贫为组织保证,强化支撑保障体系,加大政策倾斜力度,集中力量攻关,万众一心克难,确保深度贫困地区同全国人民一道进入全面小康社会。各地区、各部门根据中央要求,制定出台了推进深度贫困地区脱贫攻坚的具体政策意见和实施方案,深度贫困地区脱贫攻坚的"时间表"和"路线图"更加清晰,各项工作全面展开。2018年中央"一号文件"《中共中央国务院关于实施乡村振兴战略的意见》,对深度贫困地区脱贫攻坚提出了具体要求,中央农办和国务院扶贫办随后牵头研究制定了《关于打好精准脱贫攻坚战三年行动的指导意见》,对深度贫困地区脱贫攻坚作出了进一步的安排部署。下一步,重点是做好以下几个方面的工作。

一、全面改善贫困地区生产生活条件

实施一批交通、电力、通信、安全饮水、网络等基础设施重点工程和项目,解决深度贫困地区群众最关心、最迫切的需求,尽快补齐深度贫困地区基础设施和公共服务短板,努力使基本公共服务主要领域指标接近全国平均水平,为深度贫困地区发展提供强大动力。实施深度贫困地区交通建设攻坚,加快实施深度贫困地区建制村通硬化路工程和贫困村提升工程。全面完成深度贫困地区农村饮水安全巩固提升任务。加快深度贫困地区小型水利工程建设,推进一批重大水利工程建设。进一步加大贫困地区配电网建设改造投资力度,重点加快推进"三区三州"等深度贫困地区农网改造升级。加快实现深度贫困地区贫困村网络全覆盖。推进深度贫困地区农村土地综合整治、高标准农田建设、退耕还林、退牧还草重点工程。加快岩溶地区石漠化综合治理、西藏生态安全屏障建设、青海三江源生态保护建设、祁连山生态保护和综合治理。

二、精准实施到村到户帮扶举措

提高深度贫困地区建档立卡和动态管理水平,坚持因村因户精准施策,用足用好产业扶贫、易地扶贫搬迁、就业扶贫、危房改造、教育扶贫、健康扶贫、生态扶贫等帮扶政策,着力解决深度贫困地区群众特殊困难,建立健全稳定脱贫的长效机制。优先安排"三区三州"搬迁建设任务,鼓励引导"三区三州"实施整村整组搬迁,支持搬迁群众后续产业发展和转移就业、技能培训工作。充分利用资源环境优势,在深度贫困地区打造一批特殊产业示范基地,鼓励和支持发展特色种养业、传统手工业或休闲观光农业。加强贫困地区生态保护和建设,通过实施重大生态工程建设、加大生态补偿力度、大力发展生态产业、创新生态扶贫方式等,推动贫困地区扶贫开发与生态保护相协调、脱贫致富与可持续发展相促进。

全面实施"三区三州"健康扶贫攻坚行动,重点做好包虫病、艾滋病、大骨节病、结核病等疾病综合防治。加大对深度贫困地区的教育投入,让每个孩子都能享有公平而有质量的教育,阻断贫困的代际传递。全面落实边民补助、住房保障等守边固边政策,支持边境一线贫困人口就地稳定脱贫。

三、切实加大政策倾斜和扶贫资金整合力度

加大投入支持力度,新增脱贫攻坚资金主要用于深度贫困地区,新增脱贫攻坚项目主要布局于深度贫困地区,新增脱贫攻坚举措主要集中于深度贫困地区。中央财政进一步增加对深度贫困地区专项资金转移支付,并通过提高财政困难程度权重,加大重点生态功能区转移支付、民族地区转移支付、农村危房改造补助资金、中央基建投资、车购税收入补助地方资金、县级基本财力保障机制奖补资金等对深度贫困地区的倾斜力度。各部门安排的惠民项目要向深度贫困地区倾斜,深度贫困地区新增涉农资金要集中整合用于脱贫攻坚项目。

四、持续增加金融投入对深度贫困地区的支持

规范扶贫领域融资,新增金融资金优先满足深度贫困地区,新增金融服务优先布局深度贫困地区,对深度贫困地区发放的精准扶贫贷款实行差异化贷款利率,对建档立卡贫困户和扶贫产业项目、贫困村提升工程、基础设施建设、基本公共服务等重点领域提供优惠政策。

五、优先保障深度贫困地区发展用地需要

保障深度贫困地区基础设施建设、易地扶贫搬迁、民生发展等用地,不足部分由国家协同所在省份解决。深度贫困地区开展增减挂钩可不受

指标规模限制,深度贫困地区结余的增减挂钩指标可在东西部扶贫协作和对口支援框架内跨省域流转使用。深度贫困地区建设用地涉及农用地转用和土地征收的,在做好补偿安置前提下,可以边建设边报批。

34

激发贫困人口内生动力

脱贫攻坚,群众动力是基础。打赢脱贫攻坚战,加快贫困地区发展,离不开国家、社会等外部力量的支持,但根本还是要靠贫困地区干部群众自力更生、艰苦奋斗,增强自我发展能力。必须注重调动贫困地区和贫困人口积极性、主动性、创造性,用人民群众的内生动力支撑脱贫攻坚。

习近平总书记多次强调,要激发贫困人口内生动力,把扶贫和扶志、扶智结合起来。习近平总书记多次讲:"人穷志不能短,扶贫必先扶志。""只要有信心,黄土变成金。""脱贫致富贵在立志,只要有志气、有信心,就没有迈不过去的坎。"他强调:"没有比人更高的山,没有比脚更长的路。""贫困地区不能完全躺在国家和社会帮扶上。""贫困地区发展要靠内生动力,如果凭空救济出一个新村,简单改变村容村貌,内在活力不行,劳动力不能回流,没有经济上的持续来源,这个地方下一步发展还是有问题。""党和政府有责任帮助贫困群众致富,但不能大包大揽。不然,就是花了很多精力和投入暂时搞上去了,也不能持久。""要做好对贫困地区干部群众的宣传、教育、培训、组织工作,让他们的心热起来、行动起来,引导他们树立'宁愿苦干、不愿苦熬'的观念,自力更生、艰苦奋斗,靠辛勤劳动改变贫困落后面貌。"

激发贫困人口内生动力,要全面学习贯彻习近平总书记的系列要求,在不断加大帮扶力度的同时,坚持贫困群众在脱贫攻坚中的主体地位,注重激发贫困群众靠双手摆脱贫困的信心和斗志,加快补齐贫困群众"精神短板",让贫困群众敢想敢干、能干会干,确保与全国人民一道迈入全面小康社会。

一、加强宣传引导,促进精神脱贫

当前,扶贫开发"干部干、群众看"的现象在一些地方是存在的。有些人"安贫乐道穷自在",以贫为常、以贫为荣;"冬暖夏凉好处多",争当贫困户,不愿脱贫摘帽;"干部急,群众不急",等着送钱送物送温暖;这些不良现象在贫困村都不同程度地存在。脱贫攻坚很多时候要面对"精神贫困""精神短板"问题,特别是有些居住在偏远地区、长期与世隔绝、文化教育水平低的贫困群众,他们容易"安贫乐道",很多年轻人宁愿窝在家里也不愿出去闯荡,对贫困生活环境已经麻木了,形成了"贫困均衡"。脱贫先立志,治贫先治懒。要在引导贫困群众摆脱精神贫困方面拿出一些硬措施、实招数,调动贫困人口自身的积极性,激发其内生动力,让他们特别是年轻一代增强依靠自己努力过上美好生活的意识,改变贫困状况。

要坚持正向激励。加强教育引导,开展扶志主题教育活动,创办脱贫攻坚"农民夜校""讲习所"等,加强思想、文化、道德、法律、感恩教育,弘扬自尊、自爱、自强精神,形成勤劳致富、脱贫光荣的良好风尚。要加强典型引导,宣传表彰这些自力更生脱贫致富的先进典型,用身边的"脱贫明星"讲好脱贫故事,用身边人身边事示范带动贫困群众,营造光荣脱贫、勤劳致富良好氛围,形成比学赶超的局面,通过制造不平衡来实现更高水平的平衡。要改变闭塞环境,重视"走出去",比如组织村干部、年轻人到本地做得好的地方去走一走、看一看,提供各种机会增加他们与外界的接触;也要重视"引进来",大力引入志愿者、企业等外部扶贫力量,带动促进贫困人口摆脱贫困。要发挥村规民约作用,丰富村规民约内容,引导贫困群众自我教育、自我管理、自我约束,坚决纠正婚丧嫁娶大操大办等陈规陋习、不赡养老人和赌博酗酒等不良行为,培育健康文明的生活方式。

二、提升贫困群众生产技能

扶贫开发的最终成效,是要看贫困地区和贫困群众是否具备了内生发展动力,是否具有了"造血"功能,是否实现了扶贫成效可持续性,对培养贫困群众发展生产和务工经商的基本技能起着重要作用。对有劳动能力的贫困人口,必须把帮扶措施与参与劳动结合起来,努力提高生产技能。

要实施技能提升扶贫行动,统筹整合各类培训资源,组织贫困劳动力参加劳动预备制培训、岗前培训、订单培训和岗位技能提升培训,并按规定落实职业培训补贴。要深入实施技能脱贫千校行动,确保到 2020 年年底每个有就读技工院校意愿的建卡立卡贫困家庭应届和往届"两后生"(初、高中毕业未能继续升学的贫困家庭中的富余劳动力)都能免费接受技工教育。要在边远民族地区和边疆地区积极推广普通话,帮助贫困群众增强自我发展能力。

三、创新脱贫攻坚帮扶方式

脱贫攻坚千难万难,最难的还是让贫困群众的心热起来,劲鼓起来,真正做到外部助力与自身努力同频共振。这就要创新和探索脱贫攻坚帮扶方式,防止政策养懒汉、"不劳而获"、助长"等靠要",带坏整体风气。

要大力推广以工代赈、生产奖补、劳务补助等帮扶方式,广泛动员贫困群众参与小型基础设施建设、特色产业发展、人居环境改善、公益性服务等帮扶项目,形成多劳多得、有劳才有得的正向激励机制。推广以表现换积分、以积分换物品的"爱心公益超市"等自助式帮扶做法,实现社会爱心捐赠与贫困群众个性化需求的精准对接。要把扶贫领域诚信纳入国家信用监管体系,将不履行赡养义务、虚报冒领扶贫资金、严重违反公序良俗等行为人列入失信人员名单。有一些地方推行帮扶人与贫困户"双承诺""双认定""双确认"的工作方法,变"单向输血"为"双向互动",这些灵活激励机制的创新探索值得借鉴。

35

强化脱贫攻坚责任和监督

一、加强脱贫攻坚组织领导

打赢脱贫攻坚战,组织领导是保证。党的十八大以来,党加强了对脱贫攻坚工作的全面领导,建立了各负其责、各司其职的责任体系,精准识别、精准脱贫的工作体系,上下联动、统一协调的政策体系,保障资金、强化人力的投入体系,因地制宜、因村因户因人施策的帮扶体系,广泛参与、合力攻坚的社会动员体系,多渠道多方位的监督体系和最严格的考核评估体系,为脱贫攻坚提供了有力制度保障。

经过多年大规模持续作战,一些地方、一些部门、一些干部中出现了"疲劳症"和厌战情绪,出现了放松一下、减减压力、歇歇脚的想法。行百里者半九十。脱贫攻坚战气可鼓不可泄,必须加强组织领导,一鼓作气、马不停蹄向前推进,否则就会半途而废、前功尽弃。

要加强组织领导。脱贫攻坚是一场必须打赢打好的硬仗,是我们党向全国人民作出的庄严承诺,必须打赢打好,没有任何退路和弹性。党的十八大以来,各省区市党政一把手向中央签军令状的,只有脱贫攻坚这一项工作,各级党政干部特别是一把手,必须切实增强政治担当和责任担当,以高度的历史使命感亲力亲为抓。贫困县党委和政府对脱贫攻坚负主体责任,党政一把手是第一责任人,攻坚期内干部队伍要保持稳定,把主要精力用在脱贫攻坚上。对于不能胜任的要及时撤换,对于弄虚作假的要坚决问责。

要强化体制机制。落实好中央统筹、省负总责、市县抓落实的管理体制。中央统筹，就是要做好顶层设计，主要是管两头，一头是在政策、资金等方面为地方创造条件，另一头是加强脱贫效果监管。省负总责，就是要做到承上启下，把党中央大政方针转化为实施方案，加强指导和督导，促进工作落地。市县抓落实，就是要因地制宜，从当地实际出发，推动脱贫攻坚各项政策措施落地生根。

二、加强扶贫领域作风建设

作风建设不仅攸关脱贫攻坚成败，而且直接影响党和政府的形象。一段时期以来，扶贫领域存在"四个意识"不强、责任落实不到位、政策举措不精准、资金管理不规范、帮扶工作不扎实、形式主义、官僚主义等作风问题以及贪占挪用扶贫资金等腐败问题。像打造经典调研线路、频繁填表报数、迎评迎检过多、材料出政绩、层层卸责不担责等，在各地脱贫攻坚过程中都或多或少存在，个别地方还十分突出。基层干部反映会议多、填表多、检查多，数字脱贫、虚假脱贫问题也时有发生。脱贫攻坚工作直接面向贫困地区和贫困群众，直接同人民群众打交道，暴露出来的作风和腐败问题群众感受最直接、反映最强烈。"蚁穴虽小溃大堤，蝗虫多了吞沃野"，这些问题一定要引起高度警觉。

（一）开展扶贫领域腐败和作风问题专项治理

脱贫攻坚要力戒形式主义，给基层减轻工作负担，让他们把主要精力放在给贫困群众办实事上。扶贫资金量大、面广、点多、线长，监管难度大，社会各方面关注高。要切实加强扶贫资金管理，强化监管，做到阳光扶贫、廉洁扶贫。要强化脱贫攻坚资金支持，在投入上加力，确保扶贫投入同脱贫攻坚目标任务相适应。要加强资金整合，理顺涉农资金管理体系，优化资金配置，提高使用效率，确保整合资金围绕脱贫攻坚项目精准实用，提高使用效率和效益，使每一分钱都花在刀刃上。要建立县级脱贫攻坚项目库,加强项目论证和储备,防止资金闲置和损失浪费。要健全公告公示制度,省、市、县扶贫资金分配结果一律公开,乡、村两级扶贫项目安排和资金使用情况一律公告公示,接受群众和社会监督。要加大惩治力度,对挪用乃至贪污扶贫款项等腐败问题必须坚决纠正、严肃处理,发现一起就严肃查处问责一起。

(二)完善考核评估

脱贫攻坚务求实干,不搞花拳绣腿、不搞繁文缛节、不做表面文章,不能把加强工作搞成开会、发文件、打电话、填表格、报数据、搞评比。要完善扶贫督查巡查、考核评估办法,严格控制各地开展增加一线扶贫干部负担的各类检查考评,切实给基层减轻工作负担。改进省、市两级对县及县以下扶贫工作考核,加强对县委书记的工作考核,注重发挥考核的正向激励作用。完善监督机制,国务院扶贫开发领导小组每年组织脱贫攻坚督查巡查,纪检监察、检察、审计、发展改革、财政、扶贫等部门按照职能开展监督工作。充分发挥人大、政协、民主党派监督作用。

党中央已经明确,将2018年作为脱贫攻坚作风建设年,集中力量解决脱贫领域"四个意识"不强、责任落实不到位、工作措施不精准、资金管理使用不规范、工作作风不扎实、考核评估不严格等突出问题。对发现的作风问题,要举一反三,完善政策措施,加强制度建设,扎紧制度笼子。要严格贫困县退出把关。习近平总书记强调,要合理确定脱贫摘帽时间,坚持成熟一个摘一个,既防止搞短期突击,也不能故意拖延到最后一刻。今后几年有近700个县要陆续脱贫摘帽,要严格执行退出程序,坚持退出标准和要求,推进贫困县分批、规范有序退出。

(三)关心爱护脱贫攻坚基层干部

脱贫攻坚实践中涌现出很多可歌可泣的先进事迹,一些帮扶干部甚至为此付出了生命。习近平总书记强调,"要关心爱护脱贫攻坚一线干部,保护和调动他们的工作积极性"。"战斗在扶贫第一线的基层干部工作十分辛苦,有的甚至流血牺牲。要努力为他们的工作生活排忧解难,制定政策激励他们为打赢脱贫攻坚战努力工作"。要认真贯彻习近平总书记关于关心支持基层扶贫干部的重要指示精神,制定激励政策,为他们工作生活排忧解难,保护和调动他们的工作积极性。要注重发现基层扶贫干部的先进事迹,推广他们的有效做法和生动实践,树立鲜明导向,让基层扶贫干部政治上有荣誉、事业上有奔头、生活上有保障、工作上能出彩。

(四)坚持现行扶贫标准

脱贫攻坚一定要坚持实事求是,不能层层加码,提不切实际的目标。习近平总书记在中央经济工作会议上强调:"各地一定要按照党中央确定的脱贫目标,既不能降低标准,也不能吊高胃口"。贫困人口实现"两不愁三保障",并解决区域性整体贫困,就是消除传统概念上的"绝对贫困"。现在,解决农村贫困人口"两不愁"没有什么问题。解决义务教育有保障,就是让贫困家庭的孩子能够接受九年义务教育,但不是把学前教育、高中、大学都包起来;解决基本医疗有保障,就是让贫困人口常见病、多发病能看得起,即使得了大病基本生活还能过得去,但不是由政府把所有看病的钱都包起来;解决住房安全有保障,就是让贫困人口不住危房、茅草房,但不是要住超标准的大房子。不因病因学致贫返贫,是指不回到绝对贫困的状态,不会吃不饱饭穿不暖衣。

现行扶贫标准是能够达到全面小康生活的基本要求的,符合我国国情和发展阶段,在国际上也是一个高的标准。实现这个标准下的脱贫是一项了不起的成就,也是不容易的。攻坚期内必须坚持现行标准不动摇,不能做超越发展阶段的事,那样贫困农民就可能又陷入"福利陷阱",对非贫困人口就会造成"悬崖效应",不仅难以做到,而且还会留下后遗症。

三、做好乡村振兴与脱贫攻坚的衔接

实施乡村振兴战略,是党的十九大作出的重大决策部署。打好精准脱贫攻坚战,是决胜全面建成小康社会的底线任务。要处理好这两项重大历史任务的关系,做好乡村振兴与脱贫攻坚的政策衔接、机制整合和工作统筹,稳中求进、长短结合地推进各项工作。

实施乡村振兴战略要把贫困地区作为重点,为巩固脱贫成果提供支撑保障。乡村振兴在资金、项目、人才、技术等方面的投入支持,要体现对贫困地区的倾斜。在全面建成小康社会之后,还要继续支持已经脱贫的地区稳定脱贫。

贫困地区在摆脱贫困之前,实施乡村振兴战略的中心任务是脱贫攻坚,心无旁骛地抓好精准扶贫、精准脱贫,不能偏离脱贫攻坚的靶心。

36

巩固和完善农村基本经营制度

巩固和完善农村基本经营制度，是贯彻落实党的十九大精神，推进实施乡村振兴战略的一项重要制度安排，对于稳固农村生产关系，促进农业农村稳定发展，都具有重大而深远的意义。

一、土地承包关系在第二轮承包到期后再延长三十年

习近平总书记在党的十九大报告中指出："保持土地承包关系稳定并长久不变，第二轮土地承包到期后再延长三十年。"这是党中央在实行家庭承包经营、承包地"三权分置"后，对农村土地经营制度作出的又一重大制度安排。农村实行以家庭承包经营为基础、统分结合的双层经营体制，是我国农村改革的重大成果，是党在农村的基本制度。

实践证明，这一制度符合我国国情和农业生产规律，具有广泛适应性和强大生命力，广大农民群众衷心拥护。2023 年以后，二轮土地承包将相继到期。到期后再延长承包期 30 年，有利于形成长期稳定的土地承包关系，激发农民群众增加农业投入、发展生产的积极性；有利于形成农村土地所有权、承包权、经营权"三权分置"格局，保护农民在土地经营权流转中的合法权益，发挥新型农业经营主体引领作用，把小农户逐步引入现代农业发展轨道，形成多种形式适度规模经营，推进农业现代化；有利于

保护和实现进城农民的土地承包权益,促使有条件的农业人口放心落户城镇,推进农业转移人口市民化,加快形成城乡融合发展格局。延长承包期30年,意味着在第二轮土地承包到期后30年内,土地集体所有、家庭承包经营的基本制度不会改变,集体经济组织成员依法承包集体土地的基本权利不会改变。

延长承包期30年,涉及广大农民群众切身利益,也涉及一些重大土地关系的确定。中央顺应农民群众的高度关切,2018年中央"一号文件"明确要求落实农村土地承包关系稳定并长久不变政策,衔接落实好第二轮土地承包到期后再延长30年的政策,让农民吃上长效"定心丸"。目前,各有关部门正在抓紧研究制定落实方案。总的原则是,农村集体所有的土地制度不会改变,农民对土地的承包关系不会改变,农民已经承包的土地不能随便调整。这次土地延包将坚持土地农民集体所有,坚持土地承包关系长久稳定,尊重农民意愿和主体地位,顺应推进农业现代化,维护农村社会稳定。

二、全面完成土地承包经营权 确权登记颁证工作

农村土地承包经营权确权登记颁证是一项重要的基础性工作。党的十七届三中全会《中共中央关于推进农村改革发展若干重大问题的决定》提出,要搞好农村土地确权、登记、颁证工作。2009年中央"一号文件"进一步明确,做好集体土地所有权确权登记颁证工作,将权属落实到法定行使所有权的集体组织;稳步开展土地承包经营权登记试点,把承包地块的面积、空间位置和权属证书落实到农户。随后多个中央"一号文件"又进行了具体部署。中央要求,力争2018年年底基本完成农村承包地确权登记颁证,形成承包合同网签管理系统,健全承包合同取得权利、登记记载权利、证书证明权利的确权登记制度。2018年中央"一号文件"指出,要全面完成土地承包经营权确权登记颁证工作,实现承包土地信息

联通共享。

通过农村土地承包经营权确权登记颁证,可以起到三方面作用。第一,摸清承包地底数,基本解决各地承包地地块面积不准、四至不清等历史遗留问题,既让农户感觉心里踏实,又有利于化解农村土地承包纠纷。第二,保护农民在土地经营权流转中的合法权利。确权登记之后,农村土地承包经营权可以通过农村土地流转平台进行发布,实现承包土地信息互通,实现流转和规模经营,农民权利可以得到更好的保护。第三,确权登记颁证有利于土地相关权利取得融资担保,让金融更好地服务于农业生产。

三、完善农村承包地"三权分置"制度

2018年中央"一号文件"要求,完善农村承包地"三权分置"制度,在依法保护集体土地所有权和农户承包权前提下,平等保护土地经营权。当前,随着工业化、城镇化深入推进,农村劳动力大量进入城镇就业,相当一部分农户将土地流转给他人经营,家家包地、户户务农的局面发生变化,催生了大量新型经营主体,形成了集体拥有所有权、农户享有承包权、经营主体行使经营权的新格局。在保护集体所有权、农户承包权的基础上,平等地保护土地经营权,赋予经营主体更加稳定的预期,成为发展现代农业的必然要求。

2013年7月,习近平总书记在武汉视察时指出,深化农村改革,完善农村基本经营制度,要好好研究农村土地所有权、承包权、经营权三者之间的关系;当年12月,在中央农村工作会议上全面系统地提出了实行"三权分置"重大改革思想,指明了我国农村土地产权制度改革方向。2015年10月,党的十八届五中全会明确要求,完善土地所有权、承包权、经营权分置办法,依法推进土地经营权有序流转。2016年10月,中共中央办公厅、国务院办公厅印发《关于完善农村土地所有权承包权经营权分置办法的意见》,要求不断探索农村土地集体所有制的有效实现形式,落实集体所有权,稳定农户承包权,放活土地经营权,发挥各自功能和整体效用。

2018年中央"一号文件"明确,农村承包土地经营权可以依法向金融机构融资担保、入股从事农业产业化经营。在依法保护集体土地所有权和农户承包权前提下,平等保护土地经营权,明确经营主体所享有的土地经营权的内涵和权能,这是"三权分置"的重要内容。一是明确土地经营权的内涵。依据现行法律规定和基层实践要求,土地经营权人对流转土地依法享有在一定期限内占有、耕作,并取得相应收益的权利。二是明确土地经营权的基本权能。经营主体有权使用流转土地自主从事农业生产经营并获得相应收益,有权在流转合同到期后按照同等条件优先续租承包土地,任何组织、个人不应妨碍经营主体行使合法权利等。三是明确土地经营权的扩展权能。经承包农户同意,经营主体可以依法依规改良土壤、提升地力,建设农业生产、附属、配套设施并按照合同约定获得合理补偿;流转土地被征收时,可以按照合同约定获得相应地上附着物及青苗补偿费。四是鼓励创新放活经营权的方式。鼓励采用土地股份合作、土地托管、代耕代种等方式,发展多种形式的适度规模经营。

四、实施新型农业经营主体培育工程

2018年中央"一号文件"指出,要实施新型农业经营主体培育工程,培育发展家庭农场、合作社、龙头企业、社会化服务组织和农业产业化联合体,发展多种形式适度规模经营。培育新型农业经营主体,健全农业社会化服务体系是实施乡村振兴战略的重要组成部分,是加快我国农业现代化建设的重要举措。2017年5月,中共中央办公厅、国务院办公厅印发《关于加快构建政策体系培育新型农业经营主体的意见》,要求不断提升新型农业经营主体适应市场能力和带动农民增收致富能力。

国家支持发展规模适度的农户家庭农场和种养大户。鼓励农民开展多种形式的合作与联合,依法组建农民合作社联合社。支持农业产业化龙头企业和农民合作社开展农产品加工流通和社会化服务,带动农户发展规模经营。培育多元化农业服务主体,探索建立农技指导、信用评价、保险推广、产品营销于一体的公益性、综合性农业公共服务组织。促进各类新型农业经营主体融合发展,培育和发展农业产业化联合体,鼓励建立产业协会和产业联盟。支持新型农业经营主体带动普通农户连片种植、规模饲养,并提供专业服务和生产托管等全程化服务,提升农业服务规模和水平。支持新型农业经营主体建设形成一批"一村一品、一县一业"等特色优势产业和乡村旅游基地,提高产业整体规模效益。引导新型农业经营主体多模式完善利益分享机制。进一步完善订单带动、利润返还、股份合作等新型农业经营主体与农户的利益联结机制,让农民成为现代农业发展的参与者、受益者,防止普通小农户被挤出、受损害。探索建立政府扶持资金既帮助新型农业经营主体提升竞争力,又增强其带动农户发展能力,让更多农户分享政策红利的有效机制。鼓励地方将新型农业经营主体带动农户数量和成效作为相关财政支农资金和项目审批、验收的重要依据。允许将财政资金特别是扶贫资金量化到农村集体经济组织和农户后,以自愿入股方式投入新型农业经营主体,让农户共享发展收益。

另外,随着家庭农场、农民合作社等蓬勃发展,农业产业化组织模式不断创新,形成了由核心龙头企业牵头、多个农民合作社和家庭农场参与、用服务和收益联成一体的农业产业化联合体形态。2017年,农业部等6部委联合下发《关于促进农业产业化联合体发展的指导意见》,对推动农业产业化联合体发展作出部署。农业产业化联合体是立足主导产业、追求共同经营目标,以龙头企业为引领、农民合作社为纽带、家庭农场为基础,各成员通过资金、技术、品牌、信息等要素融合渗透,形成比较稳定的长期合作关系的紧密型农业经营组织联盟。

下一步,要以"市场主导、农民自愿、民主合作、兴农富农"为原则,围绕推进农业供给侧结构性改革,以帮助农民、提高农民、富裕农民为目标,以发展现代农业为方向,以创新农业经营体制机制为动力,积极培育发展一批带农作用突出、综合竞争力强、稳定可持续发展的农业产业化联合体,成为引领我国农村一二三产业融合和现代农业建设的重要力量,为农业农村发展注入新动能。

37

深化农村土地制度改革

土地是农民的命根子,如何处理好农民和土地的关系,始终是我国农村改革的核心问题,也是新形势下深化农村改革的主线。2018 年,中央"一号文件"对农村土地制度改革提出了新的要求和任务,特别是提出了探索宅基地所有权、资格权、使用权"三权分置"的重大思路,为农村土地改革开辟了新的空间。

一、党的十八大以来农村土地
制度改革的新进展

土地制度是国家的基础性制度,在实践基础上形成的中国特色土地制度为我国经济社会发展作出了历史性贡献;但土地增值收益用于"三农"还明显不足,建设用地指标安排存在重城轻乡的现象,这些问题和矛盾必须通过深化改革来破解。2014 年年底,中共中央办公厅、国务院办公厅联合印发《关于农村土地征收、集体经营性建设用地入市、宅基地制度改革试点工作的意见》,选取河北省定州市等 3 个县(市、区)试点土地征收制度改革、北京市大兴区等 15 个县(市、区)试点农村集体经营性建设用地入市制度改革、天津市蓟县等 15 个县(市、区)试点宅基地制度改革(简称"三块地"试点改革)。2016 年 9 月,中央进一步决定各试点地区对三项改革试点统筹推进。改革试点的目的是探索健全程序规范、补偿

合理、保障多元的土地征收制度,探索同权同价、流转顺畅、收益共享的农村集体经营性建设用地入市制度,探索依法公平取得、节约集约使用、自愿有偿退出的宅基地制度,探索形成可复制、可推广的改革成果,为科学立法、修改完善相关法律法规提供支撑。

按照重大改革于法有据的原则,2015 年 2 月 27 日第十二届全国人民代表大会常务委员会授权国务院在北京市大兴区等 33 个试点县(市、区)行政区域,暂时调整实施《土地管理法》《城市房地产管理法》关于农村土地征收、集体经营性建设用地入市、宅基地管理制度的有关规定。对实践证明可行的改革措施,应当修改完善有关法律规定;对实践证明不宜调整的,恢复施行原有法律规定。

2015—2017 年,改革试点工作平稳有序推进,取得了积极的成效。在农村集体经营性建设用地入市改革方面,试点地区按照"同权同价、流转顺畅、收益共享"的目标要求,围绕"五探索"(探索入市主体、探索入市范围和途径、探索完善市场交易规则和服务监管制度、探索完善集体经营性建设用地使用权权能、探索建立集体建设用地入市土地增值收益分配机制)积极稳妥推进,形成了比较完整的试点工作制度和政策体系。在宅基地管理制度改革方面,试点地区探索不同地区、不同发展阶段农民户有所居的多种实现形式;通过易地扶贫搬迁、集体内部有偿调剂和流转等方式,积极开展宅基地自愿有偿退出试点。在农村土地征收制度改革方面,各试点地区围绕缩小征地范围、规范征地程序、完善合理规范多元保障机制、建立土地增值收益分配机制等任务,积极开展政策研究和实践探索,一些重点、难点、热点问题开始破题。

二、继续深化农村土地制度 改革的必要性和紧迫性

(一)"三块地"试点改革中暴露出一些深层次问题

例如,土地征收制度改革试点已经开展,但土地征收公共利益用地范

围界定、土地征收目录制定、土地增值收益分配等核心问题单靠试点地区探索难以解决,需要国家作出统一规定。土地管理法修改工作正在推进,一些试点地区的政府、集体和农民存在观望甚至顾虑心理,需要进一步稳定有关方面的改革预期。

(二)农村人口结构的变化使宅基地问题日益突出

现行农村宅基地制度是中华人民共和国成立六十多年来逐步发展演变而成的,其主要特征是"集体所有、成员使用,一户一宅、限定面积,无偿分配、长期占有"。这一制度在公平分配住宅用地、推进用地节约集约、保障农民住有所居、促进社会和谐稳定中发挥了基础性的保障作用。但随着城乡社会结构变化、城乡空间结构演化和经济体制改革深化,现行宅基地制度存在的问题和面临的挑战也日益突出。一是落实宅基地"一户一宅"的制度规定更加困难。随着城镇建设用地越来越紧张,一些农村地区已经没有闲置的建设用地,无法为每一户无偿分配宅基地,农村地区用地供需矛盾尖锐,新增宅基地取得愈发困难。由于圈占宅基地隐形利益大,也导致违法用地点多面广。二是宅基地管理失控。尽管法律在宅基地管理上的规定非常严格,事实上乡镇以下土地管理很难落地,缺乏有效的管理机制。在政府管制缺位的情况下,农民宅基地的扩张和盖房更是处于无序状态。三是闲置宅基地增多,大量土地资产处于"沉睡"状态。在许多农村地区,进城务工人员增多,有些是举家进城,有些是常年在外面打工,大量宅基地长期闲置,不仅导致农村出现"空心化",也使农民宅基地财产价值未能显化,形成很大浪费。四是宅基地隐性非法交易禁而不止,扰乱市场秩序。尽管在法律上没有赋予宅基地出租、转让和交易权利,但农民宅基地进入市场的现象长期存在,在广大沿海地区和城乡结合部地区尤为普遍。

(三)有效利用农村建设用地的问题亟待解决

近几年,以休闲农业、乡村旅游、农村电商等为代表的农村新产业新业态发展迅猛,越来越多的农民工返乡创业,很多城里人到农村创业发展,对农村闲置建设用地和闲置农房的需求较大。如何把农村闲置建设用地和闲置农房利用好,既增加农民财产性收入,又给到农村创业的人员提供创业场所,是一个亟待破解的难题。

三、深化农村土地制度改革的主要任务

(一)系统总结农村土地征收、集体经营性建设用地入市、宅基地制度改革试点的经验,完善农村土地利用管理政策法律体系

为进一步深入推进农村土地征收、集体经营性建设用地入市、宅基地管理制度改革试点,2017年11月4日第十二届全国人民代表大会常务委员会第三十次会议决定将试点期限延长一年(至2018年12月31日),把试点内容拓展到全部试点地区,推进三项试点全面覆盖、统筹推进、深度融合。延长试点的目的,是在实践中进一步统一思想,设计出更为科学的改革操作方案,为全面评估试点得失、系统总结试点经验打好基础,也为土地管理法修改工作创造良好的社会氛围。在延长期内,土地制度的三项改革各有侧重:征收制度改革的重点应在缩小征地范围、规范征地程序和改革征地补偿方式;集体经营性建设用地入市应处理好土地增值收益在国家和集体之间合理分配问题;宅基地制度改革的关键在于因地制宜,处理好统一立法和区域协同之间的关系。按照改革试点需要与法律修改同步对接、坚持改革决策与立法决策相统一的原则,2018年将按照边试点、边总结、边修法的要求,系统总结试点经验,为修改《土地管理法》《城市房地产管理法》等提供支撑。

(二)完善农民闲置宅基地和闲置农房政策,探索宅基地所有权、资格权、使用权"三权分置"

宅基地"三权分置"指的是落实宅基地集体所有权,保障宅基地农户资格权和农民房屋财产权,适度放活宅基地和农民房屋使用权。这一重大理论和实践创新,将六十多年来形成的集体所有、无偿分给农户占有使用的宅基地权利,由两权细化成了三权,即集体所有权不变,将农户的占有使用权分解为资格权和使用权,为深化改革指明了方向。2018年中央

"一号文件"同时也为此项改革画出了红线,即不得违规违法买卖宅基地,严格实行土地用途管制,严格禁止下乡利用农村宅基地建设别墅大院和私人会馆。

对于宅基地"三权分置",要准确把握其内涵要义。第一,要严格落实宅基地集体所有权。农村土地集体所有制是农村土地制度改革的底线,要防止虚化、虚置所有权主体地位,充分维护农民集体对宅基地的规划、分配、管理、监督使用等各项权能。第二,要切实保障宅基地农户资格权和农民房屋财产权。宅基地具有维持农民生产生活的基本保障功能,具有福利性和排他性,宅基地制度是长期以来形成的具有中国特色的农民住房保障制度的核心。农民宅基地问题,不仅是财产权利维护问题,而且涉及农村社会结构稳定和文化传承问题,必须切实保障农民的居住权益。宅基地"三权分置"中,资格权属于身份权,主要是保障农民住有所居;使用权属于财产权,主要解决农村土地资源市场化配置不够的问题。农村宅基地归集体所有,资格权只属于农村集体经济组织成员,放活的只是使用权,这个原则不能改变。第三,要适度放活宅基地和农民房屋使用权。在依法保护集体所有权、农民宅基地和房屋财产权的前提下,平等保护流转主体依合同取得的宅基地和农房使用权。放活宅基地和农房使用权要适度,主要是支持农村新产业新业态的发展,要严守"一不得,两严格"三个底线。

此项改革事关重大,要考虑周全、依法依规、尊重农民意愿,结合现有农村土地制度改革试点统筹安排。各地在试点中要认真开展宅基地"三权分置"特别是农户资格权的法理研究,探索宅基地"三权分置"的具体实现形式,重点结合发展乡村旅游、返乡下乡人员创新创业等先行先试,探索盘活利用农村闲置农房和宅基地、增加农民财产性收入、促进乡村振兴的经验和办法。

(三)增强农村土地制度改革的系统性、整体性、协同性

统筹农村集体经营性建设用地入市与盘活利用闲置农房和宅基地,统筹缩小征地范围与农村集体经营性建设用地入市,平衡好国家、集体及

个人利益,让农民公平分享土地增值收益。按照农民在征地和入市中分享收入大体相当的原则,完善调节金征收制度,增强改革的系统性。对还没有在面上铺开的试点县,要抓紧采取有效措施,实现试点政策全域覆盖,试点内容在县乡村全面推开,增强改革的整体性。三项改革要打通各部门的"一亩三分地",与农村集体产权、农房抵押、乡村治理、户籍、财税、社保、金融等相关领域改革加强统筹协调,特别是要与"两权"抵押贷款改革做好衔接,增强改革的协同性。

(四)完善农村土地利用管理政策体系

在符合土地利用总体规划前提下,允许县级政府通过村土地利用规划,调整优化村庄用地布局,有效利用农村零星分散的存量建设用地。预留部分规划建设用地指标用于单独选址的农业设施和休闲旅游设施等建设。对利用收储农村闲置建设用地发展农村新产业新业态的,给予新增建设用地指标奖励。

38

深入推进农村集体产权制度改革

农村集体产权制度改革,是涉及农村基本经营制度和我国基本经济制度的一件大事,是实施乡村振兴战略的重要制度供给。党中央、国务院对此高度重视。党的十九大强调,"深化农村集体产权制度改革,保障农民财产权益,壮大集体经济"。2018 年中央"一号文件"提出,"深入推进农村集体产权制度改革。全面开展农村集体资产清产核资、集体成员身份确认,加快推进集体经营性资产股份合作制改革"。推进这项改革,对于推动农村发展、完善农村治理、保障农民权益,探索形成农村集体经济新的实现形式和运行机制,都具有十分重要的意义。

一、充分认识农村集体产权
制度改革的重要意义

农村集体所有制是我国基本经济制度的重要组成部分,是中国特色农业现代化道路的制度基础。改革开放以来,我国农村建立了以家庭承包经营为基础、统分结合的双层经营体制,极大地解放和发展了农村社会生产力。随着社会主义市场经济体制建立和"四化"同步推进,农村社会结构正在发生深刻变化,农村人口流动与集体成员财产权不清晰的矛盾日益突出;城乡融合进一步加快,城乡要素平等交换的诉求与农村各类资源要素流动不畅的矛盾日益突出;广大农民财产意识不断增强,保障农民财产权利与集体资产面临被侵蚀风险的矛盾也日益突出。我国农村集体资产总量规模庞大,2016 年,农村集体经济组织账面资产总额 3.1 万亿元,村均 555.4 万元,其中东部地区资产总额 2.36 万亿元,占全国资产总额的 76.1%,村均 1027.6 万元。这些资产如果不盘活整合,就难以发挥应有的作用;如果不尽早确权到户,就存在流失或者被侵占的危险。适应建立健全城乡融合发展体制机制的要求,必须推进农村集体产权制度改革,探索农村集体经济新的实现形式和运行机制,壮大集体经济实力,保障农民财产权益,让农民分享改革发展的成果。

为探索改革路径、积累改革经验,2014 年 10 月,经党中央、国务院审议通过,农业部、中央农村工作领导小组办公室、国家林业局印发《积极发展农民股份合作赋予农民对集体资产股份权能改革试点方案》,在 29 个县(市、区)开展试点,2017 年年底试点任务已经全部完成,为全国面上改革积累了经验。2016 年 12 月,《中共中央国务院关于稳步推进农村集体产权制度改革的意见》(以下简称《意见》)正式发布,这是新时期指导农村集体产权制度改革的纲领性文件,对推进改革进行了总体部署。2017 年 6 月,农业部确定 100 个县(市、区)作为新一轮农村集体产权制度改革试点单位,各地正在有序开展改革。目前,全国已有 6.7 万个村和 6 万个村民小组完成改革,北京、上海、浙江完成改革的村占到 95%以上。完成改革的村组累计向农民股金分红 2840 亿元,2016 年当年就分红 434.1 亿元,受益农民股东达 9386.6 万人,农民群众在改革中有了更多获得感。

二、正确把握农村集体产权 制度改革的目标和原则

农村集体产权制度改革是管长远、管根本、管全局的重大制度安排,是具有"四梁八柱"性质的改革。推进这项改革,必须树立系统性思维,做好改革的整体谋划和顶层设计,牢牢把握改革的内涵要义。

(一)把握改革的目标

农村集体产权制度改革的目标,是要逐步构建归属清晰、权能完整、

流转顺畅、保护严格的中国特色社会主义农村集体产权制度,具体体现在三个方面。一是发展新型农村集体经济。这个新型集体经济,新就新在不是传统的"一大二公"的集体经济,而是集体成员边界清晰、集体产权关系明确的股份合作经济,是个人积极性与集体优越性得到有效结合的新型集体经济,是更具活力和凝聚力的农村集体经济。二是建立符合市场经济要求的农村集体经济运行新机制。这个集体经济运行新机制,新就新在要坚持市场导向,赋予农村集体经济组织市场主体地位,盘活集体资产,创新集体资产运营管护机制。三是形成有效维护农村集体经济组织成员权利的治理体系。这就要求维护好农民的土地承包权、宅基地使用权、集体收益分配权等财产权利,落实好农民对集体经济活动的知情权、参与权、表达权、监督权等民主权利。

(二)把握改革的原则

农村集体产权制度改革事关广大农民的切身利益,情况十分复杂,需要把握原则、稳中求进。一是坚持正确改革方向。改革必须坚持社会主义市场经济改革方向,坚持农村基层党组织的领导核心地位不动摇,紧紧围绕充分发挥市场在资源配置中的决定性作用、更好地发挥政府作用、巩固党在农村的执政基础这三方面的要求来谋划和实施改革,把实现好、维护好、发展好广大农民的根本利益作为改革的出发点和落脚点。二是坚守法律政策底线。坚持农民集体所有不动摇,无论怎么改,不能把集体经济改弱了、改小了、改垮了,不能让集体资产流失;坚持农民权利不受损,无论怎么改,不能把农民的财产权利改虚了、改少了、改没了,不能让老百姓吃亏。三是尊重农民群众意愿。发挥农民主体作用,把选择权交给农民,由农民选择而不是代替农民选择,真正让农民成为改革的参与者和受益者。

三、准确掌握农村集体产权
制度改革的政策要求

农村集体产权制度改革涉及面广,政策性强,要认真贯彻《意见》和

2018 年中央"一号文件"的政策要求,突出改革的重点领域和关键环节。

(一)全面开展农村集体资产清产核资

按照中央统一部署,对集体所有的各类资产进行全面清产核资,摸清集体家底。重点清查核实未承包到户的资源性资产和集体统一经营的经营性资产以及现金、债权债务等,查实存量、价值和使用情况,做到账证相符和账实相符。在清产核资基础上,将集体资产的所有权确权到不同层级的农村集体经济组织成员集体。清产核资结果要向全体农村集体经济组织成员公示,并经成员大会或者代表大会确认。清产核资结束后,应建立健全集体资产登记、保管、使用、处置等制度,实行台账管理;建立健全年度资产清查制度和定期报告制度,以后每年年末开展一次资产清查,清查结果及时上报。

(二)全面确认农村集体经济组织成员身份

按照尊重历史、兼顾现实、程序规范、群众认可的原则,统筹考虑户籍关系、农村土地承包关系、对集体积累的贡献等因素,做好各类人群的成员身份确认工作。以县或地市为单位统一制定农村集体经济组织成员身份确认的指导意见,规范工作流程,指导集体经济组织在群众民主协商基础上制定成员身份确认的具体程序、标准和管理办法,建立健全集体经济组织成员登记备案机制。提倡农村集体经济组织成员家庭今后的新增人口,通过分享家庭内拥有的集体资产权益的办法,按章程获得集体资产份额和集体成员身份。

(三)推进集体经营性资产股份合作制改革

在尊重农民意愿的前提下,将农村集体经营性资产折股量化到本集体经济组织成员,作为其参加集体收益分配的基本依据。明确政府拨款、减免税费等形成的资产归农村集体经济组织所有,探索将其量化为集体成员股份的具体办法。在股权设置方面,应以成员股为主,是否设置集体股由本集体经济组织成员民主讨论决定。在股权管理方面,提倡实行不随人口增减变动而调整的方式。指导改革后的农村集体经济组织完善治理机制,制定组织章程,在涉及成员利益的重大事项上实行民主决策,防止少数人操控。

（四）赋予农民集体资产股份权能

积极探索赋予农民集体资产股份占有、收益、有偿退出及抵押、担保、继承权能。建立集体资产股权登记制度，向农村集体经济组织成员出具股权证书，把成员对集体资产股份的占有权落实到位。健全集体收益分配制度，把农民集体资产股份收益分配权落到实处。结合实际确定集体资产股份有偿退出的条件和程序，研究制定集体资产股份抵押、担保贷款办法，指导集体经济组织制定农民持有集体资产股份继承的办法。维护进城落户农民土地承包权、宅基地使用权、集体收益分配权，引导进城落户农民依法自愿有偿转让上述权益。

（五）发挥农村集体经济组织功能作用

由集体统一经营资产的村（组），特别是城中村、城郊村、经济发达村等，应建立健全农村集体经济组织。县级农业部门负责向农村集体经济组织发放组织登记证书，集体经济组织可据此向有关部门办理银行开户等相关手续，以发挥好管理集体资产、开发集体资源、发展集体经济、服务集体成员等功能作用。依法维护农村集体经济组织及其成员的权益，保证集体经济组织平等使用生产要素，公平参与市场竞争，同等受到法律保护。在基层党组织领导下，探索明晰农村集体经济组织与村民委员会的职能关系，有需要且条件许可的地方可以实行村民委员会事务和集体经济组织事务分离。

（六）多种形式发展农村集体经济

引导农村集体经济组织从实际出发探索壮大集体经济的有效途径，可以利用未承包到户的集体资源，发展现代农业项目；可以利用生态环境和人文历史等资源，发展休闲农业和乡村旅游；可以在符合规划前提下，探索利用闲置的各类房产设施、集体建设用地等发展相应产业；可以整合利用集体积累资金、政府帮扶资金等，通过入股或者参股龙头企业、村与村合作、村企联手共建、扶贫开发等多种路径发展集体经济。

四、切实抓好农村集体产权制度
改革的各项具体工作

各级农业部门要按照"扩面、提速、集成"的要求,以完善产权制度和要素市场化配置为重点,深入推进农村集体产权制度改革,促进城乡要素平等交换和自由流动,激发农村资源发展活力,壮大集体经济实力。

(一)全面部署和精心指导农村集体资产清查核实工作

各级农业部门要按照中央的要求,加快部署农村集体资产清产核资工作,指导清查核实农村集体各类资产,摸清集体资产家底。建立健全农村集体资产登记、保管、使用、处置等制度,实行台账管理,确保到2019年年底基本完成。加快农村集体资产监督管理平台建设,将清产核资结果纳入平台管理,提高集体资产管理制度化、规范化、信息化水平。

(二)扩大农村集体产权制度改革试点

在继续做好100个农村集体产权制度改革先行试点的基础上,再增加200个工作基础好、干部素质高、有代表性的试点,将试点单位扩大到300个,同时鼓励地方结合实际扩大改革试点面。各方面试点要在成员确认、资产量化、股权设置、收益分配以及权能完善等方面取得突破,为全面改革探索路子、积累经验,确保到2021年年底基本完成。

(三)制定完善支持农村集体经济发展的法律政策

深入研究农村集体经济组织法律相关问题,推动农村集体经济组织立法工作。出台农村集体经济组织登记赋码方面的规范性文件,开展集体经济组织登记赋码工作。鼓励各地探索将政府拨款、减免税费等形成的资产归农村集体经济组织所有,并量化为集体成员股份的具体办法。鼓励采取资产租赁、农业开发、生产服务、乡村旅游、联合发展等多种方式发展壮大集体经济,增强集体经济发展活力和实力。

(四)加强农村集体产权制度改革培训督查

开展多层次、多形式的培训,围绕农村集体产权制度改革、清产核资等内容,重点对各级党委政府分管领导、试点县市党委政府主要领导、农业系统领导干部等进行培训,确保领导干部全面了解改革目的和政策要求,从全局出发抓紧抓好改革工作。加大督导检查力度,强化督查的广度和深度,督促各地严格落实改革主体责任和政策措施,用督查成果推动改革深入。

39

完善农业支持保护制度

党的十九大报告提出实施乡村振兴战略,明确要求"完善农业支持保护制度"。2018 年中央"一号文件"对"完善农业支持保护制度"作出具体部署,提出加快建立新型农业支持保护政策体系。农业支持保护制度是现代化国家农业政策的核心。加强对农业的支持保护,是贯彻落实中央关于农业农村"重中之重"和"优先发展"战略的重要抓手,是实施乡村振兴战略和推进农业供给侧结构性改革的重要支撑,是农业农村经济稳定发展和农民持续增收的重要保障。

一、我国农业支持保护政策体系现状

党的十八大以来,在习近平新时代中国特色社会主义思想的科学指引下,全党上下坚持把解决好"三农"问题作为重中之重,持续加大强农惠农富农政策力度,扎实推进农业现代化和新农村建设,全面深化农村改革,推动农业农村发展,并取得了历史性成就。尤其是更加注重发挥政府和市场两个作用,着力强化政府对农业的支持保护,提出构建以绿色生态为导向的农业补贴制度,推动新形势下财政支持保护农业政策的改革完善升级,出台了一系列创新性的重大财政支农政策,基本建立了以保障粮食安全、促进农民增收和农业可持续发展为主要目标,由农民直接补贴、生产支持、价格支持、流通储备、灾害救助、基础设施、资源与环境保护等各类支出组成,涵盖农业产前、产中、产后各个环节和主要利益主体的农业支持保护政策体系。农业支持保护制度的建立和不断发展完善,从宏观层面来看,明确传递了中央高度重视农业、重视粮食安全的信号,体现了国家与农民"取予"关系的重大调整,体现了共享发展的新理念,得到了农民群众的拥护,巩固了党在农村的执政基础;从微观层面来看,大大激发了广大农民种粮务农的积极性,增加了农户的务农收益。长远上看,将为党的十九大提出的农业农村发展目标任务落到实处、开创农业农村经济工作新局面提供重要的支撑和保障。

当前,我国农业支持保护制度总体上符合我国国情和农情,但我国现有农业支持保护政策与乡村振兴战略任务相比较,在政策措施的协调配套性、实施机制的成熟稳定性、工具手段的丰富多样性等方面,还存在一些不相适应的地方,有待进一步改进和完善。

二、完善我国农业支持保护制度的总体思路

完善我国农业支持保护制度,总体思路是要认真贯彻落实党的十九大精神,以习近平新时代中国特色社会主义思想为指导,坚持"重中之重"和"优先发展"的战略定位,加强顶层设计和制度创新,统筹财政和金融等社会资源,努力构建覆盖全面、指向明确、重点突出、措施配套、操作简便的新型农业支持保护政策体系。根本任务是推动农业由增产导向转向提质导向,支撑深化农业供给侧结构性改革,推动实施乡村振兴战略;基本要求是坚持农业农村优先发展,坚持目标导向和问题导向;基本路径是健全投入保障制度,创新投融资机制,加快形成财政优先保障、金融重点倾斜、社会积极参与的多元投入格局,确保投入力度不断增强、总量持续增加。

完善农业支持保护制度既要传承和延续,更要创新和发展,必须把握好五个原则:一要坚持推动投入体制机制创新,努力提升支持保护效能。强化部门间沟通协作,加强顶层设计和试点探索,通过政策手段、支持方

式、管理方式等体制机制创新,稳妥推进支持保护政策改革,加大涉农资金统筹整合使用力度,调动各个渠道支持农业农村的积极性,激活资源要素潜力,提升农业支持保护政策综合效率。二要坚持资金投入优先保障,确保财政投入与乡村振兴目标相适应。合理划分中央与地方事权与支出责任,做到有所为有所不为,统筹安排各级财政支农投入;财政支农投入既要在存量上想办法,又要在增量上做文章,坚持资金投入优先保障,全面强化农业农村发展重点领域和关键环节的大政策、大投入;信贷、保险、期货等金融政策也要向农业农村倾斜,建立多元化投入机制。三要坚持绿色生态为导向的投入制度,促进农业农村发展向提质增效转变。牢固树立"绿水青山就是金山银山"的理念,加大绿色生产方式、生态环境和资源保护利用引导支持力度,促进农业发展、生态协调、环境改善相互融合与统一;支持实施质量兴农战略,促进农村一二三产业融合发展,提升农业质量效益竞争力,促进农民增收致富。四要坚持以保护农民利益为出发点和落脚点,切实增强农民的发展能力。切实调动农民发展生产、参与乡村振兴的主动性,扶持壮大农民合作社、家庭农场等新型农业经营主体,激发农民自我发展壮大的能力;探索建立农民共享和合理分享现代农业产业发展的利益联结机制,把小农户引入现代农业发展轨道。五要坚持发挥市场机制的作用,实现财政与金融社会资本协同支农。发挥市场在资源配置中的决定性作用,政府重点强化政策引导、加强服务支持,创造良好的发展环境,激发广大农民的内生活力,增强社会资本和金融资本等投资动力;创新财政支农投入方式,推动财政政策、金融政策和产业政策"三位一体",推动财政和金融社会资本协同支农,形成全社会支持农业农村现代化的格局。

三、完善农业支持保护制度的具体措施

从国外实践看,随着农业农村形势发展变化,农业支持保护制度也需要及时调整完善。从国内发展看,实施乡村振兴战略,是新时代"三农"

工作的总抓手,确保如期实现乡村振兴相关目标任务,农业支持保护制度也需要进一步优化完善。当前,应重点从以下几个方面开展工作。

(一)合理划分中央与地方事权与支出责任,统筹安排支持农业农村发展投入

围绕实施乡村振兴战略确定的重大计划、重大工程、重大行动,合理确定政府支持保护的重点,厘清中央与地方的支出责任,重点保障农业农村投入的制度安排,做到有所为有所不为,调动中央和地方两个积极性,形成农业农村投入合力。努力拓宽资金筹集渠道,调整完善土地出让收入使用范围,进一步提高农业农村投入比例。建立高标准农田建设等新增耕地指标和城乡建设用地增减挂钩节余指标跨省域调剂机制,将所得收益通过支出预算全部用于巩固脱贫攻坚成果和支持实施乡村振兴战略。

(二)建立完善以绿色生态为导向的农业补贴制度,促进农业农村绿色发展

要把推动农业绿色发展作为农业补贴制度改革的"风向标"和政策实施的"导航仪"。将以绿色生态为导向的农业补贴制度作为推进农业绿色发展的"指挥棒",落实和完善农民直接补贴制度。进一步发挥耕地地力保护补贴在引导农民加强农业生态资源保护、自觉提升耕地地力方面的作用;完善农业绿色发展绩效评价机制,将评价结果与补贴安排挂钩,奖优罚劣;从制约农业可持续发展的重点领域和关键环节入手,建立健全耕地、草原、渔业水域等重点农业生态系统的绿色生态补贴政策体系,稳步扩大耕地休耕轮作试点,建立长江流域重点水域禁捕补偿制度,大力推进畜禽粪污资源化、农作物秸秆综合利用、地膜回收利用。

(三)强化农业农村基础设施投入,增强农业农村发展后劲

进一步强化打基础、管长远、增后劲的农业基础设施的投入力度,重点是落实"藏粮于地、藏粮于技"战略,合理划定粮食生产功能区和重要农产品生产保护区,整合资金持续保质保量支持高标准农田建设,着力加强高效节水灌溉等农田水利建设,继续推进耕地质量提升、测土配方施

肥、东北黑土地保护利用,继续通过国家科技计划(专项、基金等)、现代农业产业技术体系建设专项等渠道加大农业科技支持力度,积极支持育种、植保等科技取得重大突破和全面推广应用,全面提升农业的基础产能。

(四)坚定市场化改革的基本方向,完善农产品价格支持政策

充分发挥市场在资源配置中的决定性作用,通过价格来引导生产、调节供求、调控进口。不断深化农产品收储制度和价格形成机制改革,更好地发挥玉米、大豆生产者补贴政策对农业生产结构调整的导向作用。进一步完善稻谷、小麦最低收购价政策,增强政策灵活性和弹性,合理调整最低收购价水平,使小麦和稻谷的价格逐步向市场靠拢。

(五)强化农村产业融合政策支持引导,推动城乡融合发展

大力支持实施质量兴农战略,深入推进农业绿色化、优质化、特色化、品牌化,推动优势特色产业提质增效。因地制宜推进农村一二三产业融合发展,建设现代农业产业园,实施产业兴村强县行动,鼓励农村创业创新,培育发展新产业新业态新模式,建设产业兴旺、经济繁荣、绿色美丽、宜业宜居的农业强镇,推动农业大县向农业强县转变。推动整合做大做强一批大型农业产业化龙头企业,引领行业发展,带领农民共享发展成果。

(六)健全粮食主产区利益补偿机制,促进区域协调发展

围绕统筹产销布局、保障生产能力、保护种粮收益、稳定产区财力、增强产业活力、健全产销协作等方面,建立多层次利益补偿机制和政策体系。继续实施和完善产粮大县奖励政策,推动优质粮食工程深入实施。为主产区加大资金政策支持力度,稳定和调动地方政府重农抓粮积极性,保障国家粮食安全打好基础。在准确划定粮食生产功能区和重要农产品生产保护区的基础上,研究推动相关补贴向"两区"倾斜集中。

(七)完善农村金融服务的激励引导政策,推动金融和社会资本积极投入农业农村

发挥财政资金的引导和杠杆作用,统筹运用信贷、保险、基金等多种工具,通过政府与社会资本合作、政府购买服务、担保贴息、以奖代补、风险补偿等措施,带动金融和社会资本投向农业农村。切实发挥全国农业信贷担保体系作用,加快建立覆盖主要农业县的农业信贷担保服务网络,全面开展以适度规模经营新型经营主体为重点的信贷担保服务;研究出台加快发展农业保险的指导意见,扩大农业大灾保险试点,探索开展稻谷、小麦、玉米三大粮食作物完全成本保险和收入保险试点。在畜禽粪污资源化利用、农作物秸秆综合利用等领域积极探索推广政府与社会资本合作示范模式。

(八)加强农业基础数据采集和发布平台建设,推动支农政策精准实施

建立科学的农业统计制度,健全农产品信息发布制度,发挥信息对市场的引导作用。完善农产品期货市场,发挥市场的价格发现功能。运用互联网、遥感等现代科技信息技术手段,丰富数据统计、核准的手段。充分利用新型经营主体直报系统,实现合作社、家庭农场等经营主体与补贴、金融、保险政策的点对点精准对接。

40

大力培育新型职业农民

培育新型职业农民,是中央立足我国农业农村发展实际作出的重大战略,是解决实施乡村振兴战略人才问题的重大举措。为此,2018 年中央"一号文件"对此作出专门部署,明确了一系列政策措施。

一、大力培育新型职业农民是实现农业农村现代化的迫切需要

(一)解决"谁来种地"的现实需要

随着工业化、城镇化的快速发展,越来越多的农村劳动力特别是青壮年劳动力转移到农业农村以外就业。据 2016 年全国农业普查统计,当前农业生产经营人员中,年龄在 35 岁以下的不到 20%,高中及以上文化程度的不到 10%。农村劳动力老龄化、妇女化、兼业化趋势愈发明显,迫切需要采取有力措施吸引年轻人务农创业,加快培养一批新型农业经营者。

(二)推进现代农业发展的现实需要

目前,我国农业劳动生产率仍然偏低,仅相当于第二产业的 1/8、第三产业的 1/4、世界平均水平的 1/2,支撑现代农业发展的各类人才青黄不接,农民科技文化水平不高,接受应用新技术新知识的能力不强,迫切需要培育一大批有文化、懂技术、善经营、会管理的新型职业农民,推进农业规模化、集约化、专业化发展。

（三）农民由"身份"向"职业"转变的现实需要

通过提高农民的综合素质和职业能力，把普通农民培育成爱农业、懂技术、善经营的新型职业农民，让他们能够获得稳定的、足够的职业收入，得到平等的社会保障，赢得应有的个人尊严和社会尊重，是激发乡村内生动力的重要举措，对加快农业农村人力资源供给、为乡村振兴提供强大人才支撑具有重要意义。

二、新型职业农民的内涵要义和培育探索

新型职业农民是一个新概念，是指以农业为职业、具有相应的专业技能、收入主要来自农业生产经营并达到相当水平的现代农业从业者。其中，收入达到相当水平是指与外出务工收入基本相当。随着实践发展，新型职业农民的内涵和外延也在不断丰富完善。当前，新型职业农民的主要特点可以用"两新一高"来概括：第一是新身份，标志着农民由身份称谓转变为职业称谓，体现了我国农民逐步成为体面职业的进程；第二是新作用，新型职业农民是新型经营主体的个体形式和主体力量，是发展现代农业的主力军；第三是高素质，较高的综合素质和生产技能是他们的主要特征，也与传统农民存在显著区别。

现阶段，根据我国农业生产经营情况和社会化分工，新型职业农民主要分为生产经营型、专业技能型和社会服务型三种类型。生产经营型职业农民，是指以农业为职业、占有一定的资源、具有一定的专业技能、有一定的资金投入能力，收入主要来自农业生产经营并达到相当水平的现代农业生产经营者。主要包括专业大户、家庭农场经营者、农民合作社带头人等。专业技能型职业农民，是指在农民合作社、家庭农场、专业大户、农业企业等新型农业经营主体中较为稳定地从事农业岗位作业，并以此为主要收入来源且达到相当水平，具有一定专业技能的农业劳动力。主要包括农业工人或农业雇员等。专业服务型职业农民，是指在社会化服务组织中或个体直接从事农业产前、产中、产后服务，并以此为主要收入来

源且达到相当水平,具有相应服务能力的农业社会化服务人员。主要包括农村信息员、农村经纪人、农机服务人员、统防统治植保员、村级动物防疫员等农业社会化服务人员。

党的十八大以来,按照中共中央、国务院的部署要求,新型职业农民培育工作以实施新型职业农民培育工程为主要抓手,从最初试点探索,到示范引领带动、推进制度建设,再到分层分类培育、提升质量效果,取得了显著成效,新型职业农民队伍不断壮大。到 2017 年年底,全国新型职业农民突破 1500 万人,比 2012 年增长 500 万人以上,正在成为发展现代农业的主导力量。一是政策措施更加坚实。2013 年以来连续六个中央"一号文件",中共中央办公厅、国务院办公厅印发的《深化农村改革综合性实施方案》等多个中央文件都对新型职业农民培育工作进行部署,超过 14 个省(区、市)出台了专门的政策文件。二是制度体系更加健全。基本形成了教育培训、规范管理、政策扶持"三位一体"培育制度,各地涌现出一批创新做法。三是支撑现代农业更加有力。一批老农人转观念提技能,促进了稳粮增收;一批新农人投身农村创业创新,推动了农业转型升级;一批知识型、技能型、创新型农民发展壮大,保障了发展农业后继有人。

三、加快完善新型职业农民制度体系

2018 年中央"一号文件"从制度建设、教育培训、政策扶持等方面对新型职业农民培育工作提出明确要求。2017 年 1 月,农业部印发《"十三五"全国新型职业农民培育发展规划》,提出到 2020 年,新型职业农民队伍规模达到 2000 万人,务农农民职业化程度明显提高,新型职业农民队伍总体文化素质、技能水平和经营能力显著改善等发展目标。下一步,各级农业部门要围绕全面建立职业农民制度,以实施新型职业农民培育工程为主要抓手,完善配套政策体系,加大基础保障力度,不断提升新型职业农民培育的针对性、规范性和有效性,持续提高新型职业农民的发展能力,加快建立一支规模宏大、结构合理、素质优良的新型职业农民队伍。

(一)全面建立职业农民制度

以规范管理、教育培训、政策扶持和激励使用为核心内容,全面建立职业农民制度体系,不断完善配套政策措施。在规范管理方面,要突出职业农民登记注册,实施精细化管理,充分运用信息化手段,确保职业农民在乡村留得住、用得上。在教育培训方面,要通过技能培训和农业职业教育,大幅提高职业农民综合素质和生产经营水平,为发展现代农业提供重要支撑。在政策扶持方面,要推动各项强农惠农富农政策向新型职业农民倾斜,不断加大社会保障、职称评定等政策的支持力度,同时积极争取创设专项支持政策。在激励使用方面,要创新体制机制,让职业农民在乡村振兴战略中大显身手,发挥示范带动作用,引领更多人争当职业农民。

(二)实施一批重点工程

实施新型职业农民培育工程。开展整省、整市和整县示范推进,逐步实现所有农业县(市、区)全覆盖。"十三五"期间,重点实施新型农业经营主体带头人轮训计划、现代青年农场主培养计划和农村实用人才带头人培训计划,加快培育一批专业大户、家庭农场主、农民合作社领办人和农业企业骨干,支持各类人才返乡下乡创业创新,发展适度规模经营。创新培训机制,支持农民专业合作社、专业技术协会、龙头企业等主体承担培训。实施新型职业农民学历提升工程。支持涉农职业院校开展新型职业农民学历教育,面向专业大户、家庭农场经营者、农民合作社负责人、农业企业经营管理人员、农村基层干部、返乡下乡涉农创业者、农村信息员和农业社会化服务人员等,采取农学结合、弹性学制、送教下乡等形式开展农民中高等职业教育。实施新型职业农民培育信息化建设工程。以提升新型职业农民培育信息化服务能力为目标,以改善教育培训和管理服务条件为重点,打造国家、省、县三级新型职业农民培育信息化平台,提供在线学习、管理考核、跟踪指导服务。

(三)加大政策支持力度

建立健全政府主导的多元化投入机制,中央财政继续通过专项补助支持新型职业农民培育工作,引导各地加大投入,提高标准,实行差异化补助。支持新型职业农民享受新型农业经营主体扶持政策和农村创业创新扶持政策。建立公益性农民培养制度,将全日制农业中等职业教育纳入国家资助政策范围,支持新型职业农民通过弹性学制参加中高等农业职业教育。引导符合条件的新型职业农民参加城镇职工养老、医疗等社会保障制度。鼓励各地开展职业农民职称评定试点。综合运用项目、信贷、保险、税收等政策工具,引导各类社会力量参与新型职业农民培育工作。

(四)加快推进新型职业农民培育体系建设

充分发挥农广校、涉农院校、科研院所、农技推广机构在教育培训中的作用,鼓励和支持农业企业、农业园区、农民合作社等市场主体建立实训基地和农民田间学校,支持农技推广机构对接跟踪服务,加快构建以各类公益性涉农培训机构为主体、多方资源和市场主体共同参与的"一主多元"新型职业农民教育培训体系。

41

加强农村专业人才队伍建设

人才兴则事业兴，人才强则乡村强。党的十九大报告提出"实施乡村振兴战略"，培养造就一支懂农业、爱农村、爱农民的"三农"工作队伍。农村专业人才活跃在农村教育、生产、经营第一线，是农村生产力中最先进、最活跃的组成部分。2018年中央"一号文件"对加强农村专业人才队伍建设提出了专门要求，并进行了具体部署。

一、农村专业人才队伍是农村经济社会发展的关键要素

农村专业人才是活跃在农业和农村经济发展第一线的具有一定科学文化知识或一技之长，对推动农业农村现代化发展作出突出贡献的农村能人。主要包括县域农村专业人才、乡村教师、边远贫困地区、边疆民族地区和革命老区人才、"三支一扶"、特岗教师、农业职业经理人、经纪人、乡村工匠、文化能人、非遗传承人等，在传播普及科学知识，示范应用农业先进实用技术，带领一方群众致富，推动当地经济社会发展等方面具有独特作用。

农村专业人才队伍建设是提高农民整体素质的有效途径。农村乡土人才对本地环境资源、生产经验、风土人情非常熟悉，实践经验丰富。他们有强烈的奉献精神、有高超的专业技能，能够组织产业化生产，能够起到一定的示范、带动或辐射作用。他们不光是自己干得好，而且能够带领

周边的群众跟着自己干,能够把自己掌握的知识传授给身边的农户,进而有效地提高农民的整体素质。

农村专业人才队伍建设是实现产业兴旺的有力支撑。长时间以来各地农业发展经验表明,农业产业发展每上一个台阶很大程度上都是得益于科技进步。目前,部分地区特别是边远贫困地区、边疆民族地区和革命老区("三区"),农业主导产业不突出、农业竞争力不强、农业综合效益差,主要矛盾并不是缺少优良品种、先进技术,而是科技成果转化水平很低,技术嫁接、成果转化的中间环节出现了脱节,其实质是缺少专业人才。2014年科技部联合中组部、财政部、人力资源和社会保障部、国务院扶贫办正式启动"边远贫困地区、边疆民族地区和革命老区人才支持计划科技人员专项计划",以"三区"人才支持计划、科技人员专项计划为抓手,发挥科技特派员作用,加强对贫困地区返乡农民工、大学生村干部、乡土人才、科技示范户的培训,培养一批懂技术、会经营、善管理的脱贫致富带头人和新型职业农民,加快农村经济结构调整,加快产业结构优化升级,为实现乡村振兴提供有力支撑。

农村专业人才队伍建设是农业技术推广体系的有益补充。现阶段基层农业技术推广网络普遍处于"有架子无联通、有人员无联系"的状况,在这种情况下,积极研究、探讨农业技术推广的新思路、新机制就显得十分必要。抓好农村专业人才队伍建设,不失为一条重要途径。农村专业人才都具备某项专业技能,或具备一定的科学知识,所从事的事业有一定的科技含量。加强农村专业人才队伍建设,是在目前基层农技推广网络不健全的情况下,对农业科技推广体系的有益补充。

二、加强农村专业人才队伍建设的主要举措

(一)统筹县域为基础单位,建章立制,提高农村专业人才队伍培养、使用、激励等服务保障能力

主要包括建立县域专业人才统筹使用制度,提高农村专业人才服务

保障能力;推动人才管理职能部门简政放权,保障和落实基层用人主体自主权。

县域是农村专业人才队伍培育、使用和管理的核心行政单元。要加强农村专业人才统筹管理,通过健全县乡村三级管理网络,形成以县组织、人事、科技等部门管理为重点,以乡(镇)党委、村党支部抓落实的管理形式,形成工作合力。同时,要加强制度管理,完善农村专业人才选拔规定,明确农村农民专家、农村专业人才的选拔管理办法和流程,并在实行动态管理、优胜劣汰、促其发展的基础上,坚持和完善建档造册、走访联系、交心座谈、领导挂点等制度,使管理工作有章可循,逐步走上制度化轨道。以县域为单位,成立农村专业人才开发工作领导机构,加强对专业人才开发使用的统筹协调,按照农村专业人才的不同类型,分门别类地建立各类乡土人才库,并发放证书,从而真正把农村的"土专家""田秀才"、种养能手等乡土人才纳入县委人才工作的管理和服务范畴。

(二)加大乡村教师队伍、"三区"人才等专业人才使用支持力度

主要包括推行乡村教师"县管校聘";实施好边远贫困地区、边疆民族地区和革命老区人才支持计划,继续实施"三支一扶"、特岗教师计划等,组织实施高校毕业生基层成长计划。

乡村教师队伍建设是振兴乡村教育,帮助乡村孩子学习成才,阻止贫困现象代际传递,功在当代、利在千秋的大事。发展乡村教育,教师是关键,必须把乡村教师队伍建设摆在优先发展的战略地位。党和国家历来高度重视乡村教师队伍建设,在稳定和扩大规模、提高待遇水平、加强培养培训等方面采取了一系列政策举措,乡村教师队伍面貌发生了巨大变化,乡村教育质量得到了显著提高,广大乡村教师为中国乡村教育发展作出了历史性的贡献。但受城乡发展不平衡、交通地理条件不便、学校办学条件欠账多等因素影响,当前乡村教师队伍仍面临职业吸引力不强、补充渠道不畅、优质资源配置不足、结构不尽合理、整体素质不高等突出问题,制约了乡村教育持续健康发展。推行乡村教师"县管校聘",对于稳定乡

村教师队伍,促进教育公平,实现乡村人口素质提升具有十分重要的意义。

边远贫困地区、边疆民族地区和革命老区大部分依然处于欠发达地区,是乡村振兴的难点。习近平总书记指出,消除贫困、改善民生、实现共同富裕,是社会主义的本质要求。全面建成小康社会,最艰巨最繁重的任务在农村,特别是在贫困地区,实施好"三区"人才支持计划,是助力打赢脱贫攻坚战,实现共同富裕、全面小康的重大举措,也是体现中国特色社会主义制度优越性的重要标志。

"三支一扶"、特岗教师计划,以大学生村干部为代表的高校毕业生基层成长计划等实施,充分证明了高素质人才、先进智力下基层对于农业农村社会事业发展的重要推动作用,在实施乡村振兴战略中,必须进一步大力实施和推动好这些计划。

(三)健全培育机制,不断提高农村专业人才整体素质

支持地方高等学校、职业院校综合利用教育培训资源,灵活设置专业(方向),创新人才培养模式,为乡村振兴培养专业化人才。依托大中专院校、职业高中、网络教育等进行学历培训,充分发挥县乡(镇)党校、实用技术培训学校、农民夜校等阵地作用,定期组织农业专业人才集中培训,进行政策、实用科技知识的理论辅导,提高农业专业人才的知识素养。有目的、有计划、有针对性地组织农业专业人才走出家门与外界加强技术交流与合作,到发达地区和先进企业参观学习,启迪思维,开阔视野。要组织农业专业人才乡域之间的巡回报告团,既介绍自己的先进经验,又学习其他农业专业人才的成功做法,促进农业专业人才之间相互提高。

(四)健全激励机制,鼓励农业专业人才干事创业、振兴乡村

扶持培养一批农业职业经理人、经纪人、乡村工匠、文化能人、非遗传承人等。营造有利于农村专业人才实现才能的良好环境和平台。将农村专业人才开发与当地经济发展、社会事业建设及干部队伍建设充分结合起来,不断挖掘农村大学毕业生、复员军人、能工巧匠等本土人才,是充分利用发挥农村专业人才的示范带头作用,营造学习比拼赶超的良好氛围,

从而带动农民共同进步、共同致富。

加大对优秀农村专业人才的奖励、表彰力度,扩大乡土人才的影响力和知名度,增强其荣誉感。建立乡土人才专业技术职称评定制度,把乡土人才的选拔同其职称评定相结合,使昔日"土专家""田秀才"有名有分,并落实相应的待遇,规定权利和义务,增强其责任感,引导他们干事创业、振兴乡村。

鼓励农村专业人才创新创业,自己带头致富、带领群众致富,并在生产信息、生产用地、生产资金、生产品种、技术等方面给予政策、奖金及技术倾斜和扶持,为农村专业人才的发展解决后顾之忧,帮助乡土人才的生产产业做强做大,实现乡村工匠传承、文化传承、非遗传承等。

积极吸纳优秀农村专业人才加入党组织。加大对年纪轻、技术硬、素质高的农村专业人才吸收加入党组织的力度,并优先选拔、充实到村级干部队伍中,提高村组班子带领群众致富的能力,创造农村专业人才充分发挥先锋模范带头作用的舞台。

42

发挥科技人才支撑作用

人才是第一资源,创新是第一动力。体制机制改革,是激发人才创新活力的关键。2018 年中央"一号文件"强调,要通过创新体制机制,发挥科技人才支撑作用,这是深化科技体制改革,激发科技创新活力,使广大科技人员积极投身乡村振兴的有力举措。

一、鼓励引导专业技术人员到农村推动产业振兴

高等院校、科研院所等事业单位是我国科技创新的主体,这些单位的专业技术人员是我国科技创新的主力军。现代农业发展是一二三产业融合、产业链协同的发展,以产业链部署科技创新链是支撑现代农业发展的重要方向。现代农业要发展,出路在科技,关键靠人才。但是目前我国农业农村科技创新活力不够,人才政策和体制机制尚不完全适应现代农业产业和科技创新本身发展。

乡村要振兴,产业振兴是源头、是基础。离开产业的支撑,乡村振兴就是空中楼阁。现代农业是乡村产业兴旺的重点、是大头。而现代农业是科技创新要素驱动的产业,光靠科技文化素质依然较弱的农民自身支撑是远远不够的,需要高等院校、科研院所等事业单位专业技术人员这些"国家队"的强力支撑,为现代农业发展注入"第一动力"。但是,目前造

成科技人员"不愿"或"不敢"深入农村一线、产业一线服务支撑农业与农村现代化发展的重要原因在于他们有"后顾之忧",尤其是现有与科技人员发展利益相关的职称评定、工资福利、社会保障等方面的权益在现有的政策与评定框架下得不到有效保障。因此,2018年中央"一号文件"提出,全面建立高等院校、科研院所等事业单位专业技术人员到乡村和企业挂职、兼职和离岗创新创业制度,保障其在职称评定、工资福利、社会保障等方面的权益。

二、壮大科技特派员队伍

2016年印发的《国务院办公厅关于深入推行科技特派员制度的若干意见》,为科技特派员、大学生、返乡农民工、乡土人才等营造专业化、社会化、便捷化的创业环境。支持普通高校、科研院所、职业学校和企业的科技人员发挥职业专长,到农村开展创业服务。引导大学生、返乡农民工、退伍转业军人、退休技术人员、农村青年等参与农村科技创业。鼓励高校、科研院所、科技成果转化中介服务机构以及农业科技型企业等各类农业生产经营主体,作为法人科技特派员带动农民创新创业,服务产业和区域发展。结合各类人才计划实施,加强科技特派员的选派和培训,继续实施林业科技特派员、农村流通科技特派员、农村青年科技特派员、巾帼科技特派员专项行动和健康行业科技创业者行动,支持相关行业人才深入农村基层开展创新创业和服务。

普通高校、科研院所、职业学校等事业单位对开展农村科技公益服务的科技特派员,要实行保留原单位工资福利、岗位、编制和优先晋升职务职称的政策,其工作业绩纳入科技人员考核体系;对深入农村开展科技创业的,要保留其人事关系,与原单位其他在岗人员同等享有参加职称评聘、岗位等级晋升和社会保险等方面的权利,期满后可以根据本人意愿选择辞职创业或回原单位工作。结合实施大学生创业引领计划、离校未就业高校毕业生就业促进计划,动员金融机构、社会组织、行业协会、就业人才服务机构和企事业单位为大学生科技特派员创业提供支持,完善人事、劳动保障代理等服务,对符合规定的要及时纳入社会保险。

鼓励高校、科研院所通过许可、转让、技术入股等方式支持科技特派员转化科技成果,开展农村科技创业,保障科技特派员取得合法收益。通过国家科技成果转化引导基金等,发挥财政资金的杠杆作用,以创投引导、贷款风险补偿等方式,推动形成多元化、多层次、多渠道的融资机制,加大对科技特派员创业企业的支持力度。引导政策性银行和商业银行等金融机构在业务范围内加大信贷支持力度,开展对科技特派员的授信业务和小额贷款业务,完善担保机制,分担创业风险。吸引社会资本参与农村科技创业,鼓励银行与创业投资机构建立市场化、长期性合作机制,支持具有较强自主创新能力和高增长潜力的科技特派员企业进入资本市场融资。对农民专业合作社等农业经营主体,落实减税政策,积极开展创业培训、融资指导等服务。

三、深入实施农业科研杰出人才计划和 杰出青年农业科学家项目

从 2011 年起,农业部牵头实施全国农业科研杰出人才培养计划,这是国家人才规划中确定的 12 个重大人才工程之一——现代农业人才支撑计划的子计划。该计划至 2020 年将在全国选拔培养 300 名农业科研杰出人才。农业科研杰出人才主要职责是:(1)围绕现代农业发展需求,把握学科发展方向,提出具有战略性、前瞻性、创造性的发展思路,促进本学科领域赶超或保持国际先进水平。(2)面向国际科技前沿和行业发展重大需求,承担国家重大农业科研项目,开展基础性、前沿性农业科学研究,开展行业重大共性关键技术创新与集成,提高农业科技自主创新能力。(3)加强所在创新团队建设,每个团队培养 10 名左右的核心成员,引领本学科领域农业科技人才队伍建设。深入实施农业科研杰出人才计划和杰出青年农业科学家项目,将有利于稳定和发展我国高层次农业科

研人才队伍,形成一支学科专业布局合理、整体素质能力较高、自主创新能力较强的高层次农业科研人才队伍,长期稳定地为我国农业农村现代化发展提供持续动力支撑。

四、健全种业等领域科研人员以知识产权明晰为基础、以知识价值为导向的分配政策

种业是国家战略性、基础性的核心产业,是促进农业长期稳定发展、保障国家粮食安全的根本。随着全球化进程加快、生物技术发展和改革开放的不断深入,我国种业发展面临新的挑战。为提升我国农业科技创新水平,增强农作物种业竞争力,满足建设现代农业的需要,《国务院办公厅关于深化种业体制改革提高创新能力的意见》强调:深化种业体制改革,充分发挥市场在种业资源配置中的决定性作用,突出以种子企业为主体,推动育种人才、技术、资源依法向企业流动,充分调动科研人员积极性,保护科研人员发明创造的合法权益,促进产学研结合,提高企业自主创新能力,构建商业化育种体系,加快推进现代种业发展,建设种业强国,为国家粮食安全、生态安全和农林业持续稳定发展提供根本性保障。进一步调动种业等领域科研人员的积极性,使科研人员在现代种业的发展中有更大的"获得感"和持续创新的动力。

五、探索公益性和经营性农技推广融合发展机制

农业科技服务体系是农业科研成果转化为现实生产力的桥梁,是联系科研、教育及生产的纽带,是促进科技进步、增强综合生产能力、实现农业现代化的重要依托。目前,我国基层农技推广组织薄弱、区域发展不平衡以及社会化程度低等问题依然存在。在工业化、信息化、城镇化深入发展中同步推进农业现代化的背景下,农业科技服务体系建设不再局限于

体系内部建设问题,而是要与现代农业融合发展的内在趋势相耦合,并与之相适应作调整和变化。

农业部办公厅《关于做好2017年基层农技推广体系改革与建设有关工作的通知》指出:以支撑农业供给侧结构性改革为中心任务,以提高农技推广服务供给质量效率为主攻方向,以新型农业经营主体为重点服务对象,以深化改革为动力,创新农技推广体制机制、精心打造示范服务平台,大力推广绿色高效适用技术,加快培育精干高效队伍,切实发挥科技对农业增效、农民增收和农产品竞争力增强的支撑推动作用。强调:推进基层农技推广体系改革创新。促进基层农技推广机构有效履职,发挥在公益性农技推广服务中的主导地位,加强对市场化主体的引导、服务和必要的监管。通过购买服务等方式,支持引导市场化主体参与农技推广服务。支持浙江、安徽、江西等省开展基层农技推广体系改革创新试点,探索农技人员通过提供技术增值服务获取合理报酬的新机制,加强绩效考评的新举措,强化队伍能力建设的新模式。

43

鼓励社会各界投身乡村建设

功以才成,业由才广。人才是乡村振兴的第一资源,也是目前农业农村发展的短板。习近平总书记在参加 2018 年全国"两会"山东代表团审议时把人才振兴作为乡村振兴的五大要求之一。要完成乡村振兴这个宏大战略,需要汇聚全社会的力量,促进人才向农村流动,聚天下人才而用之,不断强化乡村振兴的人才支撑。

一、人才在城乡之间流动的通道亟须打通

长期以来,随着工业化、城镇化的快速推进,大量农村的劳动力流向城市,农村出去的人才也都留在了城市,导致乡村人气持续大幅下降,乡村人才"失血""贫血"情况严重,不仅"今后谁来种地"成为问题,农村治理、社会事业等方面的人才也严重短缺。近年来,随着经济社会的发展,农村对人才的吸引力不断增强。从产业发展来看,随着农业现代化快速推进,从事农业的比较效益不断提高;随着人们的消费开始转型升级,人们不满足于城市的喧嚣和快节奏,向往回归田园,享受乡村的宁静和悠闲,使休闲农业和乡村旅游得到快速发展;随着农村交通的通达和通信的覆盖,农村地区发展产业的物流、信息等短板正在弥补,同时农村地区的土地、厂房和人力资本优势凸显。从生活方式来看,人们不满足于城市的高楼大厦、钢筋水泥,更难以忍受城市的雾霾,青睐农村的乡土风情,向往

农村优美的绿水青山;人们厌倦了用化肥、饲料种养出来的食品,越来越喜爱绿色生态有机农产品;人们越来越渴望得到人文关怀和精神慰藉,向往熟人社会。近年来,已经有不少工商资本投向农村,也有不少农民工返乡创业。这样的发展形势,为农村产业尤其是生态农业、乡村旅游、康养、文化等新产业新业态发展提供了新的动能,为美丽乡村建设带来了新机遇,为农民致富开拓了新空间。

但从总体上看,这些变化仍是局部的,只是初现端倪,与农村对人才的大量需求相比,还只是"杯水车薪",远不能满足乡村振兴对人才的需求。特别是从制度安排和政策支持层面看,既有的城乡二元结构仍然制约着人才的流动。正是在这样的背景下,2018 年中央"一号文件"提出,必须破解人才瓶颈制约,畅通智力、技术、管理下乡通道,鼓励社会各界投身乡村建设。

二、以乡情乡愁为纽带吸引社会各界人士

在大多数地区城乡差别仍然较大的情况下,在乡村工作和生活不仅又苦又累,而且回报相对偏低,没有乡村情怀的人,是很难自觉自愿去乡村的。人们常说,往上数三代都是农民,很多城里人骨子里都有抹不掉的乡情乡愁,这是吸引城里人支持参与乡村振兴的重要基础。事实上,全国各地很多城里人以各种方式支持和参与乡村建设,很多农民工返乡创业就业,往往源于乡情的呼唤。我们要做好乡情文章,加强宣传引导,营造全社会共同支持参与乡村振兴的氛围,让社会各界人士充分认识乡村振兴的重大意义,充分认识投身乡村建设的前景,把支持参与乡村建设作为一项责任、一项荣誉、一项实现人生价值的新途径,增强积极性、主动性。2018 年中央"一号文件"从乡村的实际需要出发,强调要吸引支持企业家、党政干部、专家学者、医生教师、规划师、建筑师、律师、技能人才等各方面人才,通过下乡担任志愿者、投资兴业、包村包项目、行医办学、捐资捐物、法律服务等方式,参与服务乡村振兴事业。在我国古代,有解甲归

田、告老还乡的传统,返乡的官员、乡贤以不同的方式推动着中国古代乡村的发展和文化传承,可谓贡献巨大。当今,我们更渴望再兴起新的"上山下乡"热潮。

需要说明的是,吸引社会各界人士参与服务乡村振兴事业,并不一定要把行政关系转回农村,也不一定是让这些人常年待在农村,而是通过一定的平台和途径,让社会各界人士参与到乡村振兴的伟大实践中去,为农村发展作出贡献。可以是在农村创业,创办龙头企业、领办合作社,带领农民致富;可以是参与一个阶段的到农村支教、开展医疗服务,帮助农村发展社会事业;也可以是以项目为纽带,参与农村建筑景观设计,参与改造农村人居环境;还可以利用业余时间,为农民讲课,开展健康咨询,送上文化"快餐"。组织形式可以是政府部门统一组织安排,也可以是群众团体、社会组织开展公益活动,还可以是个人自发行为。我们要以更加开放的胸襟引来人才,用更加优惠的政策留住人才,还要以灵活的机制与城市共建共享人才,以柔性人才制度吸引全社会人才投身于乡村振兴。

事实上,随着交通的通达、网络的联通和人们就业方式、生活方式的多样化,以往那种工作地点和居住地点固化在某个地方的情形,已不再适用于相当一部分社会群体,他们完全可以在城市工作生活一段时间、在农村工作生活一段时间,甚至这种工作和生活方式会成为一种时尚和追求。县、乡、村各级需要做的工作是,为他们在乡村工作搭建平台,为他们在乡村生活提供必要的住所、安全整洁方便的人居环境。

三、建立有效的激励机制和政策体系

吸引社会各界人士投身于乡村振兴,根本之策在于让人们参与乡村建设有前景、有作为、有收益,有干事创业的平台,有成就事业、实现个人价值的空间。否则难以吸引人,更难以留住人,难以持续。为吸引工商资本和社会各界人士到农村投资兴业,2018年中央"一号文件"提出:加快制定鼓励引导工商资本参与乡村振兴的指导意见,落实和完善融资贷款、配套设施建设补助、税费减免、用地等扶持政策,明确政策边界,保护好农民利益。落实这一要求,需要把握住三点。一是制定好相关政策。以上提到的融资贷款、配套设施建设、税费、用地等方面,都是制约工商资本下乡的瓶颈,有些是需要出台新的政策,有些是已有相关政策但需要做好衔接工作,还有些是要进一步明确政策内涵,增强可操作性。二是落实好政策。待中央新的政策出台后,各地要结合本地实际,提出实施意见。同时,对于已有的相关政策,要进行梳理、集成、细化,并规范具体的操作程序,使其能够落地,具有可操作性。三是规范工商资本参与乡村振兴的管理。乡村振兴需要工商资本,但工商资本有着逐利的本性,如果放任不管,容易与农民争地、与农民争利,可能带来后患。因此,对工商资本参与乡村振兴要进行规范引导,应设置一定的政策底线,明确政策边界。

2018年中央"一号文件"还提出,研究制定管理办法,允许符合要求的公职人员回乡任职。对此,一方面要看到,公职人员中聚集着大批社会精英人才,他们中有相当一部分人对农村怀有深厚的感情,也有到农村地区工作、创业的愿望;同时也要看到,由于国家对公务人员的管理有严格的法律法规规定,如何发挥好、规范好公务员参与乡村振兴的作用,还需在深入调研的基础上,结合乡村振兴的需要,大胆创新,研究制定管理办法。鼓励各地在符合国家法律法规的前提下,探索公务员、事业单位人员通过挂职、任职、兼职、留职停薪等办法,参与乡村振兴的可行路子。

四、凝聚起全社会的力量

实施乡村振兴战略是全社会的庞大系统工程,党委政府更多的是组织领导和统筹,不可能事无巨细都去直接抓,需要凝聚起全社会的力量。群团组织和民主党派有着联系社会各方人士的优势,在我国革命和建设中都为国家作出了重大贡献,实施乡村振兴战略,也非常需要他们的支持和参与。特别要发挥好工会、共青团、妇联、科协、残联等群团组织的优势和力量,发挥各民主党派、工商联、无党派人士等的积极作用。近些年来,各地在这方面探索出了很多成功的路子,像民主党派发挥各自优势开展产业扶贫、智力扶贫,科协组织开展科技扶贫,共青团组织开展青年农场主培养,妇联组织关爱农村留守妇女和留守儿童等。下一步,各民主党派和各群团组织,要把组织动员社会力量支持参与乡村振兴作为重大政治任务,制定行动计划,明确目标、任务、责任,发挥各自的优势,以多种方式组织各领域的社会人士到乡村去投资、去创业、去建设、去服务,贡献自己的力量。

44

创新乡村人才培育引进使用机制

习近平总书记在参加十三届全国人大一次会议山东代表团审议时强调,要推动人才振兴,并指出,"把人力资本开发放在首要位置,强化乡村振兴人才支撑,加快培育新型农业经营主体,让愿意留在乡村、建设家乡的人留得安心,让愿意上山下乡、回报乡村的人更有信心,激励各类人才在农村广阔天地大施所能、大展才华、大显身手,打造一支强大的乡村振兴人才队伍,在乡村形成人才、土地、资金、产业汇聚的良性循环"。2018年中央"一号文件"明确对创新乡村人才培育引进使用机制进行了专门部署。

一、强化乡村人才培育机制

培育乡村人才要以培育本土人才作为基本立足点,这是乡村人才振兴的根基。建立自主培养与人才引进相结合,学历教育、技能培训、实践锻炼等多种方式并举的人力资源开发机制,多渠道、全方位地培育更愿意留、更可能留得住的乡村人才。建立城乡、区域、校地之间人才培养合作与交流机制,为乡村人才振兴增添新活力。

乡村振兴力量源自农民,亿万农民是实施乡村振兴战略的主体,是真正的实践者和受益者,农民群众生长于亟待振兴的乡村,对这片土地爱得最深最切,最清楚我们要建设一个什么样的乡村,最憧憬尽快建成什么样的乡村。农民的积极性、主动性能否被充分调动起来,他们的创造精神能否真正充分发挥出来,农民素质的高低直接关系到乡村振兴的成败与进程。

"火车跑得快,全靠车头带。"农村人才培养要突出培养好"带头人"。要推行把党员培养成致富能手、把致富能手培养成党员、把党员致富能手培养成村干部的"三个培养"机制,为农村经济能人提供展示才能、发挥作用的舞台,为乡村振兴注入强劲的人才动能。要加强职业农民和农村专业技术人才培养,使其成为名副其实的乡村振兴主体,提升农民创造自己美好生活的自主能力。要创新培养方式方法,改革农村基础教育和学历教育、职业教育模式,大力推行农科教相结合,支持高等学校、职业院校综合利用教育培训资源,灵活设置专业(方向),创新人才培养模式,为乡村振兴培养真正能"留得住、用得上、懂技术、能致富"的新型农民大学生、专业技术人才和其他农村实用人才。

二、创新乡村人才引进机制

要打好"乡愁牌""事业牌""待遇牌",让乡村的产业留住人,让乡村的环境留住人,让乡村的机会吸引人,让乡村更有人气。要推动市民下乡、能人回乡、企业兴乡,带动资金、技术和人才进入,要畅通智力、技术、管理下乡通道,引导、吸引更多的社会各界人才流向乡村。

在农村的各类人才中,农民工返乡创业人才极为重要。这些长期在外打拼的农民工,积累了丰富的经验和经济基础,拥有一技之长。他们对家乡有感情,会利用已有的熟人网络,带动亲戚、朋友一起创业,帮助父老乡亲脱贫致富。农村大学生返乡创业就业是充实农村高层次人才队伍的新途径。要把促进农民工和农村大学生返乡创业作为吸引人才上山下乡的关键和突破口,带动和促进其他城市人才的上山下乡。要落实支持农民工等人员返乡创业的有关扶持政策,把农村大学生返乡创业纳入支持范围,在行业准入、行政审批、税费减免、综合服务等方面给予支持。研究制定管理办法,允许符合要求的公职人员回乡任职,打通公职人员回乡任职的通道。加快制定、鼓励、引导工商资本参与乡村振兴的指导意见,既要完善融资贷款、配套设施建设补助、税费减免、用地等扶持政策,又要明确政策边界,保护好农民利益。

"水不激不活,人不激不奋。"构建促进人才向乡村流动的激励机制,是促进人才向乡村流动的关键。坚持政府引导与市场机制相结合,从政治、经济、生活、事业等方面入手,建立有针对性的晋升激励、待遇激励、生活激励、事业激励制度,引导各类人才向往乡村一线、争到乡村一线,在乡村一线建功立业。创新人才引进方式。可以采取调入、聘用、借用的方法,也可考虑兼职或者参与技术攻关与开发、进行相关课题研究、咨询等多重方式、方法,把单纯的乡村人才引进变成适合各地发展的智力引进。同时,实施灵活的乡村人才引进办法,采取户口不迁、身份保留、来去自由的灵活机制,变户籍管理为身份管理。积极推行乡村教师"县管校聘""三支一扶"、特岗教师计划等,组织实施高校毕业生基层成长计划。

三、优化乡村人才使用机制

在人才严重缺乏的情况下,构建人尽其才的使用机制,用好用活乡村人才,是乡村人才振兴的最有效方式。

一是用好农村的各类人才。要帮助新型职业农民在市场经济的大潮中经风雨见世面,成长为乡村经济发展的主力军。对经营管理、专业技术水平高、带动农民群众脱贫致富的能力强、贡献突出的人,可以破格晋升和评定相应的技术职称。注重从优秀农村人才中发展共产党员,并作为村级后备干部的培养对象,有计划地推选优秀人才进入村级班子。对发展农村经济作出突出贡献的人才,给予精神和物质奖励,并在农业开发项目、农业贷款、技术资料和生产物资等方面优先支持。

二是全面建立城市人才定期服务乡村机制。要建立健全职称评定、职务晋升、人才培养使用等方面的政策,形成正向激励机制,引导城市各类人才为乡村振兴贡献力量。把乡村振兴的实践作为展示干部能力最好的舞台,让年轻干部成为乡村振兴的"领头雁",让基层成为年轻干部成长的"沃土"。全面建立城市医生教师、科技文化人员等定期服务乡村的机制,研究、制定、鼓励城市专业人才参与乡村振兴的政策,营造热爱基层、扎根基层、奉献基层的良好氛围。

三是建立县域专业人才统筹使用制度。在县域范围内,各类专业人才城乡分布极为不均,高素质人才大多集中在县城。要建立县域专业人才统筹使用制度,特别是要推进县域教师、医生等专业人才的统筹使用,加强服务管理和机制建设,有效解决乡村专业人才数量不足、素质不高、结构不优等问题。

45

确保财政支农投入持续增长

实施乡村振兴战略,必须解决钱从哪里来的问题。要健全投入保障制度,创新投融资机制,拓宽资金筹集渠道,加快形成财政优先保障、金融重点倾斜、社会积极参与的多元投入格局,确保投入力度不断增强、总量持续增加。

一、确保财政投入持续增长

实施乡村振兴战略涵盖农村经济建设、政治建设、文化建设、社会建设、生态文明建设和党的建设,涉及农业农村改革发展的方方面面,加大对实施乡村振兴战略的支持力度,首先要加大对农业农村发展的投入力度,让公共财政更大力度地向"三农"倾斜,确保财政投入与乡村振兴目标任务相适应。把农业农村优先发展的要求落到实处,在资金投入上要优先保障。近年来,在财政收支矛盾仍然较为突出的情况下,各级财政进一步加大了对农业农村的支持力度,大力支持农业生产发展、农村基础设施建设和农村教育、文化、脱贫攻坚、社会保障等民生事业发展,有力保障了党中央、国务院各项重大部署和重点任务的贯彻落实。比如,按照中央关于中央财政专项扶贫资金,增长幅度要体现加大脱贫攻坚力度的要求,中央财政积极优化投入结构,继续大幅增加财政扶贫资金规模。此外,中央财政安排的农业生产发展、农业资源及生态保护补助、林业改革发展、水利发展等相关支农支出均较上年有不同程度的增长。乡村振兴,关键要建立财政支农资金稳定增长的长效机制,从制度上、法律上固定下来,真正让公共财政的阳光覆盖农村。

二、不断拓宽资金筹集渠道

支持实施乡村振兴战略,必须出实招、求实效,在拓宽资金筹集渠道、创新资金筹集机制上下功夫,争取将更多的真金白银投到乡村振兴上。比如,2018年中央"一号文件"提出,建立高标准农田建设等新增耕地指标和城乡建设用地增减挂钩节余指标跨省域调剂机制,将所得收益通过支出预算全部用于巩固脱贫攻坚成果和支持实施乡村振兴战略。这是解决土地增值收益长期"取之于乡,用之于城"问题的重大举措,将有效破解"农村的地自己用不上、用不好"的困局。财政部门将会同有关部门研究建立相应的资金管理办法,把土地增值收益更多用于"三农",同时避免产生挤出效应,确保农林水现有支持力度不减弱。又如,近年来中央财政积极开拓思路,创新方式方法,通过调整地方政府债务结构,筹集资金支持农业农村发展。2017年,经国务院同意,财政部在地方政府债务限额内安排1200亿元,由地方政府统筹支持农业供给侧结构性改革和脱贫攻坚。2018年,将支持地方政府通过发行一般债券用于支持乡村振兴、脱贫攻坚领域的公益性项目。稳步推进地方政府专项债券管理改革,鼓励地方政府试点发行项目融资和收益自平衡的专项债券,支持符合条件、有一定收益的乡村公益性项目建设。当然,在支持地方通过发行债务支持乡村振兴的同时,也要严格执行相关制度规定,规范地方政府举债融资行为,加强风险排查和管控,避免出现借乡村振兴的名义违法违规变相举债。

三、发挥对金融和社会资本的撬动作用

在经济新常态和财政收支新形势下,支持实施乡村振兴战略不仅要

从既有财力上做文章,更重要的是要积极改革财政支农方式,更好发挥财政资金撬动作用,打通金融和社会资本下乡的"堵点",吸引社会资金要素的"活水",推动建立财政、银行、保险、担保有机结合的多元化立体支农政策体系,助推乡村振兴战略实施。为解决农业适度规模经营主体融资难、融资贵的问题,中央财政积极支持建立健全农业信贷担保体系,经国务院批准,2016年财政部会同相关部门组建了国家农业信贷担保联盟有限责任公司,并积极推动农业信贷担保体系建设向下延伸。同时,近年来财政部整合设立了普惠金融发展专项资金,用于县域金融机构涉农贷款增量奖励、农村金融机构定向费用补贴等支出,有力撬动了金融资本更多地向农业农村聚集,推动完善了农村金融服务。要进一步创新财政支农资金投入机制和使用方式,切实发挥全国农业信贷担保体系作用,大力支持普惠金融发展,加快设立国家融资担保基金,完善一事一议、以奖代补、贷款贴息、基金引导等有效机制,因地制宜、规范有序地推广PPP、政府购买服务等方式,推动建立财政、银行、保险、担保"四位一体"的多元化立体型支农政策体系,撬动金融和社会资本更多地投向农业农村,为乡村振兴提供更加可持续的资金来源。

四、做好各类涉农资金和项目的整合工作

国家投到"三农"上的项目不少,但碎片化严重,九龙治水的事还不少,大家各管一摊,都在撒胡椒面,钱不能拢起来用,最后问题解决不了。必须要下决心解决支农项目支离破碎的问题,加快建立涉农资金统筹整合的长效机制。近年来,按照党中央、国务院决策部署,财政部和有关部门牢固树立"抓整合就是抓投入"的理念,从预算编制、分配、执行等各个环节着力推进涉农资金整合,包括积极推动涉农资金项目整合归并,打造涉农资金整合平台,选择部分地区从省、市、县探索开展不同层级、不同模式的涉农资金整合试点,建立健全涉农资金整合协商机制等,取得了明显成效,但同时也面临一些问题和困难。2017年,财政部会同农口部门率

先对中央农口专项转移支付探索实行"大专项+任务清单"管理,开展了涉农资金源头整合的有益尝试。同时,在总结多年实践经验的基础上,经与有关方面沟通协商,财政部、发展改革委研究起草了《关于探索建立涉农资金统筹整合长效机制的意见》,报经中央深改组审定后,以国务院名义印发(国发〔2017〕54号),提出了建立行业内资金整合与行业间资金统筹相互衔接配合的长效机制的明确部署。对于同一行业内涉农资金分散重复问题,按照涉农专项转移支付和涉农基建投资两大类,对行业内交叉重复的涉农资金予以清理整合,分别设置若干个大专项,实行"大专项+任务清单"的管理模式,允许地方在完成约束性任务的前提下,根据当地实际需要,区分轻重缓急,在同一大专项内调剂使用资金。对于行业间同一支农事项交叉重复问题,主要是在预算执行环节加大统筹使用力度,并不断总结经验,进一步明确职责分工和资金用途,推动部门职能调整完善。总之,从中央、省、市、县多个层面继续深化涉农资金统筹整合,加快建立涉农资金统筹整合长效机制,切实提高涉农资金使用效益,为推动实施乡村振兴战略、促进农业农村现代化作出积极贡献。

46

建立高标准农田建设等新增耕地指标和城乡建设用地增减挂钩节余指标跨省域调剂机制

2018 年中央"一号文件"提出,改进耕地占补平衡管理,建立高标准农田建设等新增耕地指标和城乡建设用地增减挂钩节余指标跨省域调剂(以下简称土地指标调剂)机制,将所得收益通过支出预算全部用于巩固脱贫攻坚成果和支持实施乡村振兴战略。这既是我国土地管理制度的一项重大创新,也是巩固脱贫攻坚成果和实施乡村振兴战略的有力举措,具有"一石多鸟"的重要作用。

一、建立土地指标调剂机制的重要意义和作用

(一)有利于提高耕地质量、改善农村人居环境

党的十八大以来,全国通过土地整治等措施,建成高标准农田 4.8 亿亩,整治后的耕地质量平均提高 1—2 个等级,单产平均提高 10%—20%。全国每年实施增减挂钩规模约 40 万亩,对优化农村地区土地利用结构、改善农村居住条件、支持易地扶贫搬迁发挥了重要作用。通过建立跨区域土地指标调剂机制,将进一步调动地方政府和广大农民开展土地整治和高标准农田建设的积极性,有力促进农村人居环境的改善。

（二）有利于增加农业农村发展资金投入

建立土地指标调剂机制,可以有效解决土地增值收益长期"取之于乡,用之于城"的问题,发挥城镇和农村资金与资源的优势互补,建立"以工补农、以城带乡"的资金转移渠道,筹集更多的资金用于脱贫攻坚和乡村振兴。由于土地整治、高标准农田建设和增减挂钩有账可算、效益可观,可以吸引和调动金融机构、工商资本参与,拓宽农业农村投资渠道。

（三）有利于生态保护和绿色发展

经过长期开垦,我国耕地后备资源日益枯竭,京津沪及部分东部省份尤甚。近年来一些地方为改善生态环境,加快了退耕还林还草步伐,同时为了落实耕地占补平衡任务,不得不继续开垦一些坡地、滩涂。调整耕地占补平衡政策,允许耕地后备资源严重匮乏、补充能力确实不足的直辖市和省,申请在国家统筹下跨省域补充耕地,可有效解决边退耕、边开垦的矛盾,防止毁林毁草开垦和滩涂围垦,推进山水林田湖草整体保护、系统修复,具有显著的生态效益。

（四）有利于支持脱贫攻坚

2016年以来,全国增减挂钩节余指标省域内流转收益596亿元,成为一些贫困地区脱贫攻坚的重要资金来源。建立土地指标调剂机制,发挥土地政策优势,创新资金筹措办法,将为打赢脱贫攻坚战提供有力的支撑,为政府偿还易地扶贫搬迁债务提供条件。

二、土地指标调剂机制的主要思路和内容

为落实2018年中央"一号文件"精神,国务院办公厅2018年3月10日印发《跨省域补充耕地国家统筹管理办法和城乡建设用地增减挂钩节余指标跨省域调剂管理办法的通知》(国办发〔2018〕16号),建立了规范的新增耕地指标和增减挂钩节余指标跨省域调剂机制。

（一）新增耕地指标跨省域调剂

一是跨省域补充耕地由国家统一组织实施。需要跨省域补充耕地的

省、直辖市,应向国家提出统筹补充耕地申请,经国务院批准后确定统筹补充耕地规模;有关省、直辖市在国务院批准统筹规模范围内组织建设用地报批;国家根据统筹规模组织有关省份落实补充耕地任务。

二是将土地整治和高标准农田建设新增耕地作为国家统筹补充耕地的主要来源。落实 2018 年中央"一号文件"关于"严格控制未利用地开垦,集中力量推进高标准农田建设"的要求,规定跨省域补充耕地主要来源是土地整治和高标准农田建设新增的耕地,防止毁林毁草开垦和滩涂围垦,推进山水林田湖草整体保护,加大生态保护力度。

三是分类确定国家统筹补充耕地范围。将国家统筹补充耕地省份界定为两种情况:耕地后备资源严重匮乏的直辖市补充耕地不足部分;资源环境条件严重约束、补充耕地能力严重不足的其他省份因实施重大建设项目造成的补充耕地缺口。

四是综合耕地数质因素和区域经济发展水平确定资金收取标准。为体现耕地占补数质平衡,以占用的耕地数量确定基准价,以损失的耕地粮食产能确定产能价;为体现区域经济差异,依据 2018 年国务院办公厅印发的《基本公共服务领域中央与地方共同财政事权和支出责任划分改革方案》有关精神,将全国 26 个省(市)划分为五档(依法规定补充耕地国家统筹范围不包括自治区),分档确定调节系数。确定耕地基准价为 10 万元/亩(其中水田 20 万元/亩),损失产能价为 2 万元/亩/百公斤,分省(市)调节系数分别为 2、1.5、1、0.8、0.5。全国而言,跨省域补充耕地资金收取标准为 6 万元—80 万元/亩(其中水田 11 万元—100 万元/亩)。

五是筹集中央财政统筹资金。收取的跨省域补充耕地资金全部用于脱贫攻坚和乡村振兴,一部分作为国家统筹补充耕地经费,支付给承担补充耕地任务的省份;其余部分由中央财政统筹安排使用。

(二)增减挂钩节余指标跨省域调剂

一是统筹调剂范围。为了集中力量帮扶深度贫困地区脱贫攻坚,将跨省域调剂增减挂钩节余指标的调出地区限定在深度贫困县。其余的集中连片特困地区、国家级贫困县及省级贫困县可在省域内或县域内调剂,这种跨省域、省域、县域的差别化政策,有利于充分显化土地级差收益,落实精准扶贫策略。为了体现帮扶力度最大化,允许帮扶省份全省域范围均可购买使用深度贫困地区节余指标。根据经济承担能力,确定北京、天津、上海、江苏、浙江、福建、山东等省(直辖市)为主要帮扶省份。

二是实现区域平衡。到2020年,在目前国家东西部扶贫协作和对口支援框架下,帮扶省份可购买深度贫困地区节余指标的规模有限,小于深度贫困地区可产生的节余指标规模,节余指标跨省域调剂的土地和资金供需不平衡。为确保深度贫困地区能够普遍享受到政策红利,采用量价整体调节机制,国家统筹调剂任务和资金,根据调剂双方拆旧复垦安置和建新方案分别确定调剂任务,并以此为依据核定调剂资金,实现节余指标调剂的资金区域整体平衡。

三是分档分担帮扶任务。根据国家基本公共服务领域中央与地方共同财政事权和支出责任分档分担规则,将主要帮扶省份分为三档,并根据目前省域内节余指标调剂的实践经验和价格水平,确定节余指标跨省域调剂价格标准。即北京、上海调入价格标准每亩为70万元,天津、江苏、浙江、广东每亩为50万元,山东、福建等其他省份每亩为30万元,附加规划建设用地规模的,每亩相应再增加50万元。

四是因地制宜复垦。考虑到深度贫困地区多为生态环境脆弱区域,按照生态文明建设要求,增减挂钩拆旧复垦区域有的不宜复垦为耕地。为了体现对深度贫困地区支持力度最大化,按照与帮扶地区建设占用土地的生态价值、粮食产能大体相当的原则,允许深度贫困地区按照宜耕则耕、宜林则林、宜草则草的原则复垦,复垦为一般耕地和其他农用地的,每亩为30万元;对部分有条件的地区鼓励复垦为高标准农田,适当提高价格标准,每亩为40万元。

五是统筹调剂任务。国家统筹确定调入调出节余指标规模,首先综合测算跨省域调剂节余指标任务,经国务院同意后下达相关省(自治区、直辖市)。帮扶省份调剂任务根据建设用地需求、人均财政收入、土地出让收入等因素确定;深度贫困地区调剂任务根据贫困人口、贫困县数量、补充耕地潜力等因素确定。帮扶省份应当全额落实调入节余指标任务,鼓励多买多用。深度贫困地区按计划配额实施拆旧复垦安置和产生节余指标。为在 2020 年前确保完成脱贫攻坚任务,调剂指标准备分别在 2018 年、2019 年两年全部下达。跨省域调剂涉及调整规划耕地保有量和建设用地规模的,做好台账管理,在新一轮土地利用总体规划编制时统筹解决。

六是统筹资金拨付。根据国家支出预算管理规定,明确由财政部统一收取帮扶省份调剂资金,纳入省级财政向中央财政的一般公共预算转移性支出,在中央财政和地方财政年终结算时上解中央财政。调剂资金的支出列入中央财政对地方财政一般性转移支付,拨付深度贫困地区所在省份。考虑到深度贫困地区脱贫攻坚任务重、时间紧,分两个阶段向深度贫困地区所在省份支出调剂资金,核定资金总额后支出 70% 的调剂资金;确认完成拆旧复垦安置后,再支出其余 30% 的调剂资金。

(三)指标调剂规模及收益

一是新增耕地指标规模和收益。以 2018—2020 年建设 4.4 亿亩高标准农田(按"十三五"6 亿亩的建设任务确定)、新增耕地率约 2.65% 测算,预计可新增耕地 1166 万亩,与 3 年预计建设占用耕地 1110 万亩相比,全国总体可实现耕地占补平衡,但 17 个省份(含 4 个直辖市)存在跨省域补充耕地需求。按照直辖市补充耕地缺口全部由国家统筹、其他省份重大建设项目占用耕地由国家统筹测算,直辖市跨省域补充耕地需求 3 年约 22 万亩,其他 13 个省份跨省域补充耕地需求约 145 万亩,合计 3 年国家统筹规模需求 167 万亩。

根据 17 个省份耕地平均质量等别和水田占比确定的跨省域补充耕地资金收取标准和国家统筹需求规模,预计跨省域补充耕地资金收取总额为 5359 亿元。考虑五档地区省份(全部为西部省份)跨省域补充耕地资金收取标准与国家统筹补充耕地经费支出标准相当,中央财政未剩余资金;一至四档地区省份收取标准高于支出标准,根据收支标准差距测算,中央财政剩余资金 2959 亿元,占比 55%,由中央财政统筹安排使用,用于脱贫攻坚和乡村振兴。

二是增减挂钩节余指标规模和收益。按照国家确定的易地扶贫搬迁任务,测算深度贫困地区搬迁人口,按照实施拆旧复垦安置和农村发展建设节余40%用地比例计算,未来3年全国深度贫困地区可产生节余指标约45.3万亩。根据主要帮扶省份年均供应商业和住宅用地约40万亩的实际情况,参照地方实践,按照20%—40%比例引导地方尽可能使用跨省域节余指标供地,测算未来3年帮扶地区购买跨省域节余指标需求约26.2万亩,占深度贫困地区产生45.3万亩节余指标的57.8%,节余指标调剂和资金供需不平衡。

按照制度设计确定的调剂价格标准,北京等8个主要帮扶省(直辖市)年均跨省域调剂资金约400亿元,未来3年总计约1200亿元,相当于购买深度贫困地区节余指标40万亩(按基准价格每亩30万元测算),基本可以实现节余指标调剂的资金供需平衡,每个深度贫困县年均可获得超过1亿元资金。

三、建立土地指标调剂机制的保障措施

建立新增耕地指标和增减挂钩节余指标跨区域调剂机制,涉及各级政府、用地企业、农民群众等诸多方面,必须改进措施,规范管理,加强政策统筹,形成监管合力。

(一)加大土地整治和高标准农田建设投入

大力推进高标准农田建设是开展土地指标调剂的前提和基础,根据目前财政资金投入和耕地开垦费收取情况测算,未来3年预计投入5550亿元,与建成4.4亿亩高标准农田任务对照,资金缺口3250亿元。解决高标准农田建设资金缺口问题,一是稳定财政资金渠道,力争财政资金投入稳中有增;二是科学核定高标准农田建设成本,合理提高耕地开垦费标准;三是制定激励和优惠政策,引导金融资本和其他社会资本参与高标准农田建设。

（二）强化监管，确保新增耕地数量真实、质量可靠，占优补优

建立国家统筹平台，规范土地指标调剂行为。充分利用国土资源遥感监测"一张图"和综合监管平台，将各方面建设的高标准农田统一上图入库，落到地块。统一标准，严格核定新增耕地。新增耕地指标和增减挂钩节余指标跨区域调剂情况纳入耕地保护责任目标检查考核，落实地方政府责任。

（三）相应调整有关省份规划控制指标

新增耕地指标和增减挂钩节余指标跨省域调剂，涉及调整有关省份耕地保有量、永久基本农田保护任务和建设用地规模。先做好指标调剂的台账管理和检查考核，省级耕地保有量和规划建设用地规模调剂数量，在编制新一轮土地利用总体规划时统筹解决。

（四）妥善处理可能出现的新情况新问题

土地指标跨区域调剂，要注重相关政策衔接，维护土地管理良好秩序。有关省级人民政府要合理安排资金，避免过度增加用地成本。指标调入省份要强化大局观念，主动为脱贫攻坚和乡村振兴作出贡献。

47

提高金融服务"三农"水平

2018 年中央"一号文件"均对实施乡村振兴战略作出了明确部署,对提高金融服务乡村振兴水平提出了明确要求。贯彻中央"一号文件"部署,必须加大对农村金融改革和政策的支持力度,着力满足乡村振兴战略多元化的金融需求,全面提高金融服务乡村振兴战略的水平。

一、坚持农村金融改革发展的正确方向

做好金融服务乡村振兴工作,必须将农村金融服务的重心转移到乡村振兴战略上来,引导金融机构将更多金融资源配置到农村经济社会发展的重点领域和薄弱环节。

涉农金融机构要切实提高"四个意识",增强责任感、使命感、紧迫感,把农村金融服务的重点转移到乡村振兴战略上来,紧紧围绕"产业兴旺、生态宜居、乡风文明、治理有效、生活富裕"的总体要求,全面提升农村金融服务水平。要加大对农业节水工程、高标准农田建设、现代种业、农产品精深加工等领域信贷投放,促进农业兴旺和一二三产业融合发展;完善绿色金融支持体系,改进林权抵押贷款产品设计,促进生态宜居乡村建设;创新农户小额贷款、农业生产设施抵押贷款、应收账款质押融资和农业订单、保单融资等金融产品和服务,实现小农户和现代农业发展有机衔接,提高农民生活富裕程度;加大农村公共文化设施建设、水电路网改

造金融支持力度,促进提升乡风文明和乡村治理水平。

由于农业经营的市场风险和自然灾害风险较高,部分涉农金融机构支农意愿不强、支农方向偏离,需要通过政策支持和考核监督,加强对金融机构的激励约束。要继续发挥存款准备金工具的正向激励作用,对普惠金融领域贷款达到一定标准的金融机构实施定向降准政策。有效发挥支农、扶贫再贷款、再贴现的政策导向作用,对涉农票据优先办理再贴现。制定完善金融服务乡村振兴考核评估办法,加强评估考核结果运用。强化差异化监管措施,适度放宽涉农不良贷款容忍度,督促银行业金融机构完善涉农金融服务尽职免责制度。

二、深化涉农金融机构改革,
完善农村金融组织体系

金融服务乡村振兴的主体是金融机构。要解决农村地区金融服务创新能力不足、金融服务"最后一公里"不畅的问题,需要坚持市场化发展和政策引导有机结合,深化涉农金融机构改革,加快建立多层次、广覆盖、可持续、适度竞争、鼓励创新、风险可控的现代农村金融体系。

推动落实好国家开发银行、农业发展银行改革方案,有序落实建立健全董事会和完善治理结构、划分业务范围等改革举措,发挥开发性、政策性金融作用,更好服务于乡村振兴。推进农业银行、邮政储蓄银行"三农"金融事业部改革,加大金融资源向县域支行倾斜配置力度,做实信贷管理和考评激励约束机制。推动大型商业银行完善普惠金融事业部运行机制,形成各具特色的普惠金融服务模式,提高服务"三农"的反应能力和审批效率。探索农村信用社省联社改革路径,保持农村信用社县域法人地位和数量总体稳定,有效发挥支农主力军作用。完善村镇银行准入条件,继续发展村镇银行等小微金融机构,做实基层网点。推动出台《非存款类放贷组织条例》,规范监管小贷公司等非存款类放贷组织。

三、健全多层次资本市场,拓宽
涉农直接融资渠道

资本市场是乡村振兴的重要融资渠道。要加快健全多层次资本市场体系,大力拓展涉农经营主体直接融资来源,充分发挥资本市场的资源配置作用,统筹发展股权市场、债券市场、期货市场等多层次资本市场,引导社会资本广泛参与乡村振兴,为乡村振兴提供多元化、差异化的融资渠道和风险管理服务。

支持符合条件的涉农企业在主板、中小板、创业板以及新三板等通过IPO融资、增发融资、再融资等方式在资本市场融资,鼓励已上市涉农企业通过并购重组、定向增发等方式实现整体上市。支持符合条件的涉农企业通过发行短期融资券、中期票据、永续票据、项目收益票据、资产支持票据和社会效应债券等融资工具,扩大直接融资的规模和比重。对深度贫困地区符合条件的涉农企业发行上市、新三板挂牌和融资、并购重组、银行间市场债务工具融资,实行政策倾斜。鼓励符合条件的商业银行发行"三农"金融债券,资金全部用于支持涉农领域企业和项目融资。积极探索开展涉农信贷资产证券化试点,拓宽商业银行"三农"信贷资金来源。鼓励期货经营机构探索农产品场外期权、农产品期货等经营模式创新,引导培育农业经营主体运用期货、期权套期保值,防范化解农业生产经营风险。

四、加强农村金融基础设施建设,
提高基础金融服务水平

实现乡村振兴,必须补好农村金融基础服务短板。要把普惠金融重点放在乡村,不断增强农村地区基础金融服务的覆盖率、可得性和满意度,让广大农民能够以平等的机会、合理的价格享受到符合自身需求特点的金融服务。

审慎稳妥扩充助农取款点服务功能,进一步推进支付服务进村设点,鼓励农村地区推广网络支付,力争2020年年底前实现助农取款服务覆盖全国农村行政村,特别是在深度贫困地区行政村实现全覆盖,实现"基础金融服务不出村、综合金融服务不出镇"。支持农村粮食、蔬菜、农产品、农业生产资料等各类专业市场使用银行卡、电子汇划等非现金支付方式,减少现金流通。积极开展农村信用乡镇、信用村、信用户建设,发挥农村信用体系在提升农村生产经营主体信用等级、增强金融机构支农意愿、增加农村经济活力等方面的重要作用。积极配合有关部门落实好各项惠农政策,拓宽国库直接支付惠农资金种类和范围,保障各类涉农补贴资金及时足额发放到位。合理布局农村地区国库机构,保障各项建设资金和财政扶持资金及时到位,有效助推乡村振兴战略加快推进。

五、发挥试点示范作用,增强金融产品供给

积极推进农村金融改革试点,及时总结、推广试点经验,创新涉农金融产品和服务,强化乡村振兴制度性供给。

要把做好"两权"抵押贷款试点作为金融服务乡村振兴战略、推进农村土地制度改革的重要抓手,持续加大"两权"抵押贷款试点工作推进力度,督促指导各试点地区完善配套机制建设,健全风险分担和补偿机制,推动金融机构合理调配信贷资源,实现"两权"抵押贷款扩面增量。选择具备条件的农村改革试验区,研究开展"订单农业+保险+期货"试点,通过提前签订购销合同有效解决价格风险和销售风险,稳定农业生产的同时,发挥"订单农业"的融资功能,促进小农户和现代农业发展有机衔接。

发挥吉林省、黑龙江"两大平原"和四川省成都市等全国农村金融改革试点地区先行先试优势,围绕农村土地制度改革、农村集体产权制度改革、粮食收储和农产品价格形成机制改革等乡村振兴重点改革任务,创新金融产品和服务方式,做好农业高质量发展金融服务。继续推进绿色金

融改革创新试验区创新发展,探索建立支持绿色信贷的正向激励措施,加强绿色债券市场制度建设,促进乡村旅游和生态农业发展。

六、聚焦重点地区,加大对深度 贫困地区的金融支持

乡村振兴的前提是摆脱贫困。金融作为扶贫、减贫的重要力量,要更加聚焦深度贫困地区,坚持新增金融资金优先满足深度贫困地区、新增金融服务优先布设深度贫困地区,着力增强深度贫困地区自我发展能力,为深度贫困地区打赢脱贫攻坚战提供重要支撑。

加强深度贫困地区扶贫再贷款管理,加大对深度贫困地区的扶贫再贷款倾斜力度,到2020年,力争每年深度贫困地区扶贫再贷款占所在省(自治区、直辖市)的比重高于上年同期水平。引导金融机构加强系统内信贷资源调剂,加大对深度贫困地区的支持力度。2020年以前,深度贫困地区贷款增速力争每年高于所在省(自治区、直辖市)贷款平均增速。鼓励金融机构优化调整内部授权与绩效考核,适当延长贷款期限,综合确定贷款额度。对深度贫困地区发放的精准扶贫贷款,实行差异化的贷款利率。规范发展扶贫小额信贷,着力支持深度贫困地区符合条件的建档立卡贫困户发展生产。加大国家助学贷款实施力度,支持更多困难家庭学生入学。延长民贸民品优惠利率贷款期限,因地制宜支持民贸民品企业发展,保障少数民族群众生产生活的特殊需求。建立带动建档立卡贫困人口脱贫的挂钩机制,加大对产业扶贫的金融支持力度。加强资金筹集使用管理,全力做好深度贫困地区易地扶贫搬迁金融服务。

七、发挥财政撬动作用,强化风险 分担和保险保障功能

金融服务乡村振兴是一个系统工程,离不开财税政策的先导带动和

协同配合。必须充分发挥财政资金的带动引导作用,强化融资风险分担和补偿机制,撬动更多金融资源投向农业农村,为乡村振兴提供更加可持续的资金来源。

完善全国农业信贷担保体系建设。推动省级农村信贷担保体系向市县延伸,力争 2018 年年底前建成业务规模覆盖全国省、市、县三级的政策性农业信贷担保体系。完善创业担保贷款贴息政策,适度放宽申请条件,满足农村更多创业创新信贷需求。对符合条件的县域金融机构涉农贷款实施增量奖励。对符合条件的村镇银行等新型农村金融机构,以及西部基础金融服务薄弱地区的机构和网点,给予定向费用补贴。探索对涉农领域 PPP 项目实施差异化准入条件,优化审批模式,提高审批效率,为多元化资金支持农业农村基础设施项目建设创造条件。鼓励各地有效整合现有财政涉农资金,探索建立涉农贷款风险补偿基金,对涉农金融机构给予风险补偿和费用补贴。要充分发挥保险对新型农业经营主体的融资增信、资金支持和风险保障功能。积极探索创新农产品价格保险、收入保险、农机保险、天气指数保险等农业保险产品。积极通过保费补贴和税收优惠等支持政策,鼓励引导农户投保和保险机构承保,有效防范农业经营风险。

八、加强农村金融监管,改进优化农村金融生态环境

防范化解涉农金融风险是农村金融工作的重要课题。要立足金融服务乡村振兴战略的本质要求,加强宏观审慎管理和系统性风险防范,改进农村金融差异化监管体系,强化地方政府金融风险处置责任,加强金融监管协调合作和信息共享,为乡村振兴战略的顺利实施营造良好的金融生态环境。

在国务院金融稳定发展委员会领导下,进一步落实金融监管部门监管职责,强化综合监管,突出涉农金融业务的功能监管和行为监管。要加

强农村金融机构资产质量和流动性变化、涉农经营主体债务风险等重点领域风险监测与评估,完善风险预警和应急处置机制,做好风险应对预案。完善存款保险制度功能,探索涉农金融机构风险市场化处置机制。推动地方政府在坚持金融管理主要是中央事权的前提下,按照中央统一规则,强化属地风险处置责任。进一步规范地方政府举债融资,防范化解地方政府债务风险。大力实施农村金融教育"金惠工程",加强对农民的金融知识培训,提升金融风险防范意识和识别能力。强化农村金融消费者权益保护,严厉打击金融欺诈、非法集资等非法金融活动,净化农村金融消费环境。

48

完善党的农村工作领导体制机制

加强党对农村工作的领导,是实施乡村振兴战略、落实农业农村优先发展、促进农村全面发展的根本保证。必须进一步提高对加强党对农村工作领导重要性的认识,切实落实好"重中之重"要求,进一步完善党领导农村工作的体制机制,不断提高党领导农村工作的制度化、科学化、专业化水平。

一、办好农村的事情关键在党

习近平总书记多次强调,办好农村的事情,关键在党,党管农村工作是我们党的传统,这个传统不能丢。

第一,这是由"三农"在全党工作大局中的地位所决定的。农业农村农民问题是关系国计民生的根本性问题,必须始终把解决好"三农"问题作为全党工作重中之重。

第二,农业农村工作的特点要求我们必须加强党对"三农"工作的领导。乡村振兴,不仅要产业振兴,也要人才振兴、文化振兴、生态振兴、组织振兴。农业农村工作千头万绪,既需要分兵把口,更要统筹协调,摆布好力量,形成整体合力,更好地发挥好我们的政治优势和制度优势。

第三,新的历史时期农村工作的复杂性艰巨性给我们提出了更高的要求。当前,我国农业正处于供给侧结构性改革攻坚克难的关键阶段,农村经济社会正处于深刻转型的关键阶段,农民正处于群体分化、观念转变、诉求多元的关键阶段,补短板、强弱项的任务繁重,组织动员农民群众的要求更高,"三农"发展形势更加复杂、任务更加艰巨。在这个关键时期,党对农村工作的领导只能加强,不能削弱,必须提高党把方向、谋大局、定政策、促改革的能力和定力,确保党始终总揽全局、协调各方,提高新时代党全面领导农村工作的能力和水平。

二、进一步完善党领导农村工作的体制机制

2017年6月,习近平总书记在山西考察工作时强调,要完善农村工作领导体制机制,建设一支懂农业、爱农村、爱农民的干部队伍。习近平总书记的重要讲话,具有很强的指导意义,也具有明确的针对性。现在,在一些地方,对党管农村工作的重要性认识淡漠了,党管农村的原则放松了,党管农村的力度削弱了。面对新时代加强党对"三农"工作领导的任务和要求,当前的体制机制还不能很好地适应,党委农村工作部门存在机构设置不健全、职能参差不齐、协调力度不够的问题,"三农"工作难统筹。不少地方农业工作是硬任务,农业现代化讲得比较多,而农村的改革、基础设施建设、社会事业、乡村治理等工作变成了软任务,统筹推进不力,"三农"工作变成了"一农"。出现这些问题有多方面的原因,有的看到农业连年丰收、农民持续增收,便放松农村工作;有的认为"三农"对GDP、财政收入贡献少,不如工业项目来得快。而究其根本原因,还是对"三农"重中之重地位的认识不到位,对党领导农村工作的优良传统、深刻用意理解不上心,对党委领导农村工作体制的特殊优势和机制的重要作用体会不够深。

实施乡村振兴战略是党和国家的大战略,没有党坚强有力、统揽全局的领导是干不出名堂来的。2018年中央"一号文件"明确要求,毫不动摇地坚持和加强党对农村工作的领导,健全党管农村工作领导体制机制和党内法规,确保党在农村工作中始终总揽全局、协调各方。这就要求各级

党委和政府要提高对实施乡村振兴战略重大意义的认识,真正把实施乡村振兴战略摆在优先位置,把实现乡村振兴作为全党的共同意志、共同行动,做到认识统一、步调一致,把农业农村优先发展原则体现到各个方面,在干部配备上优先考虑,在要素配置上优先满足,在资金投入上优先保障,在公共服务上优先安排,把党管农村工作的要求落到实处,为乡村振兴提供坚强有力的政治保障。

要进一步完善党的农村工作领导体制。要健全党委统一领导、政府负责、党委农村工作部门统筹协调的农村工作领导体制。落实好各级党委政府的领导责任制,党政一把手是第一责任人,五级书记抓乡村振兴,必须把实施乡村振兴战略紧紧地攥在手里、扛在肩上、排进重要的议事日程。县级是实施乡村振兴战略的关键层级,县委书记既要当好"总指挥",也要当好"施工"队长。

要进一步建好实施乡村振兴战略的工作机制。2018 年中央"一号文件"明确要求,实行中央统筹省负总责市县抓落实的工作机制;各部门要按照部门职责,加强工作指导,强化资源要素支持和制度供给,做好协同配合,形成乡村振兴工作合力;各省(自治区、直辖市)党委和政府每年要向中央报告推进实施乡村振兴战略进展情况;建立市县党政领导班子和领导干部推进乡村振兴战略的实绩考核制度,将考核结果作为选拔任用领导干部的重要依据。

要进一步加强党委农村部门建设。党委农村工作部门是实施乡村振兴战略的"参谋部",要结合机构改革,理顺涉农部门的职责分工,按照《中国共产党工作机关条例(试行)》有关规定,做好党的农村工作机构设置和人员配置工作,充分发挥决策参谋、统筹协调、政策指导、推动落实、督导检查等职能。

三、不断提高党领导农村工作的水平

党政军民学,东西南北中,党是领导一切的。当务之急,要根据坚持党对一切工作的领导的要求和新时代"三农"工作新形势新任务新要求，按照中央统一安排和部署，抓紧研究制定中国共产党农村工作条例，把党领导农村工作的传统、要求、政策等以党内法规的形式确定下来，明确加强党对农村工作领导的指导思想、原则要求、工作范围和对象、主要任务、机构职责、队伍建设等，完善领导体制和工作机制，确保乡村振兴战略顺利实施。

要进一步加强党对农村改革的领导。改革是乡村振兴的重要法宝，要大力推进体制机制创新，强化乡村振兴制度性供给。要认真学习贯彻习近平总书记关于农村改革的系列重要讲话，用讲话精神指导改革、统领改革。农村改革要"扩面"，不能就农村论农村，而要紧扣城乡关系重塑，加快构建城乡融合发展体制机制和政策体系；农村改革要"提速"，看准了的要一抓到底，可复制的要加快在全国推开，鼓励地方创新、尊重基层创造；农村改革还要"集成"，打出组合拳。各级党委要把握好农村改革的重大原则，守住农村改革的底线，无论怎么改，都不能把农村土地集体所有制改垮了，不能把耕地改少了，不能把粮食生产能力改弱了，不能把农民利益损害了。要以完善产权制度和要素市场化配置为重点，激活主体、激活要素、激活市场，着力增强改革的系统性、整体性、协同性。

要强化乡村振兴法治保障。乡村振兴是一项长期的战略，必须要有法治来保障。中央有关部门要根据 2018 年中央"一号文件"的部署，抓紧研究制定乡村振兴法的有关工作，把行之有效的乡村振兴政策法定化，充分发挥立法在乡村振兴中的保障和推动作用。及时修改和废止不适用的法律法规。各地发展阶段、农村发展的主要矛盾问题不同，可以从本地乡村发展实际需要出发，制定促进乡村振兴的地方性法规、地方政府规章。

要营造乡村振兴良好氛围。凝聚全党全国全社会振兴乡村强大合力，宣传党的乡村振兴方针政策和各地丰富实践，振奋基层干部群众精神。建立乡村振兴专家决策咨询制度，组织智库加强理论研究，不断提高领导农业农村工作的科学化、专业化水平。促进乡村振兴国际交流合作，讲好乡村振兴中国故事，为世界贡献中国智慧和中国方案。

49

加强"三农"工作队伍建设

　　党的十九大报告提出,实施乡村振兴战略,培养造就一支懂农业、爱农村、爱农民的"三农"工作队伍。2018年中央"一号文件"提出:坚持和完善党对"三农"工作的领导,加强"三农"工作队伍建设,把懂农业、爱农村、爱农民作为基本要求,加强"三农"工作干部队伍培养、配备、管理、使用。这是党在新时代对"三农"工作队伍提出的新要求,是着眼"三农"工作全局提出的战略性任务,为新时期广大农业农村干部和人才队伍建设指明了方向。

一、"一懂两爱"是对加强"三农" 工作队伍建设的基本要求

　　实施乡村振兴战略,是党中央从党和国家事业全局出发、着眼于实现"两个一百年"奋斗目标、顺应亿万农民对美好生活的向往作出的重大决策,是中国特色社会主义进入新时代做好"三农"工作的总抓手。面对新时代农村工作的任务和要求,当前党领导"三农"工作的体制机制、干部队伍、农村基层组织还不能很好适应。干部队伍中,愿意做农村工作的少了,会做农村工作的更少,不少干部对农业农村情况不够了解,讲农村、讲农业内行话不多,有的听不懂农民的话,对农民的感情不深。一些新上任的领导干部,没有"三农"工作经验,缺乏领导农村工作的本领。一些农

村基层党组织软弱涣散,村干部队伍青黄不接、后继乏人,少数干部作风不实、优亲厚友,"小官巨贪"时有发生,对惠农项目资金"雁过拔毛"的"微腐败"也不同程度存在。这种状况若不改变,就会极大影响到乡村振兴战略的有效实施。实现乡村振兴,关键在党。大政方针确定后,干部是决定因素。只有加强和改善党对"三农"工作的领导,充分发挥党管人才的作用,造就一支懂农业、爱农村、爱农民的新型"三农"干部队伍,才能切实提高党在"三农"工作方面把方向、谋大局、定政策、促改革的能力和定力,提高新时代党领导农村工作的能力和水平。

"三农"工作队伍是党的"三农"方针政策的宣传者和践行者,是党的"三农"事业的干部和人才支撑。长期以来,广大"三农"工作干部扎根基层、艰苦奋斗、默默奉献、为民造福,为农业农村经济社会发展作出了重要贡献。"懂农业、爱农村、爱农民"九个字完整地构成了新型"三农"工作队伍的基本能力素养。这支队伍,既要了解农业特点,也要了解乡村价值,同时还要有高度的社会责任感和爱农民、爱农村的情怀。只有"懂农业",才能对农业有使命感,把握现代农业发展的方向,做现代农业的推动者;只有"爱农村",才能对农村有归属感,长期扎根基层,做振兴乡村的实践者;只有"爱农民",才能对农民有亲近感,为农民谋福祉,做农民增收的助力者。

懂农业,要有推动"三农"发展的真本领。新型"三农"干部要全面学习领会中央关于"三农"发展的战略思想,特别是习近平总书记关于"三农"工作的重要论述;系统掌握"三农"领域相关的专业知识,尤其是新形势下现代农业发展的新理念、新模式、新技术;延伸学习与"三农"相关的其他领域知识,包括经济、法律、文化等等。爱农村,要做新农村建设的践行者。乡村振兴,实现"农业强、农村美、农民富",需要新型"三农"干部把农村当成自己的家园,热爱乡村、谙习乡俗、胸怀乡情,担负起推动乡村经济发展、维护乡村社会稳定、带领农民群众增收致富的重担,坚定信心,苦干实干,久久为功,把乡村建设成为幸福美丽新家园。爱农民,要做群众的贴心人。新型"三农"干部要牢固树立群众观念,将改善民生、造福

"三农"作为第一追求,想农民之所想、急农民之所急,多做雪中送炭的暖心事,多下啃硬骨头的苦功夫。说到底,"爱农民"就是要心系农民知民情、热爱农民解民忧、服务农民助民富,以干部的辛苦指数换取群众幸福指数,不断提升农民的获得感、幸福感、安全感。

二、全面加强"三农"工作队伍建设

要着眼于党的领导,完善"三农"工作体制机制。各级党委和政府要坚持农业农村优先发展,在干部配备上优先考虑。要健全党委全面领导、政府负责、党委工作部门统筹协调的农村工作领导体制,主要领导干部首先要懂"三农"工作、会抓"三农"工作,分管领导要真正成为"三农"工作行家里手。

要着眼于改善结构,拓宽"三农"干部选人渠道。从各级机关选派千百名优秀中青年干部到县乡"三农"工作岗位挂职锻炼。鼓励懂科学、懂技术、懂建设的年轻人才到农村,走上治理村务、发展经济的重要岗位。把本地农村致富带头人、百姓身边的道德典范、回乡创业的新乡贤吸纳进村党组织、培养为村党支部书记,选准选强基层党组织带头人。从产业带头人、致富能手、技术带头人、种养殖能手、退伍军人、返乡大学生等群体中发展村级后备干部,优化村干部年龄结构、性别结构、文化程度。把农村一线工作锻炼作为培养干部的重要途径,注重提拔使用实绩优秀的干部,形成人才向农村基层一线流动的用人导向。

要着眼于提高能力,强化"三农"干部教育培训。制定并实施培训计划,使"三农"干部开阔眼界,提升把握大局、驾驭复杂局面的能力,深入把握农业供给侧结构性改革的内涵与要求,不断提升履行职责的能力。使"三农"干部积极更新观念,不断提高引领市场和依法行政的能力,真正重视市场、研究市场、运用市场,用好市场需求的导航灯;在推动现代农业发展中,更加注重以法治的方式推进工作,用法治的思维来凝聚共识、争取支持、解决问题。同时,要强化思想道德与价值观教育,增强与农村农民的天然感情,全面提升"三农"干部队伍能力水平和思想境界。

要着眼于留住人才,加强"三农"干部待遇保障。农村干部待遇相比从前有了一定改善,但与城市相比,工资待遇、生活条件、教育医疗服务等还有一定差距。要让"三农"干部长期服务农村、扎根基层,不做"候鸟式"短期停留,需要给予政策倾斜,进一步提高"三农"干部队伍待遇保障。统筹解决"三农"干部在农村、子女在城市的矛盾,对"三农"干部子女在城市就读、看病住院、生活居住等方面开通绿色通道。重视和丰富对"三农"干部的荣誉鼓励,使想干事、能干事、干成事的"三农"干部脱颖而出。

要着眼于加强管理,健全"三农"干部培养机制。充分结合"三农"干部工作实际,制定出切实可行、科学合理的日常管理制度。建立以能力和成果为导向的评价机制,对不同类型和层次的"三农"干部实行分类分级评价。建立健全激励考核机制,注重提拔使用实绩优秀的"三农"干部。建立退出机制,对考核评价不合格、不适应、不适宜在"三农"工作岗位的干部适时清退、调整岗位。

要着眼于正风肃纪,加强对农村基层干部队伍的监督管理。要把农民群众关心的突出问题作为纪检监察工作的重点,整顿软弱涣散的农村基层党组织。严肃查处侵犯农民利益的"微腐败",给老百姓一个公道清明的乡村。紧盯惠农项目资金、集体资产管理、土地征收等领域的突出问题,部署开展专项治理。严惩横行乡里、欺压百姓的黑恶势力及充当保护伞的党员干部,廓清农村基层政治生态。

50

强化乡村振兴规划引领

2018年中央"一号文件"明确要求,强化乡村振兴规划引领,制定《乡村振兴战略规划(2018—2022年)》,分别明确至2020年全面建成小康社会和2022年召开党的二十大时的目标任务,细化实化工作重点和政策措施,部署若干重大工程、重大计划、重大行动。

一、科学管用的规划是实施乡村振兴战略的基础和支撑

科学管用的规划是乡村振兴的路线图、施工图和时间表。制定乡村振兴战略规划,必须科学把握乡村振兴战略总要求和乡村发展规律,提高前瞻性、系统性;充分认识乡村振兴任务的长期性,保持历史耐心,避免超越发展阶段,同时又要突出重点,不断取得阶段性成果;针对不同类型地区采取不同办法,做到顺应村情民意,既要政府、社会、市场协同发力,又要充分发挥农民主体作用,目标任务要符合实际,保障措施要有力,具有可操作性。在中央农村工作会议上,习近平总书记再次强调,要科学规划、注重质量、从容建设,不追求速度,更不能刮风搞运动。为此,在战略实施之初,做好顶层设计,制定好各级各类乡村振兴战略规划,特别是国家层面的规划,对于推动国家战略顺利实施、取得预期成效至关重要。

（一）明确阶段性目标任务，绘就乡村振兴战略蓝图

乡村振兴是一项长期的历史任务，时间跨度长，涉及的领域和部门众多，必须抓住当前和今后一段时期我国"三农"领域的主要矛盾和矛盾的主要方面，处理好当前和长远的关系，加强统筹谋划和顶层设计。从2018年到2022年，是实施乡村振兴战略的第一个五年，处在"两个一百年"奋斗目标的历史交汇期，乡村振兴既要为全面建成小康社会提供有力支撑，又要为农业农村跟上全面建设社会主义现代化国家新征程的步伐打下良好基础。这就需要通过分阶段编制国家及地方规划，确定不同时期乡村振兴的目标任务，合理确定乡村基础设施、公共产品、制度保障等供给水平，形成可持续发展的长效机制，引领全社会朝着既定的目标，持续有序地推进，防止急躁冒进和打乱仗，确保一张蓝图干到底。

（二）细化实化工作重点和政策举措，明确乡村振兴战略实施路径

规划是实施战略的重要手段。2018年中央"一号文件"已经定下了思路、任务，明确了长远方向，搭建了乡村振兴的"四梁八柱"，如何让各项政策举措落地落实，需要通过规划加以细化实化，形成具有操作性的行动指南和工作路径，统筹配置资源，提高资源利用效率和效益，协调政策聚力聚焦，推动要素在城乡间双向合理流动，激活乡村振兴内生动力，既尽力而为又量力而行，为乡村振兴这盘大棋布好局。

（三）部署若干重大工程、重大计划、重大行动，确保国家战略落地见效

战略目标只有通过开展具体的行动才能实现。在实现全面建成小康社会的基础上，全方位提高乡村物质文明、政治文明、精神文明、社会文明和生态文明水平，进而为实现农业农村现代化开好局、起好步，需要在促进乡村产业发展，改善乡村生态环境，推动乡村文化繁荣，健全乡村治理体系，促进农民增收致富等方面有精准的措施、真金白银的投入和切实有效的行动。通过规划加强各项举措和行动的协同性，整体部署，协调推进，有利于发挥集中力量办大事的制度优势，全面有效地解决存在的突出

问题、补齐关键短板。

（四）因地制宜提出不同类型乡村的振兴模式，指导地方分类推进

现阶段我国乡村形态格局正在快速演变分化，处于大调整、大变动时期，在城乡发展不平衡、农村发展不充分的同时，不同区域农业农村发展不平衡、同一区域部分乡村发展不充分的矛盾也十分突出。有的村庄会逐步向城镇形态靠近，有的会长久存在，少数会逐渐消亡。在这样的国情农情下，需要准确把握我国乡村的多样性、差异性、区域性特征，遵循乡村发展规律，立足农村生产生活实际，针对不同类型村庄特点，科学论证各类村庄发展方向，因地制宜、区别对待、分类施策，通过规划设计提出不同的乡村振兴模式，逐步缩小同一区域城乡间和不同区域乡村间的发展差距，推动各类乡村有序实现农业农村现代化。

（五）指导编制地方规划和专项规划，构建统一完备的规划体系

实施乡村振兴战略，实行中央统筹省负总责市县抓落实的工作机制，要求各级党委政府工业农业一起抓、城市乡村一起抓，各部门加强工作指导，强化资源要素支持和制度供给，形成工作合力。同时，国家层面规划确定的目标任务也要分解落实到地方和部门。因此，需要以国家规划为统领，编制乡村振兴地方规划和专项规划或方案，明确各级政府和主体责任，有针对性地制定政策、科学配置中央和地方公共资源，广泛动员全社会力量，形成规划实施合力，共同推动战略目标实现。各地区各部门要树立城乡融合、一体设计、多规合一的理念，抓紧编制乡村振兴地方规划和专项规划或方案，做到乡村振兴事事有规可循、层层有人负责。

二、国家乡村振兴战略的基本框架

《乡村振兴战略规划（2018—2022年）》，以2018年中央"一号文件"为依据，明确至2020年全面建成小康社会和2022年召开党的二十大时

的目标任务和实施路径,对全国范围内实施乡村振兴战略作出具体部署,确保乡村振兴战略落实落地。《乡村振兴战略规划(2018—2022年)》和2018年中央"一号文件"一起为实施乡村振兴战略构建起国家层面的政策框架体系,是指导各地区各部门编制地方规划和专项规划、分类有序推进乡村振兴的重要依据和行动指南。

(一)实施乡村振兴战略的思路原则

充分认识乡村振兴任务的长期性,针对乡村发展处于大变革大调整时期的阶段性特征,在全面总结农业农村发展成就和经验、深入分析当前农业农村发展主要矛盾的基础上,重点研判今后五年城乡变化趋势和农业农村发展态势,增强前瞻性。坚持科学规划、注重质量、稳步推进,一件事情接着一件事情办,一年接着一年干,让广大农民在乡村振兴中有更多获得感、幸福感、安全感。《乡村振兴战略规划(2018—2022年)》遵照2018年中央"一号文件"确定的实施乡村振兴战略总体思路和基本原则,按照分三个阶段实施乡村振兴战略的部署,围绕乡村振兴制度框架和政策体系的构建,设定阶段性目标,建立乡村振兴指标体系,增强约束性和预期性。在产业兴旺方面,要明确粮食综合生产能力、农业科技进步贡献率、农业工业劳动生产率、农产品加工产值与农业总产值比值、休闲农业和乡村旅游接待人次等指标任务。在生态宜居方面,要明确畜禽粪污综合利用率、村庄绿化覆盖率、对生活垃圾进行处理村庄占重、农村卫生厕所普及率等指标任务。在乡风文明方面,要明确村综合性文化服务中心覆盖率、县级及以上文明村和乡镇占比、农村义务教育学校专任教师本科以上学历比例、农村居民教育文化娱乐支出占比等指标任务。在治理有效方面,要明确村庄规划管理覆盖率、建有综合服务站的村占比、村党组织兼任村委会主任的村占比、有村规民约的村占比、集体经济强村比重等指标任务。在生活富裕方面,要明确农村居民恩格尔系数、城乡居民收入比、农村自来水普及率、具备条件的建制村通硬化路比例等指标任务。制定乡村振兴战略规划,既明确今后五年的重点任务,又对到本世纪中叶分两个阶段作出思路性谋划,确保战略实施起好步、开好局。

（二）构建乡村振兴新格局

坚持乡村振兴与新型城镇化双轮驱动，重新认识和定位工业化、城镇化进程中乡村的功能价值，统筹城乡发展空间、优化乡村生产生活生态空间。针对乡村形态格局多样性分化的趋势，注重地域特色，体现乡土风情，根据不同村庄的发展现状、区位条件和资源禀赋，因地制宜设计振兴路径，分类推进乡村振兴，精准施策，增强规划指导性。《乡村振兴战略规划（2018—2022 年）》从强化空间用途管制、完善城乡布局结构、推进城乡统一规划等方面对未来城乡发展的空间布局作出合理设定；从着力打造集约高效乡村生产空间、营造宜居适度乡村生活空间、保护山清水秀乡村生态空间等方面，科学确定县域村庄布局、规模和内部空间。同时，综合考虑各地发展水平和村庄演变规律、集聚特点、现状分布等，将现有村庄分为集聚提升、城郊融合、特色保护、搬迁撤并等 4 类，分类提出振兴路径，合理安排乡村振兴优先序，把握战略实施的节奏力度，扎实有序推进乡村振兴，久久为功，不搞一刀切。

（三）部署乡村振兴重点任务

牢固树立新发展理念，坚持农业农村优先发展，在谋篇布局、指标设置、战略任务、政策举措等各个方面充分体现"产业兴旺、生态宜居、乡风文明、治理有效、生活富裕"的总要求，把农村经济、政治、文化、社会、生态和党的建设作为一个有机整体，统筹谋划、协调推进，促进农业全面升级、农村全面进步、农民全面发展，增强规划系统性。《乡村振兴战略规划（2018—2022 年）》突出抓重点、补短板、强弱项，聚焦今后五年乡村振兴的主攻方向，围绕五句话 20 个字的总要求，明确了乡村振兴的阶段性任务，增强可操作性，确保乡村振兴战略顺利实施、取得阶段性成果。

围绕"产业兴旺"，按照坚持质量第一、效益优先，高质量发展的要求，从夯实农业生产能力基础、加快农业转型升级、建立现代农业经营体系和完善农业支持保护制度等方面，对加快农业现代化步伐作出部署；从推动农村产业深度融合、拓展农村产业融合新空间、完善紧密型利益联结机制、激发农村创新创业活力等方面,对构建乡村现代产业体系作出安排。

围绕"生态宜居",按照坚持尊重自然、顺应自然、保护自然,走乡村绿色发展之路的要求,从推进农业绿色发展、持续改善农村人居环境、加大乡村生态保护与修复力度、推动实现生态资源价值等方面,提出建设人与自然和谐共生的生态宜居乡村的具体措施。

围绕"乡风文明",以社会主义核心价值观为引领,坚持精神文明和物质文明一起抓,按照传承发展提升农耕文明,走乡村文化兴盛之路的要求,从加强农村思想道德建设,弘扬中华优秀传统文化、丰富乡村文化生活等方面,提出繁荣发展乡村文化的具体措施。

围绕"治理有效",按照创新乡村治理体系,走乡村善治之路的要求,从深化村民自治实践、提高农村基层法治能力、提升乡村德治水平等方面,对建立"三治结合"的乡村治理体系作出谋划。

围绕"生活富裕",把维护广大农民根本利益、促进广大农民共同富裕作为出发点和落脚点,按照在发展中保障和改善民生的要求,从坚决打好精准脱贫攻坚战、加强农村基础设施建设、提升农村劳动力就业质量、增加农村公共服务供给能力等方面,提出具体任务措施,加快补齐农村民生短板,让农民群众有更多实实在在的获得感、幸福感。

(四)加强乡村振兴支撑保障

要针对不同类型地区采取不同办法,做到顺应村情民意,保障措施要可行有力。着力破除阻碍要素下乡的各种障碍和体制机制弊端,使市场在资源配置中起决定性作用,更好发挥政府作用,切实发挥农民在乡村振兴中的主体作用,推动形成工农互促、城乡互补、全面融合、共同繁荣的新型工农城乡关系。从加快农业转移人口市民化、强化乡村振兴人才支撑、深化农村土地制度改革、健全多元投入保障机制、加大金融支农力度等方面,明确推动实施乡村振兴战略的制度安排和改革举措;从加强党的领导、坚持规划引领、强化法治保障、注重典型带动、动员社会参与、抓好评估考核等方面,对保障规划实施提出具体要求。

三、构建形成乡村振兴规划体系

按照 2018 年中央"一号文件"部署,各地区各部门还要编制乡村振兴地方规划和专项规划或方案。各类规划要围绕总要求和战略目标,与国家规划密切衔接,一起形成城乡融合、区域一体、多规合一的规划体系。

(一)分解落实国家规划确定的任务举措,确保乡村振兴战略顺利实施

《乡村振兴战略规划(2018—2022 年)》印发实施后,各地方各部门要高度重视,结合实际,依照国家规划科学编制乡村振兴地方规划和专项规划或方案,贯彻落实国家规划的统一部署,加强各类规划的统筹管理和系统衔接。分解落实国家规划确定的相关目标任务、工程计划行动,列出时间表和路线图,发展目标尽可能量化,发展任务具体明确、重点突出,把各项措施要求落到实处,做到乡村振兴事事有规可循、层层有人负责,增强可操作性。发掘和总结典型经验,推动顶层设计和基层实践探索良性互动、有机结合,加强工作指导。

(二)统筹谋划本地区、本领域乡村振兴重点任务,推动乡村全面振兴

准确把握乡村振兴的科学内涵,既坚持乡村全方位振兴和乡村全覆盖,统筹推动乡村产业振兴、人才振兴、文化振兴、生态振兴、组织振兴;也要突出重点地区、重点问题和重点环节,从现实需要和持续发展的难点、焦点中寻找乡村振兴的突破口、切入点。落实高质量发展的要求,走城乡融合、共同富裕、质量兴农、绿色发展、文化兴盛、乡村善治、精准脱贫的中国特色乡村振兴之路。

(三)落实农业农村优先发展和城乡融合发展的原则,调动各类资源要素投入乡村振兴

以推进农村基础设施建设提挡升级和城乡基础设施共建共享、互联互通,推动公共服务下乡,建立健全全民覆盖、普惠共享、城乡一体的基本公共服务体系为方向,把农业农村优先发展原则体现到各个方面。结合发展实际,科学制定配套政策,有效配置公共资源,在明晰各级政府支出责任的基础上,确保对农业农村的优先投入。谋划和部署化解城乡二元体制机制矛盾的改革举措,从强化人才、土地、资金等要素配置方面,形成强有力的制度供给。建立各级规划实施和工作推进机制,加强政策衔接和工作协调,推动新型工业化、信息化、城镇化、农业现代化同步发展。

(四)科学把握乡村的差异性和发展走势分化特征,因地制宜、循序渐进实现乡村振兴

科学研判各地区城乡发展演进趋势,尊重客观规律,在落实好"十三五"规划既定任务的基础上,兼顾当前和长远,规划先行,合理设定阶段性目标,在有条件、基础好、积极性高的地方全面推进,在其他地方重点突破。立足农村自身的生产生活实际,注意把握积极和稳妥的关系,由点到面、由低到高,分类有序推进不同发展水平、不同类型村庄实现振兴,不搞层层加码。

新时代乡村振兴的政策蓝图

—— 解读 2018 年中央"一号文件"

解读人:中央农村工作领导小组办公室原主任　韩　俊
采访人:人民日报记者　高云才　朱　隽　王　浩

"农,天下之大业也。"党的十九大提出实施乡村振兴战略,并写入党章,在我国"三农"发展进程中具有划时代的里程碑意义。这是以习近平同志为核心的党中央着眼全局,顺应亿万农民对美好生活新期待作出的重大决策部署,是决胜全面建成小康社会、全面建设社会主义现代化国家的重大历史任务,是新时代"三农"工作的新旗帜和总抓手。2018 年 2 月 4 日,《中共中央国务院关于实施乡村振兴战略的意见》发布。2018 年的中央"一号文件"有怎样的重大意义,我国"三农"发展处于怎样的历史方位,农业农村为什么要优先发展,乡村振兴的规划该如何落实? 就新时代实施乡村振兴战略的重点、热点和难点等重大问题,本报记者采访了韩俊同志。

一、新旗帜:管全面,管长远

"今年的中央'一号文件',全面贯彻党的十九大精神,以习近平新时代中国特色社会主义思想为指导,认真贯彻落实习近平总书记关于'三农'工作的重要论述,围绕实施乡村振兴战略定方向、定思路、定任务、定政策,谋划新时代乡村振兴的顶层设计。"韩俊表示。

2018年的中央"一号文件"结构上共分为4个板块、12个部分。4个板块分别着眼新时代实施乡村振兴战略的重大意义和总体要求、乡村振兴的重点任务、乡村振兴的保障措施、强调坚持和完善党对"三农"工作的领导并作出全面部署。

韩俊说:"今年的中央'一号文件'有两个重要特点,一是管全面,二是管长远。"

管全面。乡村振兴是以农村经济发展为基础,包括农村文化、治理、民生、生态在内的乡村发展水平的整体性提升,是乡村全面的振兴。按照党的十九大提出的"产业兴旺、生态宜居、乡风文明、治理有效、生活富裕"的总要求,对统筹推进农村经济建设、政治建设、文化建设、社会建设、生态文明建设和党的建设,中央"一号文件"都作了全面部署。

管长远。乡村振兴既是一场攻坚战,更是一场持久战。作为党和国家的大战略,是一项长期的历史任务。2018年中央"一号文件"按照党的十九大提出的决胜全面建成小康社会、分两个阶段实施第二个百年奋斗目标的战略安排,按照"远粗近细"的原则,对实施乡村振兴战略的三个阶段性目标作了部署。分别是到2020年,乡村振兴取得重要进展,制度框架和政策体系基本形成;到2035年,乡村振兴取得决定性进展,农业农村现代化基本实现;到2050年,乡村全面振兴,农业强、农村美、农民富全面实现。

二、新时代"五个有":奠定乡村振兴基础,坚定信心

在中国特色社会主义新时代,乡村是一个大有可为的广阔天地,迎来了难得的发展机遇。韩俊说:"我们有党的领导的政治优势和社会主义的制度优势,有亿万农民的创造精神,有强大的经济实力支撑,有历史悠

久的农耕文明,有旺盛的市场需求,为实施乡村振兴奠定了深厚的基础。"

党的十八大以来的这5年,是农业转型升级、质量效益明显提高的5年,是农民得实惠多、公平发展机会和权利得到更好保障的5年,是农村面貌变化大、城乡一体化提速的5年,是"三农"发展的又一个黄金期。农业农村发展取得的历史性成就、发生的历史性变革,为党和国家事业全局开创新局面提供重要支撑,为实施乡村振兴战略奠定良好基础。

当前,发展不平衡不充分问题在乡村最为突出。2018年中央"一号文件"对当前"三农"发展面临的问题进行了准确概括。实施乡村振兴战略要坚持问题导向,有的放矢。当前,"三农"发展面临的问题主要表现在五个方面:农产品阶段性供过于求和供给不足并存,农业供给质量亟待提高;农民适应生产力发展和市场竞争的能力不足,新型职业农民队伍建设亟须加强;农村基础设施和民生领域欠账较多,农村环境和生态问题比较突出,乡村发展整体水平亟待提升;国家支农体系相对薄弱,农村金融改革任务繁重,城乡之间要素合理流动机制亟待健全;农村基层党建存在薄弱环节,乡村治理体系和治理能力亟待强化。

如期实现第一个百年奋斗目标并向第二个百年奋斗目标迈进,最艰巨最繁重的任务在农村,最广泛最深厚的基础在农村,最大的潜力和后劲也在农村。实施乡村振兴战略,就是要坚持把解决好"三农"问题作为全党工作重中之重,坚持农业农村农民优先发展,让农业成为有奔头的产业,让农民成为有吸引力的职业,让农村成为安居乐业的美丽家园。

三、责任制"五级书记":层层传导
压力,层层压实责任

加强党对农村工作的领导,是实施乡村振兴战略的根本保证。韩俊说,要发挥党的领导的政治优势,压实责任,完善机制,强化考核,把党中央部署要求落实下去。

把农业农村优先发展原则体现在各个方面。在干部配备上优先考虑,在要素配置上优先满足,在资金投入上优先保障,在公共服务上优先安排,确保党在农村工作中始终总揽全局、协调各方。

完善党的农村工作领导体制机制。健全党委统一领导、政府负责、党委农村工作部门统筹协调的农村工作领导体制。五级书记抓乡村振兴,各省区市党委政府每年要向党中央、国务院报告推进实施乡村振兴战略进展情况。建立市县党政领导班子和领导干部推进乡村振兴战略的实绩考核机制,将考核结果作为选拔任用领导干部的重要依据。

加强"三农"工作队伍建设。把懂农业、爱农村、爱农民作为基本要求,加强"三农"工作干部队伍培养、配备、管理、使用。建立选派第一书记工作长效机制,全面向贫困村、软弱涣散村和集体经济薄弱村党组织派出第一书记。

强化乡村振兴法治保障。2018年中央"一号文件"提出,抓紧研究制定乡村振兴法的有关工作,把行之有效的乡村振兴政策法定化。

要始终坚持以党的领导为核心统揽乡村振兴全局。根据新时代做好"三农"工作的新任务、新要求,研究制定中国共产党农村工作条例,把党领导农村工作的传统、要求、政策等以党内法规形式确定下来,确保乡村振兴战略有效实施。

四、制度供给"人、地、钱":促进公共资源城乡均衡配置、要素平等交换

长期以来,资金、土地、人才等各种要素单向由农村流入城市,造成农村严重"失血""贫血"。韩俊说,实施乡村振兴,要抓住"人、地、钱"等关键环节,破除体制机制障碍,推动城乡要素自由流动、平等交换,促进公共资源城乡均衡配置和要素平等交换,建立健全城乡融合发展的体制机制和政策体系,加快形成工农互促、城乡互补、全面融合、共同繁荣的新型工农城乡关系。

2018 年中央"一号文件"围绕巩固和完善农村基本经营制度、深化农村土地改革、完善农业支持保护制度、全面建立职业农民制度等,部署了一系列重大改革举措和制度建设。

解决"人"的问题,关键是畅通智力、技术、管理下乡通道。2018 年中央"一号文件"提出创新乡村人才培育引进使用机制,大力培育新型职业农民,加强农村专业人才队伍建设,造就更多乡土人才,发挥科技人才支撑作用。

处理好农民与土地的关系,是深化农村改革的主线,也是实施乡村振兴战略的重要政策问题。2018 年中央"一号文件"对深化农村土地制度改革部署了许多重大改革任务。比如,部署完善农民闲置宅基地和闲置农房政策,探索宅基地所有权、资格权、使用权"三权分置"改革。适度放活宅基地和农民房屋使用权,不是让城里人到农村买房置地,而是吸引资金、技术、人才等要素流向农村,使农民闲置住房成为发展乡村旅游、养老、文化、教育等产业的有效载体。前提是不得违规违法买卖宅基地,严格实行土地用途管制,严格禁止下乡利用农村宅基地建设别墅大院和私人会馆。

2018 年中央"一号文件"对解决"钱从哪里来"的问题有全面的谋划:确保财政投入持续增长,提高金融服务水平,拓宽资金筹集渠道。改进耕地占补平衡管理办法,建立高标准农田建设等新增耕地指标和城乡建设用地增减挂钩节余指标跨省域调剂机制,将所得收益通过支出预算全部用于巩固脱贫攻坚成果和支持实施乡村振兴战略。

五、四梁八柱"五个保障":关键小事上下足绣花功夫

一个规划,一项条例,一部法律,确立了乡村振兴的政治保障和制度保障。2018 年中央"一号文件"围绕实施好乡村振兴战略,确立起了乡村振兴战略的"四梁八柱"。

有国家战略性规划引领保障。制定《乡村振兴战略规划(2018—2022年)》。规划通过与文件对表对标,分别明确至2020年全面建成小康社会和2022年召开党的二十大时的目标任务,细化实化工作重点和政策措施,指导各地各部门分类有序推进。

有党内法规保障。党管农村工作是重大传统。党内法规将明确加强对农村工作领导的指导思想、原则要求、工作范围和对象、主要任务、机构职能、队伍建设,完善领导体制和工作机制。

有日益健全的法治保障。将抓紧研究制定乡村振兴法有关工作,把行之有效的政策法定化。

有重要战略、重大行动和重大工程支撑保障。在重要战略方面,深入实施"藏粮于地、藏粮于技"战略,实施食品安全战略,部署制定和实施国家质量兴农战略规划,实施数字乡村战略等。在重大行动方面,部署实施农村人居环境整治三年行动、打好精准脱贫攻坚战三年行动、产业兴村强县行动等。在重大工程方面,大规模推进农村土地整治和高标准农田建设等。

有全方位的制度性供给保障,有投入体制机制保障。韩俊指出,通过改革创新,最大限度地激发乡村各种资源要素活力。

乡村振兴,讲究的是实干,要在关键小事上下足绣花功夫。韩俊说:"要充分发挥农民主体作用,持之以恒地干,真金白银地投。乡村振兴是党和国家的大战略,喊是喊不出来的,干几年就收官结账也是不行的。"

全面部署安排农民关心的关键小事。针对农村厕所这个影响农民群众生活品质的突出短板,部署推进农村"厕所革命"。部署推进畜禽粪污处理、农作物秸秆综合利用、废弃农膜回收。2018年中央"一号文件"提出,在村庄普遍建立网上服务站点,逐步形成完善的乡村便民服务体系。部署集中清理上级对村级组织的考核评比多、创建达标多、检查督查多等突出问题。部署推进村级小微权力清单制度,加大基层小微权力腐败惩处力度。

(来源:《人民日报》2018年2月5日第4版)

统　　筹:李春生
策划编辑:郑海燕
责任编辑:郑海燕　张　燕
封面设计:吴燕妮
责任校对:夏玉婵

图书在版编目(CIP)数据

实施乡村振兴战略五十题/韩俊 主编. —北京:人民出版社,2018.10
ISBN 978－7－01－019887－3

Ⅰ.①实⋯　Ⅱ.①韩⋯　Ⅲ.①农村-社会主义建设-研究-中国
　Ⅳ.①F320.3

中国版本图书馆 CIP 数据核字(2018)第 225573 号

实施乡村振兴战略五十题

SHISHI XIANGCUN ZHENXING ZHANLÜE WUSHI TI

韩　俊　主编

人民出版社 出版发行

(100706　北京市东城区隆福寺街 99 号)

中煤(北京)印务有限公司印刷　新华书店经销

2018 年 10 月第 1 版　2018 年 10 月北京第 1 次印刷
开本:710 毫米×1000 毫米 1/16　印张:20.5
字数:285 千字

ISBN 978－7－01－019887－3　定价:80.00 元

邮购地址 100706　北京市东城区隆福寺街 99 号
人民东方图书销售中心　电话 (010)65250042　65289539